子どもが生まれても夫を憎まずにすむ方法

ジャンシー・ダン
村井理子＝訳

太田出版

子どもが生まれても夫を憎まずにすむ方法

あなたの存在を喜びに
変えてくれる材料を集めよう。
さあ、混ぜて！
混ぜるんだ！
――ハーフィズ＊

＊訳注：一四世紀ペルシャの古典詩人

目次

著者より

イントロダクション
アイツなんて大嫌い 007
赤ちゃんが生まれると同時に、私たちの喧嘩ははじまった。そして終わることはなかったのよ。

1章
母親、父親、そこにある問題 041
最も厄介な問題に取り組んでいる私。どんな親も悩んでいるらしい。赤ちゃんが泣き出したら、私は飛び起きてベッドを飛び出すっていうのに、なぜ夫はいびきをかきはじめるの？

2章
「立ち上がってとっとと手伝いやがれ！」 081
ボストンから来た男と私たちの悲惨な出会い
結婚カウンセラー、そして元FBI犯罪交渉班トップからのアドバイス。

3章
洗濯機への強い怒り 125
どのようにして家事を分担するか
夫に家事を手伝うよう促す方法を、夫婦関係のエキスパートたちが伝授！

4章
ファイトクラブのルール 173
大人らしく対立に向き合う、そして子どもの前で異なる意見を出し合う方法。

5章
やれやれ、やっと月曜日 223
週末を嫌いにならない方法
子どもとの週末がこんなに疲れるものになったのは、いつからだろう？　みんなが楽しく過ごせるように、週末の時間割を決めよう。

6章
ねえ知ってる？　あなたの子どもだって洗濯物を畳むことができます 253
ある調査によると、四分の一の子どもは一切家事を手伝わないらしい――でも子どもだってお手伝いしたいのだ！　頼めることは頼んでしまいましょう。

7章
争いのたね 287
現実的なアドバイスに従ってセックスライフを取り戻そうと試みる（夫がバーで出会った見知らぬ男性だなんてフリをせず、セクシーな看護婦の衣装もなしで）。

8章 子ども 319
財政赤字の原因
子どもにまつわるお金の不安は、なぜ、どうやって、安定した結婚生活を破綻させる可能性を秘めてしまうのか?

9章 メチャクチャだ 339
ゴミも口論も控えめに
住まいのレイアウトとその状態は、二人の関係や日々の暮らしに大きな影響を与えているって知ってますか?

10章 いつかは二人に戻る……もう一度、派手にやり合わなければ 367
セクシーじゃないかもしれないけれど、安定した結婚生活には、努力と、集中と、絶え間ない交渉が必要だというのは、否定しようもない現実なのです。

訳者あとがき 412

著者より

この本は、結婚生活を「素晴らしい」とか「満足できる」と考えてはいるけれど、もっとよくできるのではと感じている、夫婦、そしてパートナーのために書きました。精神的な疾患、激しい言い争い、薬物乱用などが原因の深刻な問題が生じている場合は、専門家に相談しましょう。

私がインタビューを行った、本書に登場する友人の名前はすべて、プライバシー保護のため、変えています。

イントロダクション
アイツなんて大嫌い

子どもが生まれると、結婚生活の爆弾に火がつき、騒ぎが収まるころには、それは以前とはまったく違ったものになっている。　——ノラ・エフロン妊娠六ヶ月の頃だった。苦労して手に入れた、親になるための知恵を話したくてたまらないという様子の友人たちと、私はランチに出かけた。道端でサイコロを振るギャンブラーみたいに派手な身振り手振りを交え、静かなカフェで彼女たちはやかましく話し続けた。うんざりするほどたくさんの子育てヒントが投げつけられ、私はそれをすべて紙ナプキンに書き込むように言われた。病院の不潔なシャワー室を使う時のためにスリッパを持っていくこと。私はそう書き殴った。ハギーって名前のオムツはいい感じに厚め。多い日も安心のナプキンを水に浸して、凍らせて、産後に使うといいらしい。

「ああそれから、ダンナのことは大っきらいになるから覚悟しておいたほうがいいよ」と、友人のローレンが言った。「お腹にガスがたまったら、自転車をこぐように赤ちゃんの足を動かす」と書きながら、私は顔を上げた。まさか、と、穏《おだ》やかに彼女に返した。夫と私の関係はどんなことがあっても壊れない。私たち、もう一〇年も一緒に暮らしている。そろそろいいトシなんだし、つまらない言い争いは、衰えつつある大切な体力を消耗してしまう。なにより、私たちって平和で、大きな音に驚いて飛び上がってそそくさと逃げ出す

イントロダクション
アイツなんて大嫌い

アンテロープみたいな、大人しくて半引きこもりのライターなんだから。

私は、ニヤニヤ笑いを我慢して、そしらぬ顔を決め込む友人たちの顔を見回した。この数ヶ月間、私はすでに親になれば受け入れなければならない運命みたいなものを山ほど聞かされてきた。安眠にさようなら。セックスレスよこんにちは。でも、セックスなんてないほうがいいから安心して。自然分娩？　私みたいに骨盤が二つに割れちゃうパターンだと、無痛分娩がよかったって後悔するだろうね。

私のお気に入りは、三人の子どもの父親である、友人のジャスティンからの忠告だった。「観たい映画は今のうちに全部観ておいたほうがいいよ」と彼は言い、沈んだ表情で首を振った。「赤ちゃんが生まれたら？　映画なんて無理」。

私は彼をちらりと見た。親の仕事が大変過ぎて、カウチに座って映画を観ることもできないですって？　二度と？

＊

実際のところ、ジャスティンは間違いだった。私は出産してから一週間後に映画を観ていた。

でも友人のローレンは正しかった。

赤ちゃんが生まれた直後に、新米の親である私と夫は、最初の怒鳴りあいの喧嘩をした。

正確に言えば、怒鳴ったのは私だ。

私をキレさせたのは、恥ずかしくなるほど些細《ささい》なことだったのだけれど、親になって最初の数週間で、私たちの言い争いの原因となっていたことだった。使用済みオムツの入ったゴミ箱を片付ける順番は、今度はどちらなのかということだ。その日、順番はトムだった。使用済みオムツの入った袋はビルマニシキヘビのお腹のようにパンパンにふくれあがり、蓋を開けるとヘビの人形が飛び出してくるマジックの缶みたいに、今にも破裂しそうになっていた。ブルックリンの狭いアパートの中に、そのにおいが立ちこめていた。

「ねえ、あれ、空にしてくれる?」私はカウチに座り、赤ちゃんにミルクを与えながら彼に声をかけた。「においがすごくてめまいがする」。

「うん、ちょっと待って」と、彼が寝室から答えた。ロボットのような平坦な声から、彼がパソコンでチェスのゲームをしていることがわかった。彼の返事は、まるでアクションフィギュアにプログラムされたもののように、いろいろとある。「それはおもしろいね」、「え、ほんと?」、それから「ワオ! そりゃいいや」(これは私が足になにか奇妙なできものができたと彼に言ったときの返事だった)。

数秒後、私の激しい怒りは頂点に達していた。注意深く赤ちゃんをカウチに寝かせると、ベッドルームに飛び込んで行き、ニュージャージー州でティーンエイジャーだった八〇年代以来、まったく一度も口にしていなかったような、軽蔑的で、子どもっぽく、侮辱《ぶじょく》的な言葉を叫びまくっていた。クソ野郎。この野郎。死んじまえ。私の怒りの激しさは、私をも彼をも驚かせた。直後、私はとても恥ずかしくなった。ホルモンバランスを崩していたし、睡眠不足であったし、突然、掃除も洗濯も四倍に増えたことは確かだ。でも、私は夫を愛している。受精してもいいって思ったほどだから。彼に会って二週間で、私は彼と結婚したいと思ったし、彼はそれまで出会った中で一番興味深い男性だった。彼が赤面する様子、口ごもる様子がかわいいと思ったから、もっと慌《あわ》てさせちゃえと、彼にもたれかかったりした。新婚の頃、静かな夜を過ごしているとき、私はよく、読書するカップルについてクリストファー・イシャーウッド〔訳注：一九〇四‐一九八六年。イギリス人小説家〕が書いた、「二人は本の世界に身を委《ゆだ》ねながらも、互いの存在を完全に意識しあっていた」という言葉を思い出したほどだ。

　私にはクソ野郎が正確にどんな人間なのかはわからないけれど、トムがそうでないことは知っている。彼は優しくて、思いやりのある私の配偶者で、私たちの娘シルヴィーと、辛抱強く何時間も遊んでくれるような父親だ。彼は娘の頼み事だったら、絶対に断らない。シルヴィーが凍えるように寒い土曜の早朝に自転車に乗りたいとせがんでも、彼の答えはいつも、私が「ノーケー」と名付けた、まずは「ノー」と言い、五秒沈黙してから、「オーケー」なのだ。彼は滑稽なほど過保護で、一人娘を大事にしている。ある日近所の公園で、年上の女の子からシルヴィーがからかわれていた時も、むっつりとした顔でそれを見ていた。

年上の女の子　うんていなんて、あんたにはできないよ！　だってあんたは小さいもん！　わたしみたいにつよくないもん！

シルヴィーはそれに答えなかった。すると女の子は歌うようにしてこう繰り返した。「できないよ！　できないったらできないよ！」

トムは年上の女の子の横に立った。女の子は一九〇センチ超えのトムを見上げ、眉をひそめた。

よし。じゃあ、君ができるところを見せてくれ。

少女はうんていを少しだけ進み、そして落ち、慌ててもう一度飛びついた。

トムは冷静な声で「君だって落ちたじゃないか。君はうそをついたんだ。うんていができないのは、君の方だ」と言い、年上の女の子を後ずさりさせた。

公園での論争はさておき、トムは身体的な争いは耐えがたいことだと思っている。私が大声を上げはじめると、彼は灰色になって、カタツムリのように手足を引っ込めてしまう。私が離婚をちらつかせ、彼に悪態《あくたい》をつきまくったとしても、彼は絶対に、本当に絶対に、私に対して同じ事をしたことがない。時間のある時は読書やバードウォッチングを楽しむ、優しくて、思いやりのあるチェスのプレイヤーに怒鳴ったって、満足なんてできない。

それに、オムツの入ったゴミ箱だけど、あれだってすぐさま空にしなければならなかったのだろうか？　有毒なガスでも漏れていたっていうの？　トムがゲームを終えるまで待つこともできたのに。でもその日以降、私の怒りはまるで、産後の悪露《おろ》のように流れ続けている。私たちの娘は六歳になり、私とトムはいまだに、終わることのない喧嘩を繰り返している。なぜ私たちは子育てと家事の分担に関して、これほどまでにぶつかり合うのだろう。

こんなことになって、私自身が混乱している。自宅勤務のフリーランスライター同士である私と進歩的な夫は、完全にウマが合っていると思い込んでいた。私たちがまだ二人きりだった頃、彼は料理を担当し、その他の家事のほとんどは私が担当していた。ショッピングは二人で、洗濯も二人でやっていた。私が妊娠してから、彼は自信たっぷりに、オムツ替えはまかせてくれと言ったのだ。

もちろん、今までもそうしてきたように、私たちはどんな答えだって、自然に見つけていける。

遠い昔の大黒柱的生き方が正しいとされた世代の男性とは違い、現代の男性はいまだかつてなかったほど、自分の子どもに多くの時間を割く、そんな勇気づけられる記事を読んだことがある。ピュー研究所の調査によれば、現代の働く父親たちは、働く母親たちとおそらく同じくらい、家庭で子どもと過ごすことを望んでいる。私たちは、これから父親になる男性が、男性限定のベビーシャワー〔訳注：これから赤ちゃんを産む女性にベビー用品を贈るパーティー〕ならぬ「マンシャワー」を開催する時代に生きている（パーティーアニマルのデザイナーの情報によると、そのマンシャワーの最も人気のあるテーマのひとつは、「バーベキュー、赤ちゃん、そしてビール」だそうだ）。Fatherly.comといった、パパ専用ウェブサイトも有名になりつつある。基本的なコンテンツ（イラストで解説されたハイタッチのしかた、海軍特殊部隊が指南する、かくれんぼで勝つヒント）に加えて、サイトの創立者曰く、読者から要望があったということで、どのようにして娘を強く育てるか、など、数多くの記事が掲載されている。

父親の家事に対する姿勢も変わってきている。同じくピュー研究所の調査では、一九六五年以降、父親が家事に費やす時間は倍に増えているそうだ。ざっと、週四時間から一〇時間に増えたことがわかっている。しかし、社会学者のスコット・コルトレーンによれば、男性は、自分が担当する家事をえり好みする傾向があるとされる。コルトレーンは、家族の仕事の五大要素「ビッグファイブ」を、料理、皿洗い、買い物、掃除、そして洗濯と位置づけ、男性は掃除や洗濯に尻込みしがちで、料理、皿洗い、そして買い物を選択する傾向にあるとした。

私とトムは、すでに自宅での役割をきちんと分担していたので――私たちの世代は、間違いなく、家事の分担があたりまえという最初の世代であると思う――、分担を新たにしなおせばよい、と思っていた。でも赤ちゃんが生まれてからというもの、私たちは実家で目にしてきたような、伝統的な役割分担に戻ってしまった。明らかにそれは、私が考えていたよりずっと根深いものだった（結局のところ、私たちは古いスタイルから離れただけの、中身はおじいちゃんとおばあちゃんだったということだ）。別に大げさな構想があったわけではない。ただ、なんとなくそうなってしまった。赤ちゃんの食べものを作っていたのは私だったから、なんとなく家族全員の食事を用意するようになり、買い物にも行くようになった。赤ちゃんの洗濯をしていたのは私だったから、なんとなく家族全員分の洗濯物を洗濯機に投げ入れるようになった。娘が小さかった時は、日中は娘と家で過ごし、そして、ついそれが習慣となってしまい、子どもの面倒をみるという役割が、夜まで続くことになってしまった。

私たちの夫婦に起きたシナリオは、珍しいことではない。オハイオ州の調査によれば、共働き夫婦で、はじめて親になるカップルのうち、夫が妻と同じだけ家事を分担するのは、実際に父親になるまでのことだそうだ。赤ちゃんが九ヶ月になるまでには、女性の育児と家事に費やす時間は週に平均三七時間となる。父親も母親も同じだけ働いているのに、父親のそれは二四時間となる。そのうえ、育児となると、父親は読み聞かせなどの楽しいことにかまけがちで、愉快とは言えないオムツ替えなどをしたがらない（子どもが生まれると、育児や家事に費やす時間が女性に比べて週に五時間も少なくなることは、今さら言うまでもないけれど）。

この報告の共著者であるサラ・ショップ＝サリヴァンは、新米の父親たちの弁護を買って出て、男性は増えるばかりの仕事を前に、何をしたらいいのか理解できていないようだとも言っていた。「あまりにも間違っているので驚きましたよ」と、彼女は私に言った。「両親のどちらも、赤ちゃん誕生後は自分が相手よりもずっと多くの仕事をこなしていると感じているのですが、特に男性のその認識は、事実からはかけ離れているんです」。

最近では、トムは家事の約一〇パーセントを担当している。彼は、自分は一貫してそうだよ、と主張する。独身時代、彼は自分の家事を一〇パーセントだけこなしていたのだ（これについては保証できる。だってつきあいはじめた頃にはじめて彼のアパートに行った時、彼の冷蔵庫の中には、私がその存在を忘れかけていたぐらい古いメーカーのサルサが入った巨大な瓶しか入っていなかったから）。

彼の一〇パーセントの努力で十分だったらと思うけれど、そうではない。トムは、私が経営するホテルのお客さんみたいなのだ。私は口数少ないフェミニストの考え方に立っているし、彼が近寄ってきて手を貸してくれるかどうか観察している。彼に対する採点・チェックは終わることがない。私の怒りに追い打ちをかけるのは、週末になるとトムが、ハッピーな独身男性のような楽しみをどうにかして見つけてくることなのだ。彼の土曜日は毎週友だちとのサッカーでスタートしたり、五時間のサイクリングだったりする（私たちの赤ちゃんのへその緒が切られた直後から、彼は耐久スポーツに打ち込むようになった。まるでパチンとへその緒を切る音が、仕事から全速力で逃げ出す合図のピストルだったように）。

それが終わると彼は悠長《ゆうちょう》に二〇分もシャワーを浴び、遅い朝食をとり、長い昼寝をし、そしてダラダラと、さまざまな雑誌を読みふける。その間、私はお誕生会やら、遊びの約束に娘を連れ回している。週末の夜、トムは友だちと飲みに出かける前に、私に何も確認してくれない。彼は、私が子どもを風呂に入れ、寝かしつけるだろうと高を括《くく》り、ドアから飛びだして行く。でも、これって誰が悪いの？　私の「すべて私が片付ける」の探究《クエスト》（どうみても錯乱気味）が、このパターンを許してしまったのだ。だからといって、彼が昼寝をしようと寝室にさっと入り込む（むしろ、「こそこそと隠れこむ」だけれど）ことに私が腹を立てるのはフェアだと言えるの？

ということで、私はついに腹を立て、そして何かきっかけがありさえすれば、自分の中の野獣を解き放った。こんなシナリオが典型的ね。私がキッチンにいて、夕食を作りながら娘の宿題を手伝い、娘のランチボックスと食洗機を空にしていた時のことだった。トムがキッチンに入ってきたので、私は目を輝かせて「ああよかった、手伝いに来てくれた！」と思ったのだけれど、まさかね、彼はグラスにワインを注ぐために、目の前を台風みたいに通り過ぎて冷蔵庫に向かったのだ。

トム　（冷蔵庫を開けながら、不機嫌そうに）ワイン残ってないの？
私　（イライラしながら）知らないわよ。
トム　（若干切羽詰まった感じで）今日はワイン買ってないの？
私　ハァ？　今度は私がパントリーの管理をするってわけ？　大変申し訳ございませんでした！　在庫の確認はいたします！
トム　いや、そういう意味じゃなくて、君が買い物に行ったたっていうから、だから……。
私　わかってるって、このクズ！

ちょっとした口論がはじまると、娘はトムのところに走って行き、まるで彼を守るように立ちはだかり、ダディに怒鳴らないでと私に言った。「ちょっと話をしているだけよ、ハニー」と私は早口で言った。ベッドサイドに置いたテーブルの上に積み上げている育児書の中の一冊に、子どもの前でつまらない言い争いをしたら、おおげさに仲直りをして見せると、子どもは「衝突の健全な解決方法」を目撃することができると書いてあった。「ほらね」と私は彼女に言った。「ダディにハグするわよ。私たちだってたまには喧嘩もするけれど、いつだって仲直りするの。だって愛し合っているんだもん！　ね？」

　私はハグするためにトムに近づいた。娘に背を向けていたから、私が夫を抱きしめながらギロリと睨《にら》み付け、中指を立てて「死ね！」と言っているところなど、彼女は見ることもなかった。

　もちろん、私の過剰反応だった。そしてトムだって、文句を言わずに自分で店に行って、新しいワインのボトルを買ってくることができたはずだ。それなのに、私は夫が失敗するのを身を潜めて待つ、嫌みったらしい女になってしまったではないか（法律用語を使えば、「罠にかける」と表現してもいいわけだけれど）。でも私が爆発して得た「勝利」は――娘の不安への配慮より、爆発することを意識的に選択したのだ――価値があったのだろうか？　娘の幸福への私の気づかいは、まんべんなくとはいかず、不安定なものになってしまった。注意深く彼女の首の後ろに日焼け止めクリームを塗り、オーガニックのフレークの箱に貼られたラベルを丹念に調べ、砂糖の取り過ぎはよくないと注意していても、彼女の父親にひどい言葉を投げかけることで、彼女の満ち足りた気分をぶち壊しても平気になってしまったようなのだ。

　私たちは子どものためにも、よき親でいるべきだ。

　終わることのない口論の何が悲しいといって、それは、誰の目から見ても最高の人生を、つまらないものにしてしまうところにある。娘は愉快でのんきだ（私のために買った母の日のプレゼントについて、ウキウキしながら「プレゼントのヒントはねえ……石けんだよ！」なんて言って笑い出すような子なのだ）。私たちはブルックリンにある、元教会を改修した、落ち着きのある建物に住んでいる。マウンテンバイクで行くマヤ遺跡探検とか（シャーマンと一緒にピラミッドの頂上でウィスキーを飲んだ）、ユタ州にある人里離れた砂漠でめずらしい鳥の鳴き声を聞くだとか、ウルグアイの大平原で馬に乗るなんていう、うらやましくなってしまうようなトムの雑誌の企画も、なんとか仕事と呼べるようになっていた。

そして私はといえば、しっかり練り上げた戦略のおかげで、パートタイムのフリーライターという職を手に入れている。娘が学校に行っている六時間の間に、私はコンピュータの前に座り、せっせと美容だとか健康についての記事を、例えば『ヴォーグ』といった雑誌に書いている（たとえ、雑なポニーテイルでヨレヨレのヨガパンツ姿でも、ファッションのバイブルである雑誌の、最もグラマラスじゃない従業員として働くことができているのだ）。その時間は、ほとんどイスから立ち上がることはない。でも、ちょうど調子がよくなってくる頃、学校が終わる午後三時になり、私はそこでコンピュータを翌日まで閉じて、専業主婦のママへと変身するのだ。取り憑かれたように仕事をするから、記事・原稿の分量は『ローリング・ストーン』誌でのミュージックライターとしての前職と、ほとんど遜色《そんしょく》はなかった。オフィスでは毎日九時間働いていたけれど、その三分の一はインターネットサーフィンであったり、同僚との噂話に費やされたり、ランチに何を食べるかの雑談だったりした（締め切りがないと、「メキシカンフードを食べたら眠くなるのか？」という話題で二〇分は話し続けることができた）。

最近では、こんな一日もある。楽しくちょっと非現実的な仕事のはじまりは、緑の多い公園を抜けて三分の距離にある学校に娘を送り届けること。そして、その足で電車に飛び乗りマンハッタンに向かい、ジェニファー・ロペスに会いに行く。そして、迎えの時間に間に合うようにブルックリンに戻るのだ。私はセレブリティにインタビューする時はいつも、まず答えやすい質問を投げて、ウォームアップしてもらうようにしている。人生で最もしあわせだった時間を説明してもらうのだ。彼らが親であれば、答えは大半こうなる。「ああ、子どもが小さかった頃よ。間違いないわ」。私にとってもトムにとっても、今が黄金期だとは百も承知だ。二人とも健康だし、やりがいのある仕事を持っているし、望んでいた子どもを授かった。そして私たちは、この黄金期を無駄にしている。

私たちのこの状況は、決してめずらしいものではない。煮えたぎるような怒りがママたちのブログにあふれかえっている。母親たちを集めてソーヴィニヨン・ブラン〔訳注：フランス西部が原産地の、白ワイン用のぶどうの品種〕数本のコルクを抜けば、バラバラだった中傷は、あっという間に、われ先にと自分の話をしたがる彼女たちの、雷のような愚痴のクレッシェンド状態になるだろう。

ダンナは平日も週末も働いているから、息子に「対応する」気はないと私に言う。私が彼に対して常に憎しみを抱いていることに、彼が気づいていないっていうことに驚いてる。

私が食洗機を空にしていると、ブライアンが胸を触ってくる。子どもに一日中、べたべた触られてたっていうのに。うれしくもなんともないっての。何かしたいんだったら、皿でも片付けろよ、バーカ。

夫は私が「専門家」だからなんて言って、オムツ替えから逃げようとする。

アンドリューに家事を手伝ってほしいと言うのは、もう疲れてしまった。誰も私に手伝ってなんて言う必要ないのよ。なぜかわかる？　私がさっさと片付けちゃうから。

ジェイソンとは離婚したいけど、子どもを学校まで送ってくれるから我慢してる。

友だちがこんなメールをくれた。「五時間睡眠が続いて、ストレスホルモンが母乳に混ざっちゃうぐらい激しい怒りをアダムに感じている。記念日に何がほしいかってさっき聞かれたんけど、一人でホテルで過ごしたいって答えた。冗談抜きで。週末、一人って、まるで私にとってはポルノみたいな響き」。

イントロダクション
アイツなんて大嫌い

　著名なセラピスト夫婦であるジュリーとジョン・ゴッドマンによる、結婚と子どもに関する調査は、広く知られている。彼らによると、子どもができてから結婚生活に対する満足感が低下するカップルは、全体の六七パーセントに及ぶという。これは驚くべき数字ではない。子どもを迎えるという大きな喜びは、多くのストレスをもたらすものでもあるからだ。たとえば、ホルモンバランスが乱れるとか、仕事のスケジュールがバラバラになるとか、経済的な心配事（オムツひとつとったって、パニックになりそうだ）とか、セックスの砂漠化など。そして、ある新聞には「医療の専門家に面談する機会も増える」とあった。

　そして、慢性的睡眠不足が新米の親たちの精神状態に与える甚大《じんだい》な影響は、どれほど強調してもしたりない。睡眠が足りなくなると、ネガティブな出来事が頭から離れず、喧嘩腰になり、理性を失ってしまう。調査では睡眠不足が起きると、脳の感情を司《つかさど》る扁桃体《へんとうたい》が活性化するそうだ。通常では、感情ではなく理性を司る前頭前皮質《ぜんとうぜんひしつ》はすべてを文脈に沿って整理するように働くけれど、脳が睡眠不足になっている時には、この関係性は崩壊してしまう——そして多くの場合、この関係のみならず当の人間も崩壊してしまうのだ。突然、あなたの反応は、まったくコントロールできない状況になってしまう——例えば赤ちゃんがやっとのことで眠りについたというのに、夫がドアをバタンと閉めたなんて時に、あなたは盛大にキレまくることになるのだ。

一晩眠ることができないと、その影響は翌日に出る。でも、ある調査では、睡眠不足の状態が続いても、彼らは自分は元気だ、と口にすることがわかっている。やったわ！　すごいでしょ？　眠らなくてもいいんだ！となるわけだ。カリフォルニア大学バークリー校の睡眠と脳イメージング研究所所長マシュー・ウォーカーとおしゃべりをしていた時のことだ。彼はこの精神状態を、酒に酔って車に乗ろうとする頑固な運転手にたとえた。「五杯飲んでも、家まで運転しても大丈夫だと思うのだけれど、脳機能は明らかに機能不全に陥っているんですよ」。「同じことが睡眠でも言えるというわけです。七時間以下の睡眠が慢性的になると、明らかな認知機能障害が現れてきます」。

赤ちゃんが生まれる前は、母親になったばかりの女性が、何日もシャワーを浴びてないと嘆くのを聞くと、またその話かと呆れたものだった。ホント？って、思ってた。新生児っていつも眠っているものでしょ？　ほんっと大げさ！　今、自分自身が母親になってみて、「赤ちゃんが昼寝するときにお母さんも昼寝したらいい」という、何度も繰り返されるアドバイスを耳にするたび、本気？と呆れてしまう。生まれたばかりの小さな存在を生かし続けるために必要な努力は、果てしないものだ。そして、少なくとも子育てと家事については、女性は大きな負担に耐えている。二五年以上前、カリフォルニア大学バークリー校の社会学者アーリー・ホックシールドは、この不平等を「立ち往生した革命」と呼んだ。そしてこれは現代においても真実だと言える。現代のアメリカの労働人口のほぼ半数を占める女性の人生が大きく様変わりしたのに、その相手の行動はあまり変化していないのだ。

子どものいる家庭の四〇パーセントで、働く母親が稼ぎ頭であるという。しかし、メリーランド大学の調査によると、働く母親たちは、父親たちの三倍から四倍の家事をこなしている。そして、あなたが二歳児の後ろをついて回り、ひっきりなしに物を拾い続けている時、洗濯かごに突っ込まれた、野球ボールみたいに丸められた夫の靴下が目に入ると、それがどうってことない習慣であるにも関わらず、突然、とんでもなく腹が立つ光景となる。

ニュージャージー州に住む母親でコメディアンのディーナ・ブリザードは、夫が仕事から自宅に戻り、三人の子どもによってメチャクチャになった部屋を見回して、「一体何が起きたんだ？　誰が引っ張り出してきたんだ？」と言うと、激怒するそうだ。「アイツ、毎日同じことを言うのよ」と彼女は私に告げた。「だから、ああこれ？　そうよ、あたしが全部やったのよ。ヒマだったから床に全部投げちゃえって思ってさ……なんて言うわけ」。

すると彼は、世界中の専業主婦が最も忌《い》み嫌う質問を口にする。「一日中、一体君は何をやってたんだ？」。「山ほど色々やったわよ。でも、ひとつだって最後まで終わらないんだから」とブリザードは言う。「掃除機をかけて、息子が植木を食べちゃったから中毒事故管理センターに電話して、それからたしかシャワーを浴びた。「三人も子どもがいるのよ。これで精一杯だって」と彼には言っている。すると彼は、毎度のこと驚くわけ。ぶん殴ってやりたい気持ちを抑えるのに苦労するわ」。

社会学者で、ニューヨーク州立大学ストーニーブルック校の「男性と男らしさ研究センター」長（はい、こういうセンターがあるんです）のマイケル・キンメルによると、男性は家事よりは育児向きなのだという。しかし、家事の場合と同じで育児でも、どんな種類の育児に参加するか、男性はえり好みする傾向にあるという。「父親が「楽しいことだけ担当する親」になるのが、中流家庭の多くで起きていることです」とキンメルは私に言った。「パパが日曜日の朝に子どもを公園に連れて行ってサッカーをしますよね。その時ママは朝ごはんに使った食器を片付けて、ベッドをきれいに整えて、洗濯をして、ランチを作るというわけです。ちょうどお昼頃に帰宅した子どもが「公園、ほんとうに楽しかった！　パパって最高！」なんて、言うわけ」。

この圧倒的な不公平は、風刺の効いたオンライン新聞『オニオン』の記事「ママは家事のすべてを海と結びつけて、ビーチで休暇を過ごしている」で、上手にまとめられている。ママは「お風呂場を磨きながら、窓の外で潮が満ちる様子を見るの。毎年ここに来たいわ！」

父親たちもずいぶんと育児に関与するようになったものの——一九六〇年代以降、父親たちが子どもと過ごす時間はほぼ三倍になっている——母親たちは父親に比べて倍の時間を子どもたちに費やしている。合衆国政府によるアメリカ時間使用調査において、女性は四大生活分野（仕事、家事、余暇、子育て）で、男性よりも著《いちじる》しく疲労感を抱えているという結果が出ていることは、驚きではない（私はこのような調査を読んで、ティナ・フェイの著書『ボシーパンツ』の中に記された、出産後に自分の時間を作るヒントを思い出した。彼女曰く、「ベビークリームを探しに子どもの部屋に入り、あなたの配偶者がぶっきらぼうに「何やってんだ？」っていうまでそこに立っていればいい」）。

最新の時間使用調査が導き出した数字によると、男性側が無職の場合でも、家事と子育ての半分を女性が負担していることがわかった、とジャーナリストのジョシュ・カッツは発言している。NBC社が朝のニュース番組『トゥデイ』で行った大規模な調査によると、アメリカの母親のほぼ半数が、夫から受けるストレスのほうが子どもからのものよりも大きいと答えた。なかには、同じ立場のパートナーというよりは、まるで子どものようなふるまいをする父親がいるとコメントした人たちもいた。

「赤ちゃんと父親をそれぞれ自由にさせていたら、私はトイレにだって行けないし、歯を磨くこともできません。シャワーなんて無理。食べることだってできないわ」と、友だちの友だち、レイラが言った。午後の遅い時間に一時間の会議に出たら、あっという間に夫から娘について不気味なメールが来たそうだ。「悪魔の時間がはじまったみたいだけど心配しないで」。その直後、「こんな最悪な声、聞いたこともない」。「その数秒後に電話が鳴ったたってわけ」と彼女は言った。「夫は娘の金切り声を録音して送ってきた」そうだ。レイラは急いで会議を退席し、ドアを飛び出した。親にとってiPhoneは、仮釈放時に足にはめられる発信器のようなものだ。リアルな生活において、機内モードなんてものは存在しないのだから。

口やかましく言ってトムに家事をやってもらわなければならない時は、たしかに彼の母親になったような気分になる――特に彼が、選択の自由があるかのように「すぐやるよ」とか、私を完璧に無視する時にそんな気分になる（私の友だちの夫がやるようなことを彼がやらないのはまだマシ。友だちの夫は、彼女に敬礼して、「アイアイサー！」と叫んで子どもたちを笑わせるんだそうだ）。南カリフォルニア大学で心理学の教授を務めるダービー・サックスビーは、カップルはしばしば要求と後退のパターンに陥《おちい》ると説明してくれた――多くは女性が要求し、男性が後退する。彼女は、このパターンは近年増えていると証言している。なぜなら、男性が態度を変化させることによって得るものは少ないが、女性はこの状況を変えたいという意志があるためだ。これが原因で彼らの間で口論の回数が増えていく。

友人のジェニーは二人の子持ちで、ある日曜日の朝のことを話してくれた。赤ちゃんのオムツが明らかに汚れていた。「夫が楽しそうに「きみの番だよ〜。だって俺、さっきやったもんね」って言ったのよね」。「専業主婦として、私、たぶんコイツよりも三千回は多くオムツ替えしてるなって思って。頭がぐるぐるしたわ」。

社会学者でミシガン大学で教鞭《きょうべん》を執《と》るパメラ・スモックによると、男性が家事を手伝うとき（彼女は、「手伝う」と強調して言った。私たちには長い道のりが待ち受けているということだ）、彼らは「気晴らしを含む」雑事を選ぶことが多いのだという。これには庭仕事や車で荷物をピックアップするだとか、必死になってネットフリックス〈訳注：世界最大級のオンラインストリーミングサービス〉の家族リストを整理したりなんていう仕事が含まれる。つまり、学校に行かせるために子どもをドアの外に送り出すとか夕食を作るなんて緊急の仕事よりは、ずっと自由裁量的な活動であり、より柔軟な時間割が組める仕事ということになる（そして多くの場合、こういった「気晴らしを含む」雑事は家から出て外で行うことでもある）。

変貌するアメリカ家族研究の第一人者であるスモックは、ジェンダー不平等についても、犯罪小説、七〇年代のロックバンドについても、同じように精通し議論できる人物で、彼女曰く、女性は料理や掃除といった基本とされる義務に加えて、数多くの目に見えない仕事をこなしている。こういった仕事は時間を食うけれども、時間の使い道に関する調査には決して登場しないタイプの仕事だ。その一つが「家族のための仕事」で、スモックはこんな例をあげて説明してくれた。身近な人に精神的なサポートを与えること、プレゼントを買ったりカードを送ったりすること、休日のお祝いにつきものの行事を企画することなどである。(“Porn for New Moms”〔新米ママたちにぴったりのポルノ〕の一節が人々を笑わせる理由がこれだ。笑顔を見せ、デスクに座る逞《たくま》しく魅力的な男性が「ハニー、ボクはここにいるからね。ベビーシャワーのサンキューカードの最後の一枚を書き上げているところなんだ」)。

「家族のための仕事」の次は「家族の気持ちの管理」だ。家族のメンバー全員が元気であることを常にチェックすること。トウィーン(八歳から一二歳ぐらいまでの子ども)が学校のカフェテリアで仲間はずれの気分を味わっていないかだとか、犬の具合がいまひとつだとか、子ども用の腎臓《じんぞう》の薬を補充すべきか、上司と揉《も》めていた夫はその後どうなったのか、なんてことだ。しかし、これ以外にも目に見えない仕事はあって、それは「物品購入の仕事」と呼ばれている。子どもの下着や学校で必要な品を購入したり、カーシートや子ども用の食事イスを調べたり、なんてことだ。「こういう仕事っていつも女性になりがちなんですよね」とスモックは言い、「大画面テレビとか冷蔵庫なんていう、値の張る買い物になると、話は違うんだけどね」。

日々の移動に関しても忘れてはならない。『トランスポテーション』誌の調査によると、女性は「日々の家事をサポートするための移動時間」カテゴリー(学校への送り迎え、日用品の買い物、ピアノのレッスンに子どもを引きずって行く)という、なんとも悲惨な時間のほとんどを負担している。女性は男性に比べ、平均で一日一一分多く、こういった時間に耐えなければならないのだ。双方が一家を支える稼ぎ手であるにも関わらずだ。

もっとも見えにくいけれど、でも広く行き渡っている仕事は、家事の管理者としての仕事だろう。「終わりがないですよね」とスモックは言う。「だって、何から何まで記憶しなくてはならない仕事でしょ。ジョーイの歯医者の予約だとか、子どもたちそれぞれが好きな食べ物は何かだとか、週末にはベビーシッターが要《い》るなんてことまですべてだから。妻が夫にリストを手渡して買い物に行ってもらうと、彼は褒められるんでしょうけど、そのリストを作ったのは彼女ですから。夫に指示を出すのも仕事なんですよ。これは子育ての現場においては必要不可欠、意識していなくても常に頭のなかにあるんです」。

ニューヨーク在住の心理療法士ジーン・フィッツパトリックは、母親たちは憤慨していると言う。「私が女性たちから頻繁に聞かされるのは、『私はボスになんてなりたくない。彼に何をやったらいいかと質問されたくない。彼に主導権を握ってもらいたい』ということです」。

私の友人のマレアは、彼女の家のなかで、これはずっと問題になっていることなのだと言う。「私が言わなかったら、絶対にやらないんだから」。「娘は七歳にもなっているのに、夫はまだ流れを理解してないみたい。彼女が寝る時間に私が何か他の仕事をしなければならないとするでしょ。彼は私に促《うなが》されないと、娘に寝支度をさせようとはしない。彼に催促してやらせなければならない、そして実際にそうするでしょう？　だから私のストレスレベルが上がってしまう」。

スモックとのおしゃべりの後私は、毎日の目に見えない仕事をすべて数え上げてみた。まったく腹が立った。トムが娘を水泳のレッスンに連れて行く時だって、私は二人が出なければならない時間がくれば声をかけ、水泳バッグに荷物を詰め、戻ってきたらそのバッグを空にして、濡れた服を乾かし、おやつを与え、風呂に入れるのだ。その時トムはカウチで居眠りしている。光を投じて見てみなければ、隠れた仕事は隠れたままだ。スモックでさえ、彼女の母が、事実上、家の中の仕事すべてをこなしてきたことを、大学に入るまで気がつかなかったそうだ。「思い返してみると、『教師として一日中働いて、今度は家に戻ってまた仕事。どうやってすべてをこなしたのかしら』なんて思いますよね。寝室に入ってしばらく休まなければならなかったのも理解できます。そして、私にさえ、その仕事が見えなかったのはなぜなんでしょうね？」私はスモックに、彼女の父親が分担した家事について聞いてみた。彼女は笑い出した。「父は車のことはやってましたね。それから犬の世話とかね」と彼女は言い、「ああそう、それから壁紙の張り替えも好きだったかな」。

＊

トムに、もっと家のなかの仕事をやってほしい、と私の気持ちを伝えると、私がすぐに手を出して、彼の動きを逐一《ちくいち》管理するから悪いのだと反撃してきた。例えば、彼がオムツを替えるとすぐに、ママ友たちの間ではよく知られている「乾いたうんちの拭き残し」がないか、私が急いでチェックするというのだ。たしかに、子どもが関係することとなると、私は彼よりも念入りである。

オレゴン州ポートランド在住のブロガーで、専業主夫（彼は在宅のパパと呼ばれる方を好んでいるけれど）のクリス・ロートリーは、あれもこれもやるのはむずかしいと言う。彼は、女性が今までずっとやってきた仕事のあれやこれやを、男性に委《ゆだ》ねるのが嫌な気持ちを理解できると言う。「でも、僕たちが子育てで平等になるためには、女性がそれを手放してくれなくちゃ」と、二人の子どもを育てている彼は言うのだ。「パパたちへ　ベビーシッターにはならないで」とプリントされたTシャツを着て、息子の誕生日のために焼いた見事なケーキの写真をインスタグラムにアップロードする彼は、「誰だって子育てをしながら、なんとか学んでいくんです。だから、女性に子育ての能力が生まれつき備わっているなんていうのはウソだと僕は思うんですよね。そんな考えは捨てる必要がありますす」と言う。

彼は正しい。トムが手伝おうと努力してくれているのに、何度も私は彼を拒絶した。だって、自分自身が子どもに関係する仕事を、次々と、いかにも見事に処理すれば、自分にすべてが任されている、という特別な、ぞくぞくするような感覚が得られるからだ。小児歯科医院の予約……完了！　許可証のサイン……完了！　私自身、延々と続く計画、リサーチ、スケジューリングを楽しんでいるのだ。ある時点で、フェミニストのアイコンで、二人の子を持つ作家であり、『女性になるには』の著者、ケイトリン・モランに自分を重ねているというわけだ。

　子どもが一時間ぐっすり眠るというチケットを母親に与えたら、子どもを持たない女性の十倍は働くことができる、と彼女はフィラデルフィアで行われた読書会の前に私に語ってくれた。「母親の仕事って、一生続くアクション・ムービーの中にいるようなものだけれど、ものすごく退屈でどうでもいいことも混ざってる」と彼女は言った。「母親はトイレだって四回に分けて行かなくちゃならない。だって赤ちゃんが泣くでしょ。続きをしようとしたって、また子どもに手がかかるんだから！　母親になったばかりの女性は、子どものいない人たちよりずっと必死に働くし、より創意工夫に長《た》けているし、より効果的に動くのよ。だってそうしなくちゃいけないから」。

　でも、私がバランスをとってすごく気をつけていたのに、メチャクチャになった瞬間だってはっきり覚えている。それはシルヴィーが幼稚園に通っていたときのことだった。熱があったので、娘は家にいた。私が有名な雑誌のカバーストリーになる予定の、ジェニファー・ハドソンとの電話インタビューの準備を進めているあいだ、娘はとても機嫌がよく、パジャマ姿で幼児番組を見ていた。私はトムに、ジェニファーにインタビューしなければならない午後五時から六時以外は、私がシルヴィーの面倒をみるからね、と言ってあった。家事全般の管理者として、お皿にシルヴィー用のスナックをのせ、二人が楽しめるようにボードゲームを手渡しながら「とにかく、その一時間は絶対に必要だから」と私は彼に言った。

午後四時四五分、私がそろそろと二階のオフィスに向かった時、トムとシルヴィーはエンチャント・フォレストのゲームに没頭していた。電話はすでにテープレコーダーに繋《つな》いであった。以前何度かインタビューしたことのあるジェニファーは、いつも通りとても明るくて、チャーミングで落ち着いていた。

電話でのインタビューがはじまると、割り当てられた時間で——通常、四五分から一時間だ——用意した質問をすべて、効率よく投げることができるように、私は集中した。私たちが彼女のダイエットについて話し始めた時だった。シルヴィーが突然私の横に来たのだ。

うんち……彼女はささやいた。三歳でトイレトレーニングの真っ最中だったシルヴィーは私に仕事を終えてほしいのだった。トイレは一箇所しかない。それは一階にあったのだ。

私は彼女を追い払った。「パパはどこよ?」と私は小さな声で聞いた。

「……大好物はバナナプリンかな。でもこれが悪魔なのよ!」とジェニファーは言った。「だから、私の家のなかにバナナプリンを持ってきちゃいけないってことになったわけ」。

うんち。

「大丈夫だって、ウェイト・ウォッチャーズ〈訳注：ダイエットを目的とした商品の販売、減量のさまざまなヒントを提供するアメリカ企業〉のレーダーにはひっかかってないから」とジェニファーは言った。必死になってシルヴィーを追い払いながら、私もジェニファーと一緒にアハハと笑った。「パパにたのみなさい」と、私は必死になって口を動かした。「我慢できないんだって！　どうせ捨てられちゃうのよ！　だって自分をコントロールできなくなっちゃうんだもん。だったらなんで私の家に持ってくるの？」

「まったくその通りよ！」と、私はほとんど叫ぶようにして言った。ブラが汗でべっとり濡れていた。

うんちがでる。うんちがでちゃうよ。

やけくそになって、私は靴を脱いで階下に放り投げた。トムが気づくことを願って。

パパがやってくれるわよと私はささやいた。

うんち　うんち　うんち　うんち　うんち。

とうとう、私はアカデミー賞、そしてグラミー賞のダブル受賞者で、大スターのジェニファーに、「少し待ってもらえないかしら」と頼んだのだった。

私はシルヴィーの腕をつかむと、階下に駆け下りていき、カウチに寝ているトムにシルヴィーを手渡した。彼のうつろな瞳に、スマートフォンのやわらかな光が映っていた。彼は素早く、あたかも大事な仕事をしていたかのような見せかけの表情を作ってみせた。まるで緊急の仕事でもあったかのように。でも私には彼が何をやっていたのか、はっきりとわかっていた。彼はフィリピンにいる知らない誰かとオンライン上でチェスをしていたのだ。後で私たちが口論になった時、ほんの一分プレイしただけだと、彼は言い訳した。

＊

もちろん、両親が繰り返し争えば、誰も無傷ではいられない――その中には、残念なことに赤ちゃんも含まれる。

オレゴン大学の研究によれば、寝ているときでさえ、六ヶ月の幼児は怒気《どき》をはらんだ声や激しいやり取りに対してネガティブな反応を示すことがわかっている。彼らは、聞こえてくる声が大きくなるに従って、赤ちゃんの脳がどのように活動するのかを測定したのだ。不幸な結婚生活を送っている夫婦に育てられた赤ちゃんは、発達過程で多くの問題を抱えることが明らかにされ、それは言葉やトイレトレーニングの遅れ、自分を落ち着かせる能力の低下という形で現れる。

夫婦げんかが続けば続くほど、子どもにとって好ましくない影響を与えるのだ。ゴットマンは、三歳から六歳までの子どもは、喧嘩の原因が自分にあると思い込む傾向にあると言う。子どもが六歳から八歳になると（私の娘がそうしたように）親のどちらかの味方につくようになる。ノートルダム大学の心理学者E・マーク・カミングスの研究によれば、両親が頻繁に口論する幼稚園児は、七年生〔訳注：日本では中学一年生に相当する〕になるまでに、抑うつ、不安、そして問題行動で苦しむことが多いとされている。カミングスは、そんな子どもたちを感情のガイガーカウンターになぞらえ、彼らは、親の感情をつねに意識し、自分が家族のなかで安全であることを確かめたくなってしまうのだと説明した。彼は、親が絶対に口論をしてはならないと言っているのではない、とも強調している。衝突を一度も経験しない子どもは、自力で問題に対処し、解決する術《すべ》を身につけることができないかもしれないのだ。子どもは、公平で健全な方法で衝突を乗り越えなければならない。大人がそうするように。

逃げる方法なんてない。結婚の質《クオリティ》は、親と子どものつながりに強く結びついているのだから。両親の口論によって、最も打撃を受けるのは父親と子どもとの関係だという、南メソジスト大学の精神科医らによる驚きの発見を紹介する。夫婦げんかの起きた翌日、ほとんどの母親がコンパートメント化〔訳注：価値観や感情が矛盾することで引き起こされる、精神的な苦痛や不安を和らげるための心理的防御メカニズム〕に成功し、素早い立ち直りができ、子どもとの関係をよりよいものにできる反面、父親はネガティブで挑発的な妻との緊張関係を家族に飛び火させる傾向が大いにあったという。油断できないことに、こういった口論を繰り返す両親による衝突は、口論の翌日、またその翌日も、父親と子どもの間の不和となって出現するそうだ。

イェール大学の児童心理学者でありイェール・ペアレンティング・センター長であるアラン・カツディンに、私たちが口論をすると、娘のシルヴィーが仲裁に入るのです、と伝えてみた。その時の彼の反応に、私ははっとさせられた。「子どもにとっては最悪なシチュエーションですよね。だって自分の安全が脅かされていると、彼女はわかって行動しているのですから」と彼は言ったのだ。トムと私の関係（どんどん緊張感が高まっている関係）を説明すると、カツディンは、まさに専門家としての行動に出た。「いいですか」と、彼は穏やかに私の話を遮《さえぎ》ると、話しはじめた。「あなたが私の意見を求めているわけではないことはわかっていますが、助言させてくださいね。あなたは素晴らしい人だと思います。そして、人生は思いがけないほど短いものなんです。残りの人生を一緒に添い遂げようと決めた人と、あなたは家事について口論している。それって価値がありますか」。彼は一瞬間を置いた。「言い過ぎでしょうか？」

いいえ、そんなことありませんと私は答えた。

「それじゃあ、続けますね。もしあなたの人生からそんな争いがなくなってほしいと願っているのであれば、それは子どもにとっても、いいことですよ」。

わかったわ。私たちが目標とする基準を高くする時期にきたようね——私自身のためにも、娘のためにも、そして私たちの結婚生活のためにも。子どもが生まれれば、ランプから出てしまった悪霊を、再び封じ込め、元の関係に戻るなんて不可能だ。人生は変わってしまったのだし、それに合わせて自分たちも変わらなければならない。この現実を否定すれば、悲惨な生活を招くだろうし、そしてそれは大きな不幸につながる可能性もあるのだ。自分自身に「口げんかをしていないときは、とても仲がいいんだから！」なんて、言い聞かせるのが普通になてしまった時がサインだ。いままでずっと憧《あこが》れてきた家族というものを、私は心から楽しみたいし、夫がしてくれる、たくさんのよいことにも、積極的に気づいていきたい。私たち家族全員にとって、家は安全で快適な場所であるべきなのだ。

私はリサーチを生業としているのだから、私と夫の関係を掘り下げてみればいいのではないか、と考え、自己啓発本を何冊も何冊も読み耽《ふけ》り、この分野ですでに確たる科学的発見を手にしてる専門家に直接話を聞いてみることにした。精神科医、夫婦の専門家、神経科学者、そして仲のよい親たちに疑問をぶつけてみることにした。なんだってしてみようと思う。私はトムを夫婦問題のセラピストのところに連れて行こう（いや、引っ張って行こう）と思っている。私たちの結婚生活がふたたび円満となる戦略であれば、すべて試してみようと思う。結婚生活だけではない。私たち家族の人生のために。

シルヴィーはまだ六歳。今であれば間に合うはずだ。

1章 母親、父親、そこにある問題

私たち夫婦がお互いを憎まなくてもすむように、と私が細心の注意を払ってプランを練り上げた週末、トムとシルヴィーを連れて、ニュージャージー州にある私の両親の家を訪れ食事をした。私の妹二人とその家族も来ていた。ダイナは編集者で、どちらかというと気前がよくて優しい人で、ややこしい家庭での仕事については問題とは考えておらず、バッグにいつも大人用のお菓子を入れているようなタイプだ。彼女の夫のパトリックは、がっしりとして逞《たくま》しい元海兵隊員で、学校でシェフとして働いている。機嫌の悪い生徒がいたら、馬鹿げたことをして笑わせることができる人。

下の妹はヘザーで、彼女は誠実で思慮深く、近所ではもっとも人気のあるベビーシッターだった。今は人気のある小学校教師で、生徒は赤ちゃんのオポッサムみたいに彼女のまわりに集まってくる。その近くに立っているのは彼女の夫で、ロブである。彼もシェフだ。タトゥーのあるクールな外見をしているけれど、内面はとても優しく、穏やかなパパで、ビールを少し飲むと、涙を誘うような家族からのお知らせを、たどたどしく語り出すような男性だ。

いつもと同じように、私たちはキッチンに集まっていた。姪っ子や甥っ子たちがあてもなく歩き周り、祖父母の冷蔵庫やパントリーのなかをかき回したり、そして何事もなかったかのように、賞味期限切れのマシュマロやチョコレート菓子をこっそり持ってキッチンから立ち去ったりしていた。両親のパントリーは食品博物館に負けずとも劣らない。なぜなら、父は詐欺《さぎ》に敏感で、「彼らは」本当のことを言わないし、消費期限は「でたらめ」だと言う人なのだ。父は大手百貨店J・C・ペニーの元店長で、偶然にも父の名前もJ・Cだった。彼の父であるJ・Cシニアも、同じくJ・C・ペニーの元店長で、創業者のJ・C・ペニーをランチに招待したことがあるという。父の兄弟の子どもで、いとこのペニーがどこで働いたのかは言うまでもないだろう。

消費期限を信じていないうえ、父は家族が集まると必ずこんな話題をとりあげる。例えば電話料金にこっそり含まれている電話会社のコスト（『消費者リポート』が大規模な調査をしたんだ。ファイルしてある」）、十日間の天気予報、防水シート、人々は狂っていて、この先はよりひどくなっていくだけだという問題、コストコ〔訳注：アメリカの代表的な卸売式小売店〕のジンがいかに優れているか（父はそのジンをビーフィーター〔訳注：イギリス製のドライジン〕の瓶に入れていて、客人は違いに気がつかないと言っている）、「すぐにでも絶対に手をつける」と言い張る、退職後の父の家系図プロジェクト、それからガソリン価格の変動について、などだ。

両親の家を訪れて、最初に父が聞くのは交通渋滞のことだ（「ルート80は混んでいたか？　混んでいた？　そうだろうな、今工事をやっているからなあ、まったく最悪だ」）。もちろん、彼は「街」から車でやってきた私たちが快適な旅をしたかどうかが気になるわけなのだが、私たちが交通渋滞を経験し、彼がその理屈を説明することができれば、よりうれしいというわけなのだ。そして、しばらく細かいことを言い続けた後、何から何まで事前に準備しなければ気の済まない父は、不穏な情報を引き合いに出して、私たちにも気をつけるよう言うのだ。「ニュージャージー州ウェストオレンジの家族の話、きっと読んだよな？　本当に残念だ」。そして険しい表情で頭を振る。「もちろん、ラドン検出器とか、ちゃんとしたスノータイヤだとか、緊急用サバイバル毛布とか、コンセントのカバーなんてあったら、あんなこと起きなかっただろうけれど」。

私の父にはお気に入りの立場があって、それが父親モードなのだ。彼はすべてのものごとを父親のレンズを通して見る。もし子どもが高価なおもちゃをねだれば、彼は、お金はおもちゃの製造会社の株を買うことで使うほうがいいと、親切にも教えてくれる。父は、例えば人間によって作られた偉大なる建物の前に立つと――例えばパルテノンとかタージマハール――すぐさま、メンテナンスにかかるコストについて推測しはじめる。父がベルサイユ宮殿を見学した時、彼のイマジネーションは太陽王ルイ一四世のまばゆい幻影を軽く跳び越えて、宮殿の光熱費に着陸したのだった（「あの窓を見ろよ！　熱を通すだろうなあ」)。

父親のレンズを通してものごとを見るというのは、子どもの要求を、有益で、現実的なものに変えてしまうことを意味している。例えば私の父がそうであり、今は私の夫のトムがこの習慣を受け継ぎ、娘に対して行っている。

シルヴィー　パパ、レスリングしない?
トム　そこに置いてあるパジャマとレスリングしたらどうだい?

＊

シルヴィー　透明人間になって、スパイしちゃいたいな!
トム　目の前にあるサンドイッチを消す練習をしたらどうだい?

私の父のような人にとって、世の中は危険に満ちあふれているから、彼らは常に緊急脱出計画を心に留めている。自宅で作ってきたレンジで作るタイプのポップコーン(「五ドル節約できた」)の袋を引っ張り出す以外で、父が映画館で最初にすることは、緊急避難口に最も近い座席を探し、スプリンクラーの位置を確認することだ(「お前は笑うけれど、両方の肺がけむりでいっぱいになって、出口を見つけられなくなったら笑っていられないぞ」）。父の車のトランクはまるで移動式のパニック・ルーム〔訳注：緊急避難用の小さな部屋。災害や強盗などの緊急事態から身を守るために設置されるスペース〕だ。照明器具、毛布、栄養補助食品が詰まっている。飛行機に乗れば、「一番近い非常口はパパの後ろだよ」だなんて言う必要はない。だってすでに知っているから。

父は母と結婚して四五年になる。今の時点で、父と母はリビングルームに置いてあるイチジクの木のように、互いに絡み合い、深く結びついている。電話の会話もすべて二人で参加する。父が電話に出ると、母が二階に行って、子機に辿りつくまでは何も話しちゃだめだと父に言われる。母の声が聞こえるまで、私たちはじっと黙っている。二人はメールのアカウントもシェアしている。二人は私に、メール上では二人まとめて呼びかけるように促すのだ。例えば「お二人へ　イースターのランチ用にハムはいりますか？」というように、どちらか一方にだけ呼びかけることのないようにするのだ。

母のジュディは典型的な『マグノリアの花たち』〔訳注：アメリカ南部の女性たちの強い絆を描いた映画〕タイプの女性で、元チアリーダーで、ビューティーコンテストの優勝者で、一九六〇年代のアラバマ州シトロネルのオイルクイーンに君臨していた人物だ（当時原油はその地方の天然資源のひとつで、小さなオイル掘削《くっさく》用クレーンが王冠にくっついていたそうだ）。母は今に至っても堂々としており、熱いコーヒーが好きだからと、ウェイターを走らせるほどだ。彼女は常に美しく着飾っている。朝起きた直後には化粧をしているし、彼女がパジャマ姿で家の中をうろつく姿なんて一度も見たことがない。病気であったときでさえ。

母は風変わりな南部の言葉を、ニュージャージー州の自宅近くの子どもたちに教え込み、困らせた。その中には「壁の上まで叩いて飛ばす」という脅しもあった。母は三人の娘たちに南部独特の礼儀作法を教え込み、私たちは電話に出るときは「ダン家でございます。私はジャンシーです」と答えるように言われていたし、夕食が終わったら「おいしかったです。失礼してもいいでしょうか」と言うようにしつけられていた。彼女の孫たちは、楽しくてお茶目なおばあちゃんの、このような古くさい教えを知ると驚いていた。なにせおばあちゃんは、ホイップクリームを孫たちの口の中にスプレーしてくれるし、自分の顔に口ひげや、やぎのヒゲをマジックで喜んで描くような人なのだ（「あ、配達のおじさんが来たわよ！　驚かせちゃおう！」）。

訪問を終えて帰る時に、通称「密輸品バッグ」を私の母から手渡してもらうのが、孫たちには待ちきれない。母はそのバッグをこれ見よがしに出してくる。中には、鮮やかな色合いのチーズ風味のお菓子、ビーフジャーキー、小さなサイズのリコリス、箱に入ったキャンディなどが詰められている。とにかく、一気飲みするためのコーンシロップの瓶以外はすべて入っている。私も妹も、それを「おばあちゃんの石油と動物由来成分バッグ」と呼んでいる。

シルヴィーは「おばあちゃんってスコッチが大好きよね」と、感心しながら言うのが好きだ。夕食の前の彼女のお気に入りの儀式は、カウチに座る私の両親の間に穏やかに座り、彼女はコップに入った牛乳を、両親はタンブラーにたっぷり注いだスコッチを持ち、そして満足そうに微笑みながら、魚の形をしたクラッカーを無意識につまむことだった。

＊

トムは傍観者みたいに振る舞っているが、私の希望を彼が受け入れてくれるかな、と期待しつつ、私は一族に自分の冒険的企《くわだ》てについて話をしてみた。それはすぐに熱のこもった話し合いに発展した。つい最近、夫（ロブ）と口論したのだと話すうちに、ヘザーの声は、大きくなっていた。二人の息子のサッカーの試合が一日中行われる、土曜の朝のできごとだった。息子たちは家の中を走り回っていた。洗濯ものはかごに山積みで、キッチンカウンターとガス台はパンケーキのバターでベトベト、そしてキッチンテーブルに積まれた請求書は崩れそうになっていた。

「そこでロブが、ｉＰａｄで映画を見ると決めたってわけだ」とヘザーは言った。「ドスンとカウチに座っちゃってさ、ドゥーディィードゥーみたいな」（ドゥーディィードゥーとは、脳天気な人物を表現する際の万国共通の効果音）。

私の家族は「ダイナは石英のカウンタートップ〔訳注：キッチンの作業台〕を買うべき？」

といったようなトピックのメールを「全員に返信」して何ギガバイトも無駄遣いする人びとだけど、彼らの反応ときたらいつもこうで、この時もヘザーの話はあっという間に活発な円卓会議に発展した。

私の父　ヘザー、なんでロブを自由にしてやらないんだ？

私の母　でも、それじゃあいつになったら仕事が終わるのよ？　こういうことは自分で片付いてはくれないんだから。二人で計画しなくちゃ。

私の父　わしらは三人の娘を育てて、仕事はしっかりと片付けてきたし、リラックスする時間だってたっぷりあったぞ。

私の母（苛立って）　わしら？　あなたほとんど出張ばかりだったじゃないの！　家の仕事をこなしていたのは全部私よ！　間違えてもらっちゃ困るわね！（注：母は約半世紀前に起きたできごとについて腹を立てています）

ロブ　僕はね、いつもなにかしていなくちゃダメなのかな、って思うんですよ。洗濯だって次の日でいいじゃないですか。なんだか、大型スーパーの店員になったような気持ちになるんですよ。いつもさっと立ち上がって商品をきちんと並べていないとクビになっちゃうみたいな感じ。土曜ぐらい休んでいいんじゃないの？　せめて数時間でも？

パトリック　とくに意見はないけど、まあ、理にかなっていると思うよ。
ロブ　正直な話、時々まいってしまうから、家事をやる気になんてならないんですよ。
ダイナ　でもさあ、例えば洗濯を後回しにしたとして、結局それは翌日の家事リストに入ってしまうわけよね。ってことは、リストが増えちゃうってことでしょ。
トム　女性は男性とは違うからイライラするんだろうって思うんだ。僕にとっては、洗濯かごが運べないほど重くなったら洗濯すればいいと思うし、実際に着る物がなくなったら洗濯すればいいと思う。妻は洗濯かごに三分の二以上洗濯物が入ると不安になるらしいよ。
私　違うわ。あなたは洗濯物がかごの中で腐葉土《ふようど》になったら洗濯するような人よ。あるいは液状化してからね。それとも、十分放置して岩になったあたりで。
トム　ジャンシーは玄関の横にゴミ袋を置くんだけど、僕には見えなくって。
ヘザー　ロブにもゴミ袋が見えないみたい！
トム　これっていわゆる脳のトップダウン処理だよね。見たいものだけ見る、見る準備ができているものだけ見る。これについて、有名な例があるんだ。サッカーの熱戦があったんだよ。両チームのファンが、相手チームの戦い方は不公平だって考えた。どちらも客観的に試合を見ていなかったってことさ。あるいは、有名なアヒルとウサギの絵もそうだよね。絵のなかにアヒルを見る人もいれば、ウサギを見る人もいる。そして僕は、ゴミ袋を見る準備が全然できていないってわけ」（注・トムは普段科学とテクノロジーについて文章を書いているため、いつもこのような話し方をするのです）。

ダイナ　ただ単に見えなかったからって、パスを受けたのもわからないってことなの？

ロブ　「まるで『マトリックス』（訳注：一九九九年に公開されたアメリカ映画。斬新な映像とワイヤーアクションが話題となり大ヒットした）の世界だよね。妻たちは僕らに赤い薬（真実を知る薬）を飲ませてマトリックスから現実世界に脱出してほしい。でも、僕らがほしいのは青い薬（もとの世界に戻る薬）の世界さ。

トム（吹き出しながら）　運命を信じるか、ネオ？　なーんて。

私の母　あなたたち、ゴミ袋はベッドに置けばいいんじゃないかしら。

私たちが同時にしゃべりはじめると、父はパイプを直すとかなんとかぶつぶつ言い出して、静かに地下室に逃げて行った。

＊

夕食からデザートの時間まで活発に続けられたこのディベートで、私は、親になったばかりの知り合いから、親業にまつわる、最も腹の立つ夫婦のもめ事を聞き出すのはどうだろう、と閃《ひらめ》いた。そしてその道のエキスパートに協力を求め、彼ら夫婦の行動の中に、ジェンダーによって違いが生じる、心理学的、社会的、あるいは進化論的な解釈があり得るのか、解読を手伝ってほしいと思った。おそらく、配偶者の特定の態度が、何らかの形でもともと彼らに組み込まれているのだという知識があれば――フラストレーションを少なくできるのではないか。

もちろん、一般化して、安易な「火星と金星的ステレオタイプ」（訳注：アメリカで大ベストセラーになったジョン・グレイによる『ベスト・パートナーになるために』のなかで、男は火星人、女は金星人と男女の違いが説明されている）にすがり、文化がジェンダーの違いを「自然な形にする」圧倒的な役割を持つことを軽視するのは、得策ではない。とはいえ、公園で、学校の送り迎えで、そしてソーシャルメディアで、私は親たちの話を聞き（私は、すでに多数の先行研究・先行調査がある、ストレートのカップルに焦点をあてた）、家庭内を二分する問題が頻繁に起きていることに気がついた。最も一般的な問題は、私たちの誰もが解決できていない問題のように思える。そしてそれは、私たちが最も答えが欲しい問題、絶望的なまでに答えを探し求めている問題でもある。

赤ちゃんが夜中に泣く時、なぜ夫は起きてくれないんだろう？　私は、どんなに小さな泣き声であっても、それが耳に入れば、夜間急襲を受け「攻撃」命令を受けた特殊部隊のようにベッドから飛び出すのに。その間、私の夫はしあわせそうにいびきをかいている。寝たふりでなければね。というか、あれは寝たふりでしょ？

これは公園での立ち話ではない。アメリカ時間使用調査で、共働き夫婦のケースでは、子どもに睡眠を邪魔される母親の数は父親の数の三倍になることがわかった。

もしかしたら、男性は本当に気がついていないのかもしれない。イギリスのマインドラブ・インターナショナルの研究者が、眠っている男女の潜在意識下の脳の活動を調査し、赤ちゃんの夜泣きがほとんどの女性の目を覚ましてしまうのにも関わらず、男性の場合はそれがトップテンにも入っていないことを突き止めた——車の盗難アラーム音にさえ後れを取っているのだ。そして強風にも。

研究者たちはこのような感覚の差は進化的な根拠があるとの理論を立てた。女性は自分の子どもに対する、潜在的な脅威に対応できるよう進化し、男性は一族に対する大きな脅威をもたらす混乱に対してより敏感になったのではないか、としたのだ。そして女性は、生物人類学者のヘレン・フィッシャーが私に指摘してくれた通り、より強い聴覚を持つだけでなく、暗闇でものを見る能力に長《た》けているのだ（男性は明るい場所でものを見る能力に優れている）。これらを知っていれば、赤ちゃんが泣き出し、体をベッドから引きはがす時、少しは楽になることがあるかもしれない。

それでも、男性は自分に都合のいいことだけ聞いている可能性はないだろうか。私の友人で、二人の子を持つジェニーは、「男性って課題《タスク》を分類して、それ以外の刺激を無視して自分を守るような本能を持ってるのよ。だから、小さな子どもが引き起こす刺激なんかは無視するのよね」と言う。彼女は、短時間昼寝するために寝室に行ったある週末のことを回想する。子どもから二〇回以上も「パパ、パパ、パパ、パパ、パパ」と訴えがあったのに、夫がそれを無視する様子がわかり、眠りを妨げられたそうだ。彼女は憤慨して「子どもの声が聞こえないの？」と怒鳴り散らした。

「聞こえるときもあるよ」と彼は答えたそうだ。

なぜ私の夫は家族から逃げ出す場所が必要なんだろう。ガレージ、パソコン、地下室、それからニューヨークマラソンに出るという突然の妄想とか？

ライターのアラン・リックマンはズバリと書いている。「男は一人になりたいんじゃなくて、ただ単に放っておいてほしいだけだ」。たしかに、カリフォルニア大学ロサンゼルス校の研究者たちが、三二家族を対象に、彼らの自宅における行動を綿密に観察した結果、部屋に一人でいる父親は「もっとも頻繁にパーソナルスペースを確保していることが観察される」人物であったという。これは日曜の新聞を妻たちよりも夫が読めることの理由を説明してくれるだろう。父親たちはひっきりなしに立ち上がって、何度も空にされるシリアルボウルにシリアルを足してはいないのだから。フィッシャーは、女性がストレスに晒《さら》されると（例えば新生児がお腹の痛みを訴えてぐずったりすると）、「気を配り、世話をする」ようになり（より共感し、社会的になる）、男性がストレスに晒されるとそこから身を引いてしまう傾向にあることが、脳の動きとして証明されていると話してくれた。

大きな休暇、とくに感謝祭の時にこの実験をしてみてほしい。地元の洗車場の前を車で通り過ぎると、なぜだか車をプレミアム・ウォッシュして、ワックスがけしなければならないという、抵抗しがたい誘惑に突然駆られてしまったお父さんたちの長蛇の列ができているだろう。なんなら、車の内装も外装も、ショールームに飾ることができるぐらい、きれいにしてしまおうといわんばかりだ。

しかし、彼らは家にいるときでさえ、パソコンだのなんだのにかまけて、肉体的にはそこにいるけれども、実際には退去中なのだ。ジャド・アパトーの映画『40歳からの家族ケーカク』のなかで、レスリー・マン演じる妻が、夫を演じるポール・ラッドのパーソナルスペースであるトイレのドアを勢いよく開けるシーンがある。彼はトイレに座ってｉＰａｄでクロスワードパズルをしていたのだ。心当たりのある多くの親が笑った。「トイレに入るのは、今日これで四回目よ」と彼女は言う。「逃避本能丸出しね？」「誰が逃避なんか。排泄本能に従っているだけだ」と彼は言う。

彼女は目を細める。「じゃあなんでにおわないの？」
「ケツにミントを突っ込んだのさ」と、彼女が彼のｉＰａｄを奪って大股で立ち去ると、彼はキレて言う。トイレから「エンターキーを押すなよ！」と彼は声をあげる。「まだ考え中だ！」

トムがランニングで長時間家を留守にする時、あるいは玄関に突然向かっていく時に、彼は肩越しに「ちょっとやらなくちゃならないことがあるから」と言うのだ。そのような時、私はいつも、男性というものは一人きりの時間が必要なのだろうと自分に言い聞かせ、合理化してきた。でも、これって男性が――そして一般的な文化が――自分自身に、男性とはどうあるべきか、と言い聞かせている物語に過ぎないのではないだろうか？　男性が逃避しなければならないと感じる適応的理由があるの？　捕食動物がいないか地平線をチェックするとか？　私はヒトの進化生物学をハーバード大学で教えるジョセフ・ヘンリッチ教授に連絡を取り、私と一緒に謎を解いてくれるよう頼んだ。まず教授は、娘が生まれた後にトムが長距離自転車レースに出たことを聞いて大いに取り乱した。「ウソでしょう」と彼は言った。「僕には三人の子どもがいますけど、自転車に乗って旅行に出るなんて、というか、旅行なんて問題外ですよ。カヤックに乗ったことはあったかもしれない」。

そして突然彼にギアが入った。「そうですね、クロスカルチャー的にも、歴史的にも、男性が親として行う、特に乳幼児に対する親の投資には大きな変化があったんです」と彼は話しはじめた。「だから、僕は父親の逃避を解明するような進化論的仮説を立てるのはむずかしいと思います」と言った。彼は、現代の男性は、前の世代に比べ、父親として子育てに関わっていると推測されますが、親になってから、彼らの人生はより劇的に変化しているのです。「だから、こういうタイプの男性の逃避は、赤ちゃんが登場したことで男性の人生に生じた変化に対するリアクションではないかと考えます」と彼は言う。

ヘレン・フィッシャーは別の例を挙げてくれた。「夫が自転車に乗ってニューヨークに行くというときは、(1)自分の手に余ると考える仕事からくるストレスを避け、自律神経系を守ろうと努力している、(2)彼は無意識のうちに、赤ちゃんが生まれることで減退していたテストステロンを増やさなければならないと思っている、あるいは、(3)父親になって、体を鍛えて健康でいなくちゃならないし、仕事もしっかりやらなくちゃならないと思っているのかも。そうすれば子どもを育てて大学まで行かせられるから」。

彼女の定義にかかると、トムはまるで立派な男のようだ。私はフィッシャー博士の進化論的立場からするトム弁護を、彼にそのまま伝えてみた。もちろん彼は大喜びで認めていた。

妻は僕が子育てを手伝わないと腹を立てます。でも、僕が手伝おうとすると、彼女は結局すべて自分でやってしまうのです。うまくいきませんよ。

心理学者たちはこの広く知られる行動に名前をつけた——母親の門番〔訳注：家庭内において、まるで門番のように母親がすべての鍵を握っている状態〕である——母親たちは門を開いて父親の参加を促す。さもなければ、父親と子どもの関係をコントロールするか制限して、きっぱりと門を閉めてしまうのである。後者の例には、父親に相談せずに学校に関することはすべて自分ひとりで決めてしまうことから、ランチに夫が出したものに文句をつけること（「ちょっと、野菜は一体入ってるんですかぁ？」）、さらに、子どもと父親が悪ふざけをすることに抗議することまで含まれる（「落ち着きなさいよ、救急治療室に運び込みたいわけ！」）。

いくつかのケースでは、自分でそうしていることを、自覚していない母親もいた——しかし、目を回して呆れた顔をするとか、深いため息をつくなど、言葉に出さない不同意を母親が示すから、ためらいがちな父親は意気消沈してしまう。その結果、どんどんその傾向が強まる反復回路に陥ってしまうのだ。妻が批判したり、仕事を奪ったりすると、夫は自分自身の能力にだんだんと不安を覚えるようになる。

母親の門番のような行いは、実際のところ、妊娠直後からはじまっている、とオハイオ州立大学のサラ゠ショップシルヴァンは言う。父親になる予定の人物が子育てスキルに自信がないと訴えた場合、妊娠後期になるまでに、門を固く閉じようと決意する母親がいることが彼女の調査からわかった（赤ちゃんが生まれる前なのだから、そういったスキルはすべて現実味のない架空のものなのに）。別の調査では、新米の親たちに赤ちゃんの着替えをしてもらった。母親の一人は、父親にやるべきことをすべて指示した。新生児の服についているスナップの位置まで事細かに指示したという。そして父親が赤ちゃんと遊ぼうとすると、あからさまに表情を歪めたのだった。

サラ＝ショップシルヴァンは、母親たちの励ましがあれば、父親の育児参加が大きく変化するという。「赤ちゃんの誕生時、父親は母親に比べて、親になることに自信を持てないんです」と彼女は私に言った。「そしてこれが多くの場合、父親が母親に自分にも親としての資格があることを求め、父親が母親を当てにする、「専門家－見習い」の力学を生みだすのです」。

ブロガーでナショナル・アットホーム・ダッド・ネットワークの会長クリス・ロートリーは、アメリカに推定一四〇万人いるとされる（そして年々増加している）主夫のひとりである（この主夫という言葉には若干の苛立《いらだ》ちを覚える人がいることから、「家庭内の第一応答者」という言葉も使用されている）。ロートリーは、赤ちゃんがまだ生まれてもいない時期から、男性がいかに対等の立場から追い出されているかを目の当たりにしてきたという。「女性はベビーシャワーを開いてもらえるし、赤ちゃん教室にも行けるし、何人もの医師に診察してもらえるし、友だちや家族からアドバイスをもらえますよね」と彼は言う。「だから、赤ちゃんが生まれるまでには、可能な限り準備を整えることができるってわけです」。でも父親になるための備えは一切ないのだと彼は言う。「父親たちは、でこぼこ道を進まなくちゃいけないんです」。

サラ＝ショップシルヴァンは、母親のお節介抜きで、父親が幼児と一緒に過ごす時間を積極的に設けるべきだと言う。「そうすれば母親は、親業をこなす父親に対して、自分がどんなリアクションをしているか、より気をつけることができるようになるのです」と彼女は言い、「そして、ささいなことには口を出さないこと。例えば赤ちゃんの服の組み合わせだとか、そういったことです」。

私は自分自身が頻繁に門番になっていることを認めざるを得ない。例えば、トムにシルヴィーの絵本の感想文の宿題を頼んだ時のことだ。私自身は、邪魔をしないために本を持って寝室に引っ込んでいた。でも、トムにとっては不幸なことに、キッチンテーブルに座って宿題をしている二人の声が聞こえてきていたのだ。

トム　よし、それじゃあ、『クリフォードと大きな嵐』の主人公は誰だったかな？
シルヴィー　クリフォードだよ。
トム　そう。正解だね。それじゃあ、この行、この線のところに書いてみて。そして、クリフォードは何をしたのかな？

シルヴィー　えっとねえ、クリフォードはエミリー・エリザベスとビーチにいったのよね？　おばあちゃんに会いにいったのよね？　それから砂でお城を作ったの。でもすごくおもしろいんだよ、クリフォードは大きい犬だから、お城もほんものみたいに大きかったの。
トム　（消え入りそうな声で）それでいいんじゃないの。
私　（寝室から叫ぶ）ちょっとトム！　まさかスマホ見てるの？
トム　（慌ててスマホを手から放す音）まさか！　ええと、いいよ、それを書いて。クリフォードは大きなお城を作りました。そして、次は何が起きたの？
シルヴィー　えっとね、そしたら嵐が来たの。どうなっちゃったとおもう？　クリフォードは二匹の子犬を助けたのよ！　そして本の終わりで、エミリーのおばあちゃんのおうちの前に、大きな砂の山を作って、嵐が来ても壊れないようにしたのよ。
トム　よし、それも書いて。これで終わりだよね。
私　（手許の本の同じパラグラフを三回読んで、とうとうトムに声をかける）ちょっとトム？　先生はどのようにして主人公が成長したか、何を学んだかについて書けって言ってんの。「〇〇がありました」みたいな作文じゃないわけ。
トム　でもクリフォードはべつに成長してないだろ。プロットの仕組みぐらいしか書かれてないんだから。

私　（本を投げ捨てキッチンに大股で歩いて行く）クリフォードは、おばあちゃんの家を守ったことは正しいことだったって学んだし、人は人を助けるべきだって学んだとか、そんな感じでしょ！　学びの瞬間とかそういうことでしょうが！

トム　でも実際にテキストを解析したらわかるんだけど、実際にクリフォードは何も学んでないんだよ。ある意味形式的な……。

私　（感想文の宿題を取り上げ、トムを追い払い）ああもう、いい加減にして！

このやりとりを思い返してみると、私自身はとてもばかげた振る舞いをしていたことがわかる。娘はハーバードに入るための論文を書いていたわけではない。彼女の宿題のほとんどは三角形に色を塗るだとか、どのカエルさんが他のカエルと違うのかといった程度のものだ（そして念のために記すけれど、トムは毎晩の読み聞かせと、サイトワード〔訳注：英語理解に不可欠な重要単語〕を『時計じかけのオレンジ』の強制療法みたいに雨霰《あめあられ》と浴びせかけ、シルヴィーが三歳になるまでに読みを教えた）。

夫は——文字通り——いいかげんなオムツ替えを意図的にしていると思う。仕方がないから私が代わりにやって、彼自身はうまく逃げ出すことを期待しているのよ。

ああ、そうそう。それがあったわ。わざと行われる不適切な作業のこと。めったにオムツを替えないトムが、爆発寸前のオムツを替えるとき、私は必ずといっていいほど、赤ちゃんの部屋からトムがこう言うのを聞いたものだった。

「うわ、マズイ！　横から漏れてきてるよ。これって拭くの？　おむつかぶれ用のクリームってどれだ？　ああ、もういいや。待てよ、これって軟膏だよな。軟膏っておむつかぶれ用のクリームと一緒？　ゴミ箱に入れるまえに、このおむつって袋かなにかに入れるべき？　だってすごく汚れちゃってるし。うわあ、赤ちゃんの顔が赤くなってきた。腕をバタバタしちゃってる。これってちょっと……これはある意味まずい感じだよね。ねえ、ちょっと……ちょっとだけでいいんで手伝ってくれない？　赤ちゃんを大人しくさせるからさ？」

私が手伝いに加わった時の彼の安堵《あんど》した表情は、ほとんどマンガみたいだった。

男性には家事と育児に関する技術が本質的に備わっていないという考えは、男性と女性の両方に、延々と受け継がれてきた。イギリスのウォーリック大学のクレア・リオネットは、幼児を育てている親の役割分担を同僚と調査した際、家事を多く負担している女性がフラストレーションを抱えている場合、その女性は、リオネットが「男性の無能神話」と呼ぶ信念によって自分の怒りを静めていることがわかったというのだ——男はどうせ、家の仕事ができないんだから、という考えである。

「これは間違いなく神話なんですが、そう言うことで、男性をますます仕事から遠ざけてしまうんです。そして、男性も自分たちは家事が苦手だといい、さっさと分担を減らしていますね」と彼女は言った。「でも私の論文の共著者は「掃除機を押してまわるのは、難しいってわけじゃない」ってよく言ってましたね」。

リオネットと同僚が、さらに徹底的に調査データを解析していくと、興味深い展開が見られた。収入の低い男性の方が、高収入の男性に比べてパートナーの手助けを率先して行う傾向があることがわかったのだ（リオネットはこれを辛辣《しんらつ》に、お金持ちの男性は「指を持ち上げることさえ面倒らしく、掃除する人を雇い、夫婦間の問題を金で解決する」と表現していた）。

しかし、男性の年収がどうであろうと、手助けをするタイプの男性は「目に見える」形の家事をする傾向にある。なぜだろう？「それは彼らの仕事ぶりが外からわかるからですよ。買い出しだとか、サンデーロースト〈訳注：イギリスの伝統的な食事。日曜の午後に提供される、肉や野菜の盛りつけ〉とか」。「それなのに、誰も掃除はしたがらない」。インスタグラムには、父親が子どものために作った手作りのパンケーキ画像が数え切れないほどあるけれど、クローゼットのなかを隅々まで整理し直した写真はそう多くない。

フェミニストのライター、ケイトリン・モランは、子育ては「君がエキスパートだから」と言ったり、洗濯物から逃げ出すような男性は恥じるべきだと言う。「男性が、洗濯物を縮ませてしまうのが怖いから、洗濯は君がやらなくちゃ、なんて言い出したら、笑ってやればいいのよ。え？　本気？　あなたみたいに学位も持ってて、車の運転もできて、ちゃんとした仕事もあって、山にも登ることができるような人が、洗濯機の操作がわからないですって？　何言ってんのよ！　とっととやりなさいよ！　って言うのがオススメ」。

ポートランド在住の父親、ロートリーもこれに賛成する。「現実として、僕ら男性はこういった仕事を、ああ、それはできないな、僕には難しすぎて……なんてあっさりと言いがちなんですよね。だって逃げ出すにはちょうどいい、簡単な言い訳でしょ」と彼は言う。「おむつを替えるって楽しい仕事じゃないですよね。でもそれって経験から学ぶことができる技術です。広い視野で考えてみると、何年にもわたって子どものおむつを替えることで、子どもとより親しい関係を築くことができるんです。子どものおしっこが顔にかかったとします。するとそこに、その子どもとのつながりができる。でも、もし知り合いの誰かが自分に対して同じ事をやったら、関係を切りますよね」。

ロートリーも、ネットワーク上で彼が交流する主夫たちも、ケアの提供に関して言えば、自分たちは性差が大きな問題ではないことの、とてもよい見本だと言う。そしてイスラエルで行われた研究が彼らの言葉を裏付けている。女性には、子どもを育て、子どもを守り、子どもに気を配る本能があると長年考えられてきた。他方、最初の子が生まれると、主な保護者である父親の脳内に、特定の神経回路網が再形成されたことを研究者たちが突き止めたのだ。そのなかでも顕著だったのが、強い感情、警戒、注意を管理する扁桃体《へんとうたい》を中心としたネットワークが活性化され、母親の脳が妊娠と出産によってそうなるのと同じように、父親たちの脳も変化をこうむっていたのである。この調査は、いわゆる母性本能を活性化させる神経回路が、父親でも開発されうる可能性を示したのだ。

主夫のなかにも、母親が伝統的に行う仕事に不満を漏らしている人がいるとロートリーは言う。「女性が夫に抱いている多くの不満は、家族のなかで双方が担っている役割に関係しているのであって、性差はあまり問題にはならないのです」と彼は言う。「主夫である父親たちも、なんで妻は食洗機にしっかりと食器を入れられないんだろう、なんてことで、同じぐらい不平を口にしているんです。仕事から自宅に戻ってきた妻は、ランチ用のタッパーを、食洗機に入れずにカウンターに置いたままにする……とかね」。

「トムもまったく同じことをするわ。彼はなんでもかんでも、食洗機の近くに置くんだから」と私は口にした。

「でしょ?」と彼は答え、「それに、トムからすれば、あなたが食洗機に入れてくれたっていいのにって感じでしょ?」

「その通り!」。私はほとんど叫ぶように言い、彼がブルックリンに住んでいたら、プレイデート〔訳注:子ども同士を一緒に遊ばせること〕の約束ができたのにと考えていた。

なぜ僕の妻は、頼まれたことをすぐにやらないと腹を立てるんだろう。僕が「すぐやるよ」というと、彼女はカンカンに怒ってしまう。

理由は単純なことだよと、ニューヨーク在住の心理療法士ジーン・フィッツパトリックは言う。「女性は時間に関係する課題《タスク》を背負い込むことが多くて、そうなると、一日中締め切りに追われているようなものです。例えば幼稚園の送り迎えだとか、夜の授乳などがそうです」と彼女は教えてくれた。「一日がそのようにプログラムされてしまっているのです。すぐに反応するように。だから「ちょっと、バスルームで壊れちゃってるあれ、直してくれる？」と男性パートナーに聞いたときに、彼から「なんで俺の邪魔をするんだよ？」と返されると憤慨してしまうのです」。

夫はこの週末、息子の子育てに一切参加しません。私だって平日は彼と同じように働いています。でも日曜の夜、おむつのにおいが充満しているっていうのに、彼は気づかないんです。あれだけ睨《にら》み付けてるっていうのに、よく無視できるもんだわって思いません？

これは私がよく聞く不満のひとつ、意図的なうっかりだ。シリ・コーエンは、ハーバード・メディカル・スクールのカップル・セラピスト、心理学インストラクターだが、彼女が実施したヘテロセクシュアルのカップルの調査で、女性は、自分自身が腹を立てていること、イライラしていることを男性パートナーが理解してくれた方が、より幸福を感じるということが明らかになった。「この調査で、私が連日カップルに会って目撃していることの裏付けができたんです」。「夫が妻のネガティブな気持ちを心にかけ、いくぶんかそのことを妻に伝えることができれば、妻は気分がよくなるんです。だって彼女は「彼は私の気持ちがわかるのね」って感じることができるから」。男性は逆に、自分が腹を立てていることを妻が理解してくれても、満足を得ることはない。「男性は葛藤だと感じられるものごとから逃げる傾向にあります。なぜなら彼らは女性よりネガティブに感情をかき立てられるからです」。「ですから、葛藤は彼ら男性には女性より強烈に感じられるものなんです」。

より興味深いのは、女性の満足感へのカギは、パートナーが女性の感情を完璧に読みとっている必要はなく、単に怒りの出所を理解する努力をしていること、それさえ女性に伝わればいいのだ。「それがわかると、励まされるんでしょうね。自分たちが100%完璧じゃなくたっていいんだし、パートナーを大切に思っていることを理解してもらおうと無理しなくてもいいんだって」とコーエンは言った。

新生児が原因でカップルの両方が睡眠不足になっている場合、夫の脳が、妻の怒りを理解できなくなっている可能性を否定できない。睡眠不足に悩まされている人たちの脳の活動を調べたある調査によると、そうした人びとは、威嚇するような表情と、フレンドリーな表情の差を見分ける能力が曖昧になってしまっているらしい。

でも、あなたの配偶者がうっかりしているように見えるとしても、彼はあなたの怒りを無意識のうちに認識している可能性がある。南カリフォルニア大学の調査によると、結婚しているカップルを数日間観察したところ、母親がストレスを感じていると、父親のストレスホルモンであるコルチゾールも同じく上昇することがわかった――それは実質的に、家族のストレスレベルの「同期」である。母親が父親のコルチゾールの変化を促した。次いで、愕然《がくぜん》としてしまうが、トリクルダウン〔訳注：富裕層が富を増やせば、困窮する人たちにも自然に富がしたたり落ちるとする仮説〕効果が現れて、父親が子どもたちのコルチゾールレベルを変化させたのだ。

「カップルのカウンセリングを行っていると、あるパターンに気がつくのです。もし私が一般的な質問をするとしますよね。例えば、元気ですか、とか、今週はどんな感じでした、なんて質問です。父親は必ず母親の顔を見て、彼女がどう答えるか確認するんです。男性は二人の関係性の温度は、女性が決めるものだと期待しているようなのです」とコーエンは言った。あるいは、私の母がよく言うように、「ママがハッピーじゃなければ、誰もハッピーじゃない」ということなのだろう。

なぜ僕の妻は家の中が完璧に片付いてないとイライラするんだろう？　そんなの誰が気にするんだ？

女性はジャッジされることを恐れているからなのだ、とサンフランシスコ在住の心理学者ジョシュア・コールマンは言う。「もしショーン少年が破れたジーンズを履いて、顔にピーナツバターをつけて幼稚園に来ても、「あら、お父さんったら何を考えているのかしら？」なんて思う人はいないわけです」と続けた。「「お母さんは一体何をしているのかしら？」って言うのが普通ですよね」（私は自分が同じような場面であっさりと、どれだけ他の母親を無言のうちに非難していたか、身の縮むような思いがした）。

母親であること、家事を仕切ることは、それが好きか嫌いかに関わらず、いまだに女性のアイデンティティの真ん中にあることだから、もし家が汚ければ、女性は概して、自分が責められると恐れるのだ。「それは、私たちが受け継いできた役割の遺産なんですよね」とコールマンは言った。「私が思うに、一般的に片付けは男性にとってそれほど大きな意味はないもので、男性には免疫ができているのでしょう。きれいに片付けられた家は僕の妻にとってはより大きな意味を持ちます。家を出るときにシリアルが部屋にぶちまけられていても、僕にはまったく気になりませんからねえ」。

私は気になる――特に、プレイデートの約束をしている時なんて、とても気になる。だって、うんざりするほどジャッジされるんだから。子どもを持つ前は、友人のニューヨークのアパートに入ることなど滅多になかった。ニューヨークのアパートなんてほとんどが狭っ苦しいから、レストランとかバーで落ち合うほうが簡単だった。今となっては、私も友だちもプレイデートばかりしているから、眉をひそめられるようなものを隠そうと、必死になって掃除をしたりするのだ。例えば大人用のにきび薬の染みを漂白したタオルだとか、ビデオゲーム機（スウェーデン製のシンプルな教育系おもちゃの後ろに押し込んだり）、足のケア用フットサポートと「快適インソール」のカタログだとか、ベッドサイドのテーブルの上に置かれたハーブ入りのクリームチューブは肌の調子を整えるものだけれど、セックス用の潤滑油と間違われたりするので、必死に片付けるのだ。

母親たちが心中密かに抱いている完璧さの水準はそもそも誰にも到達できないものだが、それについては、いままでさんざん語られ尽くしてきた。共働きの両親の調査によると、女性は家庭生活を説明する段になると、男性に比べ大きな力不足を感じていることが明かになった。三〇%の女性が、自分自身が求めていた水準に届いていないと答えていた。男性では、一七%であった。

作家でヒューストン大学大学院社会事業学科の研究者であるブレネー・ブラウンは、自分自身を完璧主義から回復途上にある者と呼ぶ。「完璧主義ってとても害があるものだと思います」と彼女は私に言った。「ＣＥＯや受賞経験のあるアスリートに話を聞いて一二年経ちますが、誰一人として、完璧主義者であったからすべてを成し遂げることができたなんて言う人はいませんでした。誰一人も！　今日の成功は、完璧主義を寄せ付けないでいられる能力のおかげだ、という話ばかりでした」。

また一方で、たとえそんな認識があっても、朝五時に突然目覚め、「パニックになりながら、ああどうしよう、私ったら本当にだめだわ。息子の学校の課題について、メールを返し忘れているなんて信じられない」なんてことが度々あると彼女は付け加えていた。

夫に私がなにか頼むと、彼はわざと時間をかけてやっているように思えます。だから
それ以外のことを頼むのはやめました。

「その読みは正しい」と、すべての男性が言うだろう。

「だって早く済ませたら、ダイナは山ほど仕事を言いつけてくるしさ」と義理の弟のパトリックは言う。「だから正直に言うと、はい、ダラダラとやってます」。

「ジップの法則って知ってるかな」とトムが割って入った。「言語学者の名をとって作られた法則なんだけど、人間ってのはそもそも、最低限の仕事しかしないように時間を効率よく使うんだそうだ。僕らのほとんどが普段は最低限の単語しか使って話をしないのはそ

れが理由なんだって。だって曖昧な言葉を使う必要ある？　それに、そう、君が僕にまた別の用事を言いつけるんじゃないか、それが怖いっていうのは本当のこと」。

三人の子どもを寝かしつけようと奮闘していて、彼がレゴを片付ける間に私は一五以上の仕事をこなしてる。理性を失ってしまう。

学校がある日の朝は、私も、同じくハリケーンのように荒れまくる。トムは玄関ドアのところに立ち、鍵をチャラチャラと鳴らしながら、私が「常に間に合わない」ことを純粋に不思議がっている（私の人生のサウンドトラックは鍵のチャラチャラ音だ。トムの公園での我慢の限界は一時間。それを過ぎるとチャラチャラがはじまる。私の父もよく似ている。一緒に博物館に行くと、一時間一五分きっちりが父の限界で、それを過ぎると博物館の外に出て、ベンチに座り人間観察をしはじめるのだ。つい最近、「見るべきものはすべて見た」と、メトロポリタン美術館の値段のつけようもない宝物の前をスタスタと歩き回りながら父が言った）。トムも同じく、一度に一つのことをするタイプの人で、もし私が彼にもっと多くの仕事を頼んだとすると、彼の思考回路に過剰な負荷がかかり、目はうつろになってしまう。

女性は同時にたくさんのことをするのが得意だ、という古いステレオタイプは実は正しいのかもしれない、とペンシルバニア大学の調査は示唆している。科学者によれば、男性の大脳半球の前頭葉から後頭葉に向かって、女性よりも強い神経回路網の結びつきがある。これは男性の脳が「知覚と、知覚にもとづいた行動の接続を容易にするように」作られたことを意味し、それが、一度に一つの仕事を行うことに繋がっているという。一方で女性の脳の場合、右半球と左半球の回路網のつながりが強い。つまり、「分析と直感の間のコミュニケーションを促進する」ように、脳が作られているというのだ。だから、女性の方が記憶力がよく、社会認知技術に優れ、それが理由でマルチタスクや、集団の中で役に立つ解決法を生み出すことができるのだ。

イギリスの心理学者が行った調査が示しているように、いくつかのケースにおいては、たしかに女性の方が男性よりマルチタスク能力が高い。日常生活を模したある実験では、男性グループにも女性グループにも、一連の課題をこなすために八分の時間が与えられた。その課題とは、草原で落とした鍵をどうやって探すかに似ている（実は私はこれを経験済み。トムが自転車レースに参加中、ブルックリンのレッドフックの草原で鍵を落としたことがあるのだ）。

八分でこなすことは実際のところ不可能であったけれど、この実験・課題に参加した人たちは、素早く優先順位をつけ、時間を賢く使い、カチカチと終了時刻が近づいているというのに、終始落ち着いていた。女性たちは男性たちに先んじてこの課題をクリアした。

紙に草原の地図を描き、草原を矩形《くけい》に区切り、整然と一区画ずつ探索していったのである――これは私がトムの鍵を探すために行ったこととまったく同じだ。「それは、なくしたものを探すには、非常に効率的な戦略ですね」と調査の共著者であるキース・ロウがBBC〔訳注：英国放送協会〕に語り、「でも、男性たちは、草原をくまなく探すために、何らかのアイディアを出したわけでもなかったのです。ちょっとおかしいですよね」。

彼によれば、女性はまず戦略を立てる、他方男性は、闇雲《やみくも》に「草原」に飛び込んでしまう、というのである。研究者たちはこんな仮説を立てている。女性がマルチタスクに優れているのは、大昔から女性は一族の世話をするので、多くのことを、同時にやらなければならなかった――有史以前の「生存のための同時並行処理」――。他方男性は、夕食の餌《えさ》を追いかけて捕まえるような、はじめと終わりがある、一続きの課題を得意としてきたからではないか。

イライラしながら食洗機を空にしている妻。僕がそこにいるのだから「食洗機を片付けるのを手伝ってほしい」と、なぜ言えないんだ？　鍋やフライパンを叩きつけるんじゃなくて。

コミュニケーション研究の指導的な存在、ジュリア・T・ウッドによると、夫婦の関係性について、はっきりと口に出すのは男性の方が多い。続けて、「ある種の男性は、女性のパートナーが不満を持っているのなら、それを率直に言うだろうと考えるのです。フライパンを叩きつけることが怒りの表現だと気づかない場合もあります」と話してくれた。言葉にされない仕草こそ「二人の関係の意味のレベルに直《じか》に作用するもので、その意味を読み取ることができない男性が存在するのです」(たしかに、アメリカ退職者協会によって行われた大規模な調査で、四〇歳以上の離婚カップルのうち、二六%の男性が離婚は青天の霹靂《へきれき》だったと答えた)。

生物人類学者であるヘレン・フィッシャーは、顔の表情と姿勢を読み取る能力は、平均して女性の方が男性より優れていると教えてくれた。進化論的観点から「女性は何百万年にもわたって、この惑星でもっとも無力な存在、つまり赤ちゃんを育てなければなりませんでした。そして最も長きにわたって、その課題をこなしきたのです。赤ちゃんはしばらくは話をしませんから、母親は赤ちゃんに何が起きているのかを知る必要があります。だから顔から感情を読み取ること、声のトーンから読み取ること、いろいろな体の動きから読み取ることに長《た》けているということなんです。彼女たちの、赤ちゃんを育てるという、本当に、本当に長い、進化上の仕事がそうさせてきたのです。

実際、男性は女性に比べて、他の男性の目に浮かぶ怒りなどの感情を察知することに長けている。狩猟採集社会では、男性は集団を守らなければならない。「ですから、男性にとって、他の男性の怒りを感知することは進化に有利な資質だったのです。なぜなら、他集団からの襲撃を察知できずに死んでしまえば、集団ごと死に絶えてしまう可能性があったからです。だから、他の男性の目に浮かぶ怒りを読むことができる男性たちは、淘汰《とうた》を生き延びられたのでしょう。男性の目に浮かぶ怒りを察知できなければ命を落としかねないけれど、女性の目に浮かぶ怒りを読み取れなくても死にはしない。だから、高をくくって、カウチに寝転ぶというわけです」。言い換えれば、夫と子どもとのブランチ中にあなたを腹立たせる、夫の遠くをぼんやりと見つめる視線は、進化に根ざしているのかもしれないということだ。

ニューヨーク在住の心理療法士ジーン・フィッツパトリックは、「理由はともかく、女性は本当に頻繁に、男性が自主的に協力してくれたり、力になってくれると考えるんです。もしそうしない場合は、故意なのだと捉えます。男性が、どうでもいいと思っていると考えるのです。そんな風に思わないで、私があなたに今してほしいのはこれなのよって言えば、うまくいくっていうのにね」。

ブレネー・ブラウンは、実際にはどうなっているかを知らずに、衝動を勝手に他人に投影するこの傾向を「でっち上げ」と呼ぶ。著書『強く立ち上がる』(未邦訳)で彼女は、こんなシーンを書いている。夕食の時間が近づき、二人の子どもはお腹を空かせている。そして夫のスティーブは冷蔵庫を開けて、こう言うのだ。「食べものがまったく入ってないじゃないか。ランチミート〈訳注：加工肉〉さえないよ」。彼女は即座に夫に声を荒げ、自分は精一杯やっている、彼だって買い物に行けたはずだ、とくってかかったのだ。

そして直後、自分たちの状況がすっかり見通せた気がした、という。彼女は夫に謝って、「私がでっち上げていたストーリーは、私が食材を用意しておかなかったからといって、あなたが私を責めているというものだった。私がすべてをメチャクチャにしたんだって」。実際のところ、スティーブは、実は自分に腹が立っていたのだと彼女に言った。前日、買い物に出ようとしていたのに、時間がなくて行けなかったから。

私はこれと同じことを、いつもトムにしてしまっていることに気づいた。私が五種類の家事をこなしている傍《かたわ》らで、パソコンでチェスのゲームをしてリラックスしている彼を見ると、私は心のなかで、「妻にすべての仕事をやらせるのに成功したぜ。最高の気分さ！おれは王様だあああ！」と彼が考えているというストーリーをでっち上げるのだ。

しかし実際に彼が考えているのは、「クイーン側か、それともキング側にキャスリング〈訳注：キングとルークを一手で動かすこと〉するか……」ということであって、考えてみれば、そこまで腹立たしいことではない。

私が三人の子どもを追いかけ回し、料理もしているというのに、どうしたら夫はカウチにドスンと座って完璧にご機嫌な状態でいられるのかしら？

男性は単に、自分は暇な時間を持つ資格があると思っている場合が多い。南カリフォルニア大学が実施した結婚している夫婦に関する調査で、一日が終わって感じる女性のストレスレベルは、夫が家事を手伝うと下がることがわかった。これは驚くことではない――しかし腹立たしいのは、なにかしら趣味に時間を費やせば、男性のストレスレベルは下がる。しかし、これはその同じ時間に、妻が家事で忙しく働いている時のみだ、ということなのだ（私はこの効果を、「ビールもう一本持ってきて効果」と名付けている）。

南カリフォルニア大学の研究論文の著者、ダービー・サックスビーは、データを見ながら、「配偶者が一緒に余った時間を使えば、よりリラックスできるんじゃないかと漠然と考えたんです」と言った。「だから、その正反対の結果を見てちょっと驚きましたね。お父さんがより多く余暇を過ごし、お母さんの余暇の時間が少ないと、ストレスを感じると分泌されるコルチゾールのレベルが男性で下がったんですから」。

がっかりしてしまう結論だけれど、男性の生物学的ストレスへの適応は、妻が苦労すれば、より健全になるというわけだ。

*

おおよその背景はわかってきたので、よりしんどい作業に切り込まなければならない。

夫婦の喧嘩だ。私がトムにカップルセラピー〔訳注：よりよい関係性を築くため、夫婦やカップルが専門家の指導を仰ぐこと〕を受けようと提案したとき、彼は拒絶した。椅子の上で体を動かしながら、「どうしようかな」と言うのだ。「カップルセラピーってタイタニックの船内にあるデッキチェアを並べ直すようなことだ〔訳注：沈みかけている舟のイスを並べ直す、つまり「いまさら何を」という意味〕と思っていたんだよね」。でも私が、穏やかに、あきらめを滲《にじ》ませながら、私たちの現状は変わらないし、そうであれば別れた方がいいと告げると、彼は納得した。私は、彼が仕事で家にいなくなると、家の中はずっと楽でずっとしあわせで、時には、家族みんなにとってはこの方がいいのではないかと思う、と付け加えた。彼はうちひしがれていた。彼にとっては、私の感情を抑えた話し方は、私の普段の叫び声よりずっと憂慮すべきものなのだ。

彼はしばらく考えて、咳払《せきばら》いをしてから話しはじめた。「使いやすく、新しい道具をそろえたら、楽になるだろうね」と彼は言い、「特に、僕らが使ってきたような古い道具が使えなくなった時には」と、思い切って言うように口にした。彼は生まれながらにして好奇心旺盛なタイプだし、私もこのセラピーとやらを、私たちにとって今までにない経験として受け入れることができる。

彼はセラピーを受けるとは言ったけれど、それでも怖いと認めていた。そして私たちが最初に会うことになるセラピストとの面談を申し込むと、彼の恐怖はパニックへと変わった。

2章

「立ち上がってとっとと手伝いやがれ！」

ボストンから来た男と私たちの悲惨な出会い

ボストン出身のすごいセラピストがいるのよ！と、友だちが太鼓判を押した。すごく厳しくって、長時間のセッションを受けるのよ。あなたたちの問題をあっという間に掘り下げて、二人の関係を修復してくれるわ。安くはないわよ。そして彼はインチキじゃない。面《つら》の皮は厚くしなきゃだめ。でも、彼は私たち夫婦を離婚の危機から救ってくれたんだから。

頻繁《ひんぱん》に夫婦関係の記事を雑誌に書いているから、テリー・リアルのことはずっと以前から知っていた。家族セラピストでボストンのリレーショナル・ライフ・インスティテュートの創設者である。彼は男性と女性を、伝統的で古臭いジェンダーの役割から解き放とうと声を大にして訴える人なのだ。ぶっきらぼうで有名で、東海岸バージョンのドクター・フィル（訳注：テレビ番組の『ドクター・フィル・ショー』に出演する心理学者のフィル・マグロー、毒舌）だが、口ひげはなしで、鼻にかかった特徴的なテキサス訛《なま》りで話をする。リアルの専門は、彼以外誰も助けることができないほど追い詰められた離婚寸前のカップルのカウンセリングをすることで、瀕死《ひんし》状態の結婚生活のための、最先端医療を備えた病院のようなものだ。顧客はセレブリティや企業の最高経営責任者といった人たちで、彼のカウンセリングを受ければ劇的な関係改善が得られると期待して、全米から飛行機でやってくる。そしてその特典が得られるならと一時間に八〇〇ドルを支払うのだ。私は彼のセッションを想像すると身が引き締まる思いがしたし、私たち夫婦の関係にきっと活を入れてくれるだろうと想像はしていた。

でも、私たちはこのセッションを心待ちにしていたわけじゃない、と言えばわかってもらえるだろうか。私たちだけがカップル・セラピーを怖がっていたのではない。セラピストでさえ、そう思うものらしい。業界誌の『サイコセラピー・ネットワーカー』の記事によれば、カップル間で起きる、時に激しい争いにトラウマを持つセラピストが多くいて、彼らは個人セッションを強く望んでいる。でも、私たち夫婦が、効果的な話し合いの方法を学べば、人生を変える経験になり得るかもしれない――カウンセラーによって行われた調査で、カップルが離婚する原因で最も多いのは、不貞や金銭の問題ではなく、「コミュニケーションの問題」だということが明らかになったのだ。

つまらない口げんかは、私たち夫婦の結婚をむしばんでいたし、間違いなく身体レベルにも悪影響を及ぼしていた。ある調査で、結婚しているカップルの喧嘩が容赦《ようしゃ》のないものだったり、かろうじて危険な状況を抑え込んでいるにすぎない場合、喫煙者やコレステロール値が高い人が心疾患《しんしっかん》を起こす予測因子《いんし》と同じぐらい危険だということがわかっている。その一方で、オハイオ州立大学の研究者たちは、夫婦間で敵意をこめた言い合いをすると、その際に受けた傷が癒《い》えるには時間がかかり、敵意の少ないカップルに比べ癒えにくい、と報告している。ストレスの副産物として、ホルモンの血中レベルが上昇し、サイトカインというタンパク質の放出が妨《さまた》げられる。サイトカインは負傷した時に免疫システムの機能を高める物質だ。

逆に言えば、山ほどの研究が、幸せな結婚生活を送れば健康になり、幸福になれると示しているのだ。長期間にわたってポジティブな関係を保っているカップルは、心疾患にかかる割合が低く、より長生きで、がんを発症する割合も低くなるとされる。中年で結婚生活を維持することは、認知症へのリスク低減にさえ繋がる、とスウェーデンの研究者は明らかにしているのだ。

私は夫と、長生きで、憎み合うことのないカップルになりたい。

テリー・リアルは一ヶ月先に私たちとの予約を入れてくれたので、私はすぐに、涙が出るほど高価な五時間のセッションを申し込んだ。直後、彼の助手から注意書きが送られて来た。

　オフィスは、オリーブ色のビクトリア様式の大きな建物です。中に入って、座っていてください。テリーがセッションの時間になったら出迎えに行きます。服装は普段着で結構です。テリーは楽な格好をしていますので、あなたがたも是非そうしてください。長い、大変な一日になるでしょう。心配なことがあれば、どうぞお電話ください。

セッションの間、シルヴィーをどうしたらいいのかわからなかった。六歳になったばかりで、彼女に親しいベビーシッターがいるわけではなかった。トムと私は典型的なインドアタイプで、めったに外出しないし、三人でいることに満足していた（私たちが今のように問題を抱えているのは、デートが少ないことも一因なのではと思う）。

それでも、たぶん子どもにとっては両親のセラピー・セッションは理想の場所ではないはずだ。でも私の親戚は街にいないし、トムの親戚はシカゴに住んでいる。私の姉妹が二晩彼女を預かると言ってくれたけれど、娘は一度も姉妹の家に泊まったことがないこともあって、トムも私も心配だった。彼女がどうにも耐えられなくて、高価なセッションを途中で断念しなければならなくなったらどうしよう？　テリー・リアルのキャンセル・ポリシーは厳格だった。

ということで、私はリアルの助手に電話をして（だって不安に思ったら電話していいって言ったでしょ？）、シルヴィーを同伴し、別の部屋で待機させてもいいかと聞いた。「大丈夫だとは思います」と、彼女は遠慮がちに言った。「一度、犬を連れて来た方がいましした。でもクライアントの多くが泣いたり大声を出したりなさるもので、娘さんが聞いてしまって大丈夫かなと思いまして」。

「ああ、大丈夫です。ヘッドフォンを持っていきますから」と私は陽気に言った。「iPadにアニメを山ほど入れていきますし、娘は目から血が出るまで、ずっと見続けますから大丈夫。ただ電源コンセントが近くにあるといいです。ほら、充電が必要だと困るから」。

もし状況が変わって、子どもの面倒をみる人が見つかったらお知らせくださいという彼女の声から、期待のようなものを感じ取った。

そしてとうとう、その日がやってきた。私たちはニューヨークからボストンまで車を走らせ、ホテルで落ち着かない夜を過ごした。そして服を着替えて、約束の一時間前には向かう準備ができた。私たちは、緊張したまま、オリーブ色のビクトリア様式の大きな建物まで車で移動し、シルヴィーはうれしそうに両腕にぬいぐるみとアニメの詰まったｉＰａｄを抱えていた。

私たちはソファの上にシルヴィーの居場所を確保し、トムは娘のオモチャを並べ、私はクッキーとキャンディとポテトチップが入った大きな袋を用意した（後日、シルヴィーは両親のセラピー・セッションが行われた日が「人生最高の一日」だったと回想することになる）。

トムと私はイスに座ってコーヒーテーブルに置かれた雑誌をぼんやりとめくっていた。リアルは建物のなかにいるのかな？　壁に掛けられたサインには、「子どもは経験から学ぶ」と書かれていた。「ねえトム」、私は囁《ささや》いた。「ちゃんと心を開いてくれるわよね？やると決めたんだから、本気でやったほうがいいって思うから」。

「うん、心を開いてるよ」と彼は囁き返した。でも彼の顔つきはケージに入れられ、獣医のところに連れて行かれる寸前の猫そのものだった。予防接種の時間よ！

「心配しないでいいわよ」と私は囁いた。なぜ囁いているんだろう？　私は彼の手を握った。「もしこれで……」

ちょうどその時ドアがバーンと開いて、私たちはビクッとして、危うく互いの頭をぶつけるところだった。ボストン出身の男性が目の前にいる。

「こんにちは」と彼は言い、手を伸ばしてきた。背が高く、ハンサムで、透き通るような青い瞳の持ち主のリアルは六十代前半のように見え、ひょうきんな温かさがあり、私たちはリラックスできた。彼は落ち着いた緑と茶色と青に塗られた、重厚な木製家具の並ぶオフィスに私たちを案内してくれた。

彼はドアを閉めて、私たちはイスに座り、ごそごそとイスの位置を動かした。そして彼は、老眼鏡の向こうから瞬《また》きもせずに私たちをじっと見つめた。「いつも同じ質問からはじめるんです」と彼は話しはじめた。「大金を払って君たちは遠路はるばるやってきた。君たちの希望はなんでしょう？　君らにとってセッションを終えて手に入れたいものとはどんなものだろう？」。

最初の三〇分で、私たちは状況を説明した。最低でも週に数回は子育て、家事、経済問題で喧嘩をし、子どもの前で口論になることがしばしばあること。私がトムに怒鳴り散らすと、彼は私を無視し、知らんぷりをする。こんなことが私たちを苦しめ、娘を不安がらせている。

「シルヴィーが割って入って、僕の味方をします。僕の方が間違っていると言われる場合が多いです」とトムは付け加え、私の方を見た。「なぜかというと、君のほうがよほど、ええと……」と、トムは私の気に障《さわ》らないような言葉を探していた。「主張があるっていうのかな？」

リアルは私を見た。「いいですか、シルヴィーは君の怒りをなだめようと彼の味方につくわけです。そしてそれは同盟関係となっていくわけです。ママ、パパに怒らないでってね。そしてそれは状況はよくないですね」。彼は話すのをやめて、当然、そんなことはやめちゃくちゃいけない。私をじっと見た。「悲しそうだね」。

ものすごく不快だったけれど、突然涙が頬を流れ落ちる。「私だってトムに優しくなりたい」と私は言い、鼻をすすった。「でも、彼にはもっと家のことをやってほしいし、私にすべて任せきりにしてほしくないんです」。私は目をこすった。「マスカラしてきちゃった。バカみたいでしょ？」

リアルがティッシュの箱を私の方にぐっと押した。そして巧みに私たち家族とその心理的葛藤の来歴を解剖し、重要な問題を引き出していった（私がしつけの厳しい家庭で育ったこと、トムは鍵っ子で、統一感を欠いた生活だったことなど）。彼は私たち二人の恋愛に関する質問を、それぞれに投げかけ、そして私に喧嘩の詳細を教えるように言った。

私は彼に、トムが雑誌の仕事でイタリアの田舎まで自転車レースに行き、一〇日も家を空けていたことを話した。戻ってきたときトムは時差ぼけで、その後二日間ずっと寝ていたから、育児は私だけの仕事になった、とも伝えた。トムが起きた時に私が怒鳴り散らしたのはそれが理由だ。

リアルは頷《うなず》いた。「いいですか、僕は君の味方です」と彼は言った。

私は鼻をかむのをピタリとやめた。

「え？　なんですって？　あなたはなんですって？」

リアルは老眼鏡の向こうからトムを見ていた。「一〇日間旅行に行きたかった。自分の時間を過ごしたかった。自転車で田舎を走って、夜はパスタでも食べたんだろうか？　子どもに会いに家に戻ってみたら、奥さんがくたくたになっていた、ということなんだね」。

「で、でも……」トムは弱々しく言った。

「小さな子どもを持った経験がある人間として言うけれども……」と、リアルはすごい勢いで話しはじめた。「いいですか？　私は時速一〇〇マイルでぶっ飛ばしていた、だってそうしなくちゃならなかったからさ。君と同じだ。いつも男たちには、こう言うんだ。「妻や子どもと離れている、仕事だから。休みのない仕事で楽しめず、家に戻ってもクタクタだったとする。それはまったくお気の毒様。むしろ、君は思慮深くならなければいけない。だって家で一人で子どもの面倒をみるのだって本当に大変なことだからだ」ってね」。

私が勝ち誇った顔をしていたのだろう、リアルは厳しい表情で私を制した。「君にそんな態度を取る資格はないんですよ」と彼は大声で言った。「もし彼が仕事で出るとしても、そんな態度を彼にとってはいけないし、ひどい態度で彼をドアから送り出してもいけない。僕はそれを「贈り物におしっこをひっかける行為」と呼んでいる。彼に外出を許すんだったら、文句は言うな、そんなことするぐらいなら、最初から許すなってことですよ！」ほっとしたことに、彼の顔はトムの方に向き直った。「僕が言ったことをどう思う？」

「そうですね……」とトムは言い、イスの上で体勢を変えた。「今まで聞いたことがない話でしたね。あの、男同士の話でって意味です。でも……」

テリーは彼を一蹴《いっしゅう》した。「男ってのは、集まるとそうやって予防線を張る。お互いその資格があるって励まし合うんだ。「俺だったら絶対に耐えられないね……冗談だろ？」なんて言って。でも、実際に家に帰れば、ちゃんと耐えているでしょう！ということは、それに気づいちゃいないんです！ そして女性は被害者ぶって、どれだけ夫がダメかってことを言い合うのです。ここで大切なのは、君がこれを聞いたことがないことに僕は驚かないってこと。だって誰もそんなこと君に言ってくれないから。これ以外の原因で喧嘩になることはありませんか？」

「ええと、僕の場合は、たぶんだけれど、自分自身の時間に没頭しがちなんじゃないかなと思ってます」とトムが言った。突然、私はトムを擁護《ようご》したくなり、話に割って入り、彼がどれだけ優しく、自分勝手なことをせず、注意深くシルヴィーの面倒をみてくれているか、説明した。彼女の要求がなんであっても――ゲームであっても、夕食後の公園への散歩であっても、お人形さんとのティーパーティーであっても――彼は断ることができないのだと。

「素晴らしい父親のようじゃないですか」とリアルがトムに言った。「君が自分の時間ばかり大切にしていることが、ジャンシーにとっては自己中心的態度に感じられるかどうか、彼女に聞いたらどう答えると思う？」

トムは眉を寄せた。「そうですね、その自己中心的というのは意志に基づくものっていうことでしょうか？　何かに没頭していれば、その人物は自己中心的に振る舞う傾向にあるかもしれませんが、でもそれを知らずに……」

リアルが彼を遮《さえぎ》った。「自己中心的っていうのは、もっと行動に出るものなんですよ。思いやりがなく、なんでも自分が最初で、与えることをしない。君ってそのタイプなんだろうか？」

トムがうろたえているように見えたので、私はまた彼が可哀想になってしまったけれど、トムは自分がそういう人間だと認めた。

リアルはいちばん切羽詰まっている問題ってなに、と聞いてきたので、かんしゃくだと答えた。「怒鳴ってしまった後はひどい気分になります」と私は言った。

リアルは肩をすくめてこう言った。「それは困りましたね」。

「僕自身、あまりにも早く守りの体勢に入りすぎるんじゃないかとも思ってるんです。だって僕は怒鳴られている側ですから」とトムが言った。「大きな問題じゃないと思ったら、あとはもう挑発してやれと思ってしまうんです。だから自分の中に閉じこもるんです」。「じゃあこうしましょう」。「怒りっぽい女性は一般的に自分の話を聞いてもらえていないと考えるものです。だから君は『私の話、聞いてる？　今はどうなの？』となってしまう。でもそんな言い方じゃ聞いてはもらえない。そして反対に、いいかいトム、君が自分の周りに壁を築いてしまう、それは防御だと思っているかもしれないけど、奥さんへの攻撃になっているんですよ。何もしないこと、そのことが自分の怒りを表現する方法なんです。それは挑発的な振る舞いだし、実際のところものごとをエスカレートさせる」。

私たち夫婦はこの時、いわば新しい厳格な父であるセラピストのテリー・リアルからの承認を得ようと互いに競い合っていたのである「結局、なぜ自分が皿を洗わないのか、よく理由がわかりませんね」とトムは認めた。「だって皿のことなんて正直どうでもいいんです。なぜ彼女に対して壁を作ってしまうのか、わかりません。たぶん、夫婦関係における柔術みたいなものかな？　ほら、『相手の力を使って相手を制す』って言いますよね」。

リアルは頷いた。「君は用事を言いつけられるのが嫌いなんだ。君は管理されるのが嫌いだし、攻撃されることも大嫌いだ。よく聞いてください。家庭の中に葛藤がありすぎるんです。それはシルヴィーにとってよいことではないですね。特にあんなに狭い家では」。

私はしばしば空想の世界に身を委《ゆだ》ねた。私たちの簡素なブルックリンのアパートに、ニュージャージーの知事クリス・クリスティの家にあるような、ウォークイン・クロゼットさえあればよかったのに。クリスティーは伝記作家に、彼と妻のメアリー・パットは、四人の子どもの前では決して口論しないと誓い合っていた、と話したそうだ。クリスが子どもの頃、両親が子どもたちに配慮してそうしていたように。だから、子どもたちの目を逃れて、彼らはメアリー・パットの広いクローゼットに入りドアを閉め、徹底的に話し合って問題を解決していたそうだ。

「……そして君たち一家は、ジャンシーが攻撃者、トムは哀れな犠牲者、シルヴィーは調停役。そしてこの最低最悪なことが延々と次の世代に受け継がれていくのは理由があるんです」と、リアルは言った。「トム、君と娘がジェンシーに対抗して同盟するなんてのは、悪影響の原動力ですよ。本当によくない力を持っている。だって君はシルヴィーを育てているのだから」。

子どもができる前は、トムと喧嘩したことなんてなかったのに、とカウンセラーに伝えた。彼は笑い出した。「ハハハ、君は子どもをごたごたに巻き込んで、そして、こんなふうに切り抜けるわけだ。私だって妻がジムに行ったままなかなか帰らず、子どもたちと家の中に閉じこもりながら、一分一秒過ぎ去るのを待っていた時のことを覚えてますよ。「あの女、どこに行きやがった？」って感じでしたね。「仕事もあるのに何やってんだ？」ってね。だから激しく言い合うのも理解できますよ。ある程度までは普通のことだと思う。でも、自分の怒りと敵意をそこに突っ込んでしまう（彼は私を指さした）。そして君の身勝手さとご立派な態度だ（今度はトムを指さした）。怒れば怒るほど身勝手になり、殻に閉じこもる。これは芽のうちに摘み取らなくちゃならない。これは毒だし、どんどん勝手に強固になっていくループで、君たち二人の関係のよいところすべてを食い尽くしてしまいますよ」。カウンセラーのリアルはこう話し、頭を振った。「君たちはこのパターンを一五年、二〇年と続けて、気づいたら、末期状態でどうにもならない、僕がカウンセリングで出会うカップルのようになる。四三パーセントのカップルが離婚するんですよ」（実際に、アメリカの離婚率は一九八〇年代からあまり変わらないが、五〇歳以上の子育てと親業を卒業したカップルでは倍となっている）。

シルヴィーがドアをノックして、トムにｉＰａｄを直してほしいと頼んできた。彼女が部屋を出ると、リアルがなぜベビーシッターを頼まなかったのかと聞くので、見つからなかったの、と説明したが、実はそんなに真剣に探してはいなかったのだと白状した。

「彼女はとても楽な子なんです。だからどこに行くにも彼女を連れて行くようになって」と私は言った。「一緒にいて楽しい子ですから、あえて娘と離れて過ごす時間を捻出する必要もないんです」。

リアルは驚いたようだった。「彼女から離れたいかどうかってことじゃありません。彼と二人きりでいたいかどうかが大事なんですよ！　カップルとしてどうやってお互いを大事にしているのか、教えてくれませんか？」

特に何も、と答えたが、私たちは気まずくなってお互いの顔を見た。

「ベビーシッターを頼まなくちゃ！」ここで彼の怒りが爆発した。

私たちをむしばむ、あの悪循環《ループ》に逆戻りだ。「私だって、トムのためにいろいろやってるし」と口火を切った。「パンを焼いたり、それから……」

「ハイハイ、たしかに大事にしてますね」とリアルが言った。「よくわかりました」。

「でもシルヴィーが生まれる前は、料理は僕が全部やっていましたよ」とトムが割り込んできた。「今はジャンシーがやってるけど。それって、なんでだったっけ？」彼はさもうろたえているように道化てみせ、感情を押し殺したような緊張した笑いを浮かべた。

リアルが加わった。「ちょっとちょっと、なんだって？」私は彼が、待ってましたとばかりに勢いを増しているのがわかった。すごくワクワクした。

「そして私は放課後のシルヴィー担当なんです」と私は言った。「これは私が希望したことなんです。でも締め切りがあったりすると、時々はトムに頼むこともあります。でも、彼は大体拒否します。自分の時間を死守してるんです」。

トムは頷いた。「つい、「いやだ」と言ってしまうんです」と認めた。

リアルは眉をひそめた。「でも彼女は放課後の面倒もみるし、料理もするし、掃除もするし」と彼は言った。「仕事がなかったらそれでもいいでしょうけど、二人とも働いているんだから、それはダメでしょう。僕から見る男性の問題は「僕に構うな。僕は家族のためにドラゴンと戦う必要があるから、睡眠も、休息も息抜きも全部必要なんだ」という感じ。でもドラゴンと今現在戦っているのは妻なんだけどね」。昔は……と彼は続けた。昔はよく稼ぎ、決断力があって、誰も殴らなければそれでいい夫だった。「僕がカウンセリングをする男性のほとんどが理解しないのは、夫婦の仕事の種類は変化したということなんですよね」と彼は言った。「女性から何度も何度も繰り返し聞かされるのは、「本物のパートナーがいない気分」って言葉。でも男性が本当に考えているのは、パートナーが少し怒りを鎮めて放っておいてくれれば、何もかもうまくいくってこと」。

リアルはイスに座り直してクスクス笑い出した。「僕の妻は厳しい人でね。子どもが小さいとき、翌日千人もの聴衆を前に講演することになっていて、とにかく緊張したんだ。子どもの一人が絶対に夜中に起きてくる。妻のベリンダも同じ心理療法士だけど、その時点でもう三度も起きてる。すると彼女は「息子を見てきてちょうだい」って言う。僕は「明日講演があるんだ……。勘弁してくれよ……」と答える。すると「疲れた状態で講演したらいいじゃないの。ほら、子どもを見てきなさい」って言うんだな。これはある意味啓示だったね」。

彼は身を乗り出した。「トム、君が理解できていないこと、そして僕が出会うほとんどすべての男性にとっての真実、それは、条件反射的な身勝手さ、そして自分には資格があるという思い込みを捨てること、それが君自身のためになる、ってことなんですよ。それに、奥さんを大切にすれば彼女だって始終怒り狂っている状態から脱することもできるでしょう」。彼は頭を振った。「殻に閉じこもれば何とかなるなんて考えるのはまったくダメ。君は優しい男だ。君の優しい魂が見える。でも、もっとがんばらくちゃいけない。君のなかに答えはある。君はどうやって、シルヴィーと一緒に自分の殻の外に出ればいいのかわかっているんだ。クタクタになってイスに座っていても、シルヴィーがパパと呼べば、君はイスから立ち上がって、彼女に何が必要なのか見てあげることができるんだから」。

リアルは眼鏡の奥からじっとトムを見た。「一日の仕事が終わったら、家のことを奥さんと半分ずつ負担したらどうかな？　フィフティーフィフティーだよ。だってフェアじゃない。それは君だってわかっているはずだ。今夜は君が料理を作る。明日は彼女。今夜君はシルヴィーを寝かしつける。明日は彼女が寝かしつける。しっかりしてくださいよ、実際に参加するんです」。

「でも男性ってフィフティーフィフティーって嫌がりますよね」と私が割って入った。

「僕たちは男性の話をしているんじゃない。トムの話をしているんです」と彼は噛みついた。「彼を型にはめてもいいことはありません！」彼はトムに、家事の半分を負担することに問題があるかどうか聞いた。

「そうですね、無秩序が勝ってしまうときもありますけどけれど、そして……」とトムは話しはじめた。「いいですか、君の言っていることはわかります」とリアルが口を挟んだ。「無気力、怠惰《たいだ》。でもそれも、思い上がりなんですよ。愚かなことです。なぜなら、短期的な成功であっても、長期的には恨《うら》みになるのだから。与えることこそ君のためになる！家族思いの父親になるんです！　だって奥さんはカンカンなんですよ！」

トムの顔がゆっくりと灰色になるのを見て、私は彼の腕に手を置いた。カタツムリみたいな反応をしないで。ダメよ。

なぜなら、リアルの追及はまだ終わっていないのだ。「そして、家族思いの父親になるということは、必要とされている時に手助けすることなんですよ！　妻の負担が大きすぎるんだったら、妻がすべての料理と掃除をやっているのであれば、さっさと手伝うことですね！」

私は歓喜した。それを隠そうとしたけど、隠しきれなかった。なんでもっと早くにカップルセラピーに来なかったんだろう？

「あなたの言う通りです」と、トムは素直に言った。「娘には、僕がいつでも重い腰を上げてるなんて悟られたくありませんから。娘だっていまや、「チョット待って」と、ジャンシーに言うんです、僕が言うのとそっくりに」。

リアルはフンと鼻を鳴らした。「シルヴィーは、何もしないままに人を痛い目に遭わせる父親から学んでしまったというわけですね！　お嬢さんは、父親が母親をどう扱うか見ているんです。まるで待合室に掛けてある「子どもは経験から学ぶ」って言葉そのものですよね」と、彼は言った。リアルは男性が引き延ばし戦術を取りがちになる三つの理由を並べた。男性は妻のネガティブな気持ちをとりなそうとして、でもそれができない場合、「やり場のない恐怖」から身動きが取れなくなってしまう。彼らは自分には特権でもあるかのように感じている（「たとえば、「こんなのまっぴらごめん」なんて言う」）。そもそも彼らに感情の扱い方を教える人がいなかったのだ。「男性は三歳から四歳までに感情を抑えることを学ぶ」のだそうだ。

そしてこの抑圧は大人になってもずっと続く。心理療法士のジョン・ゴットマンは、喧嘩の最中、男性は生理的昂奮、あるいはＤＰＡと呼ばれる状態を経験するという。それは体がストレスに対して、攻撃・逃避反応を示すということだ。この反応は人を「いっぱいいっぱい」の状態にしたり、押しつぶされそうな気分にしてしまう。心拍は不快感を覚えるほど早くなり、血圧が高くなり、情報処理に苦労し、問題の解決ができなくなり、音を聞くことさえも困難になる（一分間に一〇〇回以上脈を打っていた心臓が、相当な勢いで、注意が必要なレベルの一六八回を超えると、人の声を実際に聞くことができなくなることをゴットマンは発見した）。男性は女性よりもＤＰＡを経験しがちであるだけでなく、一度上がった心拍数はそのまま収まらず、平常に戻るにも時間がかかるという。

ということは、喧嘩の最中、イースター島のモアイ像のように無表情に見えても、トムの内面では感情が嵐のように荒れ狂っていたというわけだ（これは実際のところ真実だった。好奇心もあって、後日ちょっとした口論の後に彼の心拍数を測ってみた。彼の通常の心拍数である六〇から一〇二に跳ね上がっていた）。

リアルがトムに、喧嘩になると感情を抑えるかどうか尋ねた。トムは頷いた。「例えば、車の運転中に誰かが割り込みをして、頭にくることってありますよね。そういうときは感情を表に出した方が楽でしょう。機内で上映される、最低最悪の映画で泣くとかね」。

リアルは笑った。「葬式で泣かない男性は、心優しい恐竜の映画で泣くんですよね」。そしてリアルは真剣な顔つきに戻った。「だから、君の奥さんが話を聞いてもらっていると感じるようになる最良の方法は、彼女の立ち場になって、敵意を取り除くことです。彼女に言い逃れをして、三時間も喧嘩を続けることじゃない。簡単な方法がある。立ち去るのではなく、「君は怒っているね。君の話を聞きたいんだ」と、言ってみたらどうだろう。それとも、「それは気分が悪いね。君がそんな気持ちになるのは僕にもわかるよ」なんて言ってもいいし、「僕は何を言ったらいい？　君の気分をよくするために何ができる？」という言葉でもいい。こういうものの言い方を学ぶんだ。こうすれば彼女は話を聞いてもらえたと感じるし、一緒に住むのが楽しい男だと言ってくれるようになるさ」。

「やってみます」とトムは厳粛《げんしゅく》な面持《おもも》ちで言った。「こんなことで娘に負担をかけちゃいけない」。彼は私の方を向くと、早口で「それから君のことも大事だし」と言った。

リアルが背筋を伸ばして「素晴らしい」と言った。「ここからはじまる君の仕事は、前に比べてずっと寛大で愛情深いものになると思う。家事を手伝えば、肉体的に助かるし、精神的にも助けになる。君には心を開いて、思っていることを口に出して、家族の話をよく聞いて、家族をもっと大事にしてほしい。家事に協力するだけじゃなく、やさしい言葉をかけることだって、いいことだ。娘さんがそれを見る機会もあるし。それは、シルヴィーが大人になって、周囲の人間からかけてほしい言葉でもあるんじゃないかな」。

褒め言葉や優しい言葉をかけることは、そう簡単ではない。ミシガン大学の心理学者テリ・オーバックは、離婚に至るカップルを何十年にもわたって調査してきた。彼らが破綻《はたん》した結婚生活を振り返り、いちばん悔やまれると口にするのは、オーバック曰く「愛情の確認」を、配偶者に対して十分しなかったことだという。それは、キスであったり、「それでもあなたを選ぶ」とか、「あなたはすばらしい親だ」といった褒め言葉であったり、「愛している」と口にすることであったり、車にガソリンを入れておいてあげるといった、ささやかな愛情を示す行為のことであった。オーバックはこのようなシンプルな行いをないがしろにすることを、「見過ごしがちな夫婦関係の殺し屋」と呼んだ。

リアルが私を見たので、私は、はっとして気持ちを入れ替えた。「単刀直入に言いますが、彼はいい男だし、君のために彼がこれをやり遂げなかったとしたら驚きですね」と言った。「いいですか、リラックスして彼を信じてみるんです」。

そうね、たしかに、お金を払う価値はあったと思う。テリーが男らしい男だったことはとても助けになった。今、いったい何時なの？　五時ぐらいかな？　そろそろ終わりの時間のはずだけど。夕食はイタリアンにでもしちゃう？　私は時間を確認しようと、バッグに手を伸ばしてスマホを取り出そうとした。

そこでリアルが私の方に向き直ったのだ。

「さて」と彼は言い、「次は君のかんしゃくについて話をしよう」。

マズイ。

＊

リアルは、私がトムに投げつける激しい罵《ののし》りの言葉をもう一度口にするように命じた。恥ずかしさで口ごもりながら私は、クソ野郎、カス、お前なんて大嫌いだ、と言った。

彼は頷《うなず》いた。「それは言葉による虐待《ぎゃくたい》ですね」。

私は顔をしかめた。「そうでしょうか、私はそうは思いません、だって私は……」

「虐待です。君は虐待者だ。そしてその虐待の結果は、時折り姿を現すことになるでしょう。それが闇路《やみじ》の誘惑ってものなんです」。彼は瞬《まばた》きをせず、私を見据えていた。「殴ろうと身構え、パートナーを虐待してもいいのだという考えをどうにかして手に入れてしまうと、君自身がそれをコントロールできなくなるし、それに合理的な理由をつけてしまうようになる。それは最低のことですよ。そして、「怒れる被害者」という役割はいずれ、状況を悪化させる。君は「自分だけが正しいという怒り」に溺《おぼ》れ、その状態に究極の居心地のよさを感じているんです」。

そして彼は私に、厳しい言葉で、被害者ぶるのはやめる時だと言った。「殉教者のフリをするのはやめよう」と彼は言った。「ただ、「私が料理をしたんだから、あなたがお皿を洗ってね」と言えばいいじゃないですか。君がいついかなる時も、自分だけが正しいという怒りに溺れた被害者を演じているのであれば、もうお手上げ。すべておしまい。君は被害者なんかじゃない。だから、もうそんなことはやめよう」。

彼の話はまだ終わっていなかった。「もっと重要なのは、言葉の暴力を一切やめることです」と彼は言った。「腹を立てている、というのは言ってもいい言葉です。でも、このバカ野郎は言ってはいけない。叫ばない、怒鳴らない。侮辱しない、強く要求しない。すべてやめることです。君は言葉の暴力を行使している。パトリシア・エヴァンズが書いた『言葉の暴力による関係性』を読むといい。君のことが書いてあるから」。

私は努めて陽気に振る舞った。「でもそれって私がいわゆる、ガス抜きしてるっていうことなんじゃないかしら？」

彼は相手にしなかった。「ガス抜きじゃないですよね」と、しらけきって言った。「理解できます？　ちなみに、君は夫に怒鳴ることは、間接的に娘に対しても怒鳴り散らすことだって、わかっていますか。六歳の子どもにそのあたりを区別しろってのは無理な話です。そして君は自分がそれを止めることができるとすでに証明してるじゃないですか。君はシルヴィーにも怒鳴るんだろうか？」

「いいえ」。

「いいでしょう。娘さんが辛そうにしている姿を見たことがありますか？」

「はい」。

「君は、娘を直接怒鳴りはしない。そう自分をコントロールできている。であれば、夫に怒鳴り散らして間接的に娘を怒鳴る、そんな振る舞いだって止められるでしょう」と彼は言った。「自己管理できないのは、ほんの一握りの人間だけです。そして、そういった人はほとんどの場合、精神科の病院や刑務所にすでに入っていますよ」。彼は身を乗り出した。「侮辱《ぶじょく》を与え、嘲笑《ちょうしょう》していたらよい関係を築けるわけがないですよね。自分のためにきっぱりと立ち上がることと、激しく彼をおとしめることには大きな差があるんです。とても不思議だと感じるかもしれないけれど、ほとんどの人間は、何かをしてもらいたいと直接要求するより、口論し、不平不満を言うことのほうが無難だと感じるものなんです。だから、今日からはじめよう。彼にやってほしいことを伝えよう。「あなたにやってほしいことがあります」と、丁寧な言葉を使うんです。いいですか？　彼を地面に叩きのめすようなことはしちゃいけません」。

私はリアルに、娘の前で、トムと意見が違う場合、議論していいのかどうかを聞いた。彼は頭を振ると、当分のあいだ彼女に聞かせてはならないと言った。「まだ六歳の子どもですよ」と彼は言った。「彼女は気の毒に板挟みになってしまっている。両親の諍《いさか》いを十分すぎるほど目撃してます」。

彼は対策を講じてくれた。次に私が怒りを爆発させることがあったら、ただちにそれを一時中断して、他の部屋に移ること。「その場に居続けて口を開けば、どんな汚い言葉が出てくるかわからない。そしてそれをコントロールできなくなるかもしれない」。「でももし君がその場から離れることができたら、それは君がコントロールできているという意味ですよ。話す必要もないんだ。手でT（タイム）のサインを作って、そこから離れる。かんしゃくを止めることができるのであれば、なんでもやってみよう。それが最優先事項ですね」。

彼はしばらく考えると、両手を上げた。「一時中断《タイム》しているあいだに、僕が君に、今から言うことをすべてしっかりとやってほしい」。「家の中の別の場所に行き、ドアを閉めて、シルヴィーの写真を取り出す。そしていまから言うことを彼女の写真に向かって口にする。いいですか？」私は素直に頷いた。「私が今、してしまいそうになったことがあなたを傷つけることはわかっているけれど、今現在は、あなたよりも私の怒りの方が大切なの」。落ち着いた青と茶色の彼のオフィスが、揺らいで見えた。

「ああ！」涙があふれる。「なんて悲しいの……」

鼻をすする大きな音が聞こえ、私はトムの方を見た。彼もまた、泣いていたのだった。するとリアルもティッシュを一枚手にとって、眼鏡を外し、丁寧に目元を拭《ぬぐ》った。

ホテルに戻る車中、シルヴィーはご機嫌でお話に興じていた。私たちは言葉もなく、大きなショックから立ち直れないままだった。トムはすぐにルームサービスを頼んだ（「どんな種類のバーボンがありますか？」）。そして、シルヴィーが静かに寝息を立てて眠る簡易ベッドの横で静かに話し合った。私たちは胸中を察し合い、やさしく接するようになっていた。手を繋ぎ、今日のできごとを話し合った。

リアルが私たちに言ったのは真実だった。私たち夫婦の問題を、第三者から、科学的に、容赦なく、率直に分析してもらうことは、不思議なことに元気づけられる経験だった。まるで解放してもらった、と言ってもいい。私たちは、アドバイスに従い、互いに努力し合うことを約束した。「きっと変わるわ」と私は言った。「私、ほんとうに……」私は上半身を起こした。「ねえ、トム……？」

トムは深い眠りに落ちていた。午後八時二〇分だった。

シルヴィーの写真を手にとって、リアルの教える悲しいマントラを唱えれば、私の怒りの炎をいつかは静めることができるだろうとはわかっていた。でももし、私が特別な助けを必要としたら——私の行動を抑制する何か特別なもの、私をすぐに平常心に戻してくれる何かが必要になったら?

＊

ボストンから戻って数日間、私は考え続けていた。そしてある朝、おざなりな、気合いの入らない運動をしている時、テレビの画面が朝のトークショーからテキサスの銀行で起きている人質事件に切り替わった。武装犯人は興奮し取り乱していたが、緊迫した数分の間に交渉人が彼を素早く落ち着かせ、銃を捨てさせることに成功していた。これがアイデアに繋《つな》がった。まったく同じ方法で、いきり立つ配偶者をなだめることができるのだろうか? 交渉人は常套句《じょうとうく》を使っているのだろうか? もしトムがそんな感じの技術をズボンの後ろポケットに入れておいてくれれば、私の顔が紫色に変わりだした時に、そこからさっと出してくれたらいいんじゃないの?

私はアパートに戻って、人質解放交渉人について調べはじめた。ゲイリー・ノーズナーという人物に、すぐに行き当たった。彼は連邦捜査局(FBI)で三〇年の実績があり、犯罪交渉班のトップを一〇年にわたって務めていた。ノーズナーは、人質事件や誘拐《ゆうかい》、刑務所での暴動、極右民兵組織とのにらみ合いなど、生きるか死ぬかの状況にあって、精神的に追い詰められた人々を説得することでキャリアを積んできた。

私はすぐに彼に連絡を取った。ノーズナーは四〇年以上結婚生活を送っていて、三人の子どもがいる。思った通り、とても親しみやすく、バランスの取れた人だった。危機介入ですね、と彼は私に言った。それは生理的に興奮している人々に、合理的思考を取り戻してもらうために、比較的短時間で、できる限りの努力をすることだそうだ。この方法は、結婚生活にもきっと確実に応用できるでしょうね、と彼は私に教えてくれた。ノーズナーは連邦捜査局紛争解決のための行動変化（段階モデル）という、五段階を設計していた。それは、「話を聞く」、「共感する」、「信頼関係を築く」、「影響力を得る」という四工程にはじまり、最後の「行動の変化」に至るというものだった。

ノーズナーによれば、通常の意見の相違に発する衝突においては、責めれば責めるほどむしろ抵抗に直面することになる。「立てこもり犯と対峙《たいじ》するときは、大きな音をたてたり、命令に従わせるために煽《あお》ったりするのは、典型的な逆効果になると警官には常に言っているのです」とのこと。「敬意を示してほしいと願うのは、世界共通の人間の特性です。だから交渉人は、被疑者を脅《おど》したり、命令したり、説教したり、批判したり、評価することは絶対に避けなければならないのです」（皮肉なことに、それらすべてを私は自分の結婚生活でやってしまいがちなのだ）。

ノーズナーには面倒なことだったろうが、ＦＢＩのプロトコルに則《のっと》って、妻がたいそう興奮し手が付けられなくなった場合、どうすれば気を静めてもらえるか、その方法を段階的にトムのために書いてもらった。

まずは、状況をそれ以上悪化させないこと、ノーズナーは話を進めた。「警察が、刻々と変化する危険な状況を前にしたとき、我々はその状況を悪化させたり、現状よりその範囲を広げたりしないように、封じ込めなければならないのです」。夫婦なら、一〇年前のいざこざを掘り返すような争いはするべきではない、と彼は言うのだ。

次に、ＦＢＩが採用している七つのリスニング技術を取り入れることだ。あなたの相棒に変わってほしい？　だったら彼や彼女が言うことに、誠実に耳を傾けよう。「人の話に耳を傾けること、これを単に受け身の態度と考える人が多いのですが、多くの臨床研究の結果から、アクティブ・リスニングはむしろ、その人（話をする人）の行動に変化をもたらす効果的な方法だ、とされています」と、ノーズナーは言う。あなたが積極的にパートナーの話を聞けば、パートナーはパートナー自身の声に耳を傾け、まとまらずにいた思考や感情を明確化するようになるのだそうだ。防戦的、反抗的行動も減り、問題解決にオープンにもなるのだという。

あなたが積極的に他人の話を聞くということは、まとまらない自分の考えをいったん棚上げすることにもなるのだ、とかつてＦＢＩで国際誘拐事件の交渉人を務めた、コンサルタント会社ブラック・スワン・グループの現最高責任者であるクリストファー・ヴォスは付け加えた。「自分から何か言いたい、でも、人の話も聞かなければならない、そんなことが同時にできる人はいません」、とヴォスは教えてくれた。「これは本当に、どちらかしかできないものなんですよ。耳を傾けさせることでしか、相手の心の中の声を止める方法はありません。交渉人の少なくとも三分の二は、交渉を進めることより、話を聞いてもらうことに注力しているのです」。彼は少し考えた。「そして、余談ですけれども、相手に優先権を譲り、先に話をさせると、相手は往々にして自分が状況を支配している、と勘違いするようになるのです」。

アクティブ・リスニングには以下の七つの技術が含まれる。

言い換える

言い換える、これはシンプルに、誰かのメッセージを自分の言葉に置き換えることだ。「警察で、「このクソ警官め、てめえなんて役立たずのクズ野郎だ」なんて言葉を聞くわけです」とノーズナーは言う。「そこで私は「なるほど、そうか。君は僕を殺したいんだな」「僕らが君を傷つけるのではと考えているんだね。君はそう言おうとしているのかい?」と言い換えるわけです。彼らが正しいとか間違っているなんてことは口にしません。ただ、彼らの感じているままを言い換えるのです。それは「わかったよ。君を理解している」と言葉にする方法でもあるのです」。

この技術を使えば、自分は君の態度を理解している、と相手に素早く知らせ、即座に怒りを鎮《しず》めることができる。「とても効果的ですよ」とノーズナーは言う。「そして、声のトーンが最も重要なのです。誠実さ、やさしさを伝え、脅《おび》かさないトーンで話すのです。私は警官たちに、軍人のような声色《こわいろ》は絶対に使うなと言っています」（夫婦関係でもあまり使わないとは思うけど）。

感情のラベル付け

この技術は、興奮している人物が、自分では想像すらしていなかった感情を抱いていることを認識させる手助けになる。的外れであることもあり得るから、決定的な言葉は使わない。「君の言ってることは○○のように聞こえるね」とか、「君の振る舞いは、まるで○○のような印象を受けるな」といった言葉を使うこと（例えば「僕が子どもの担当医がわからないから、君が腹を立てているように聞こえるね」など）。相手の言い分を軽視する（最悪無視する）のではなく、誰かの感情に名前をつけたり、それを認めることは、感情に駆られ、反発にこり固まった心理状態から、理性的なものへと人を導くことができる。

カリフォルニア大学ロサンゼルス校の社会的認知・神経科学研究所による脳画像《ブレイン・イメージ》研究がこの見解を裏書きしてくれる。感情を識別する行為は、怒りや悲しみを和らげる、とわかっているのだ。ある実験で、怒った表情、あるいは怯《おび》えた表情をした人物の写真を人々に見せ、彼らの脳の働きを機能MRIで計測してみたところ、扁桃体の活動が高まっていることがわかった。扁桃体とは体の警報システムで、危険を察知すると「攻撃・逃避反応」〈訳注：恐怖を感じた際に、闘うか、それとも逃げるかを判断すること〉を引き起こす。しかし、写真をただ眺めるのではなく、写真を見ながら「これは怒ってる顔ね」と感情を言葉にするだけで、扁桃体の活動が抑制されたのだった。

人間は理解されることを欲する生き物ですね、とノーズナーは言った。「特に、極度に興奮した人物と交渉するときはそうです。「君が、すっごく、ものすごく腹を立てているのはわかるよ」と言えば、「ああ！　もちろんだ！」と返ってきます」。このやりとりが彼らの出鼻をくじくのだ、とノーズナーは言う。なぜなら、「他人が明白に理解していることを、改めて示し続ける必要がなくなるからです」。

他人の感情に焦点を合わせ、注視すれば、自らの血圧の急上昇を防ぐこともできる、とヴォスは語った。「人間は、他人の感情に注意を払うと、自分の感情のことは気にならなくなる、という研究があるのです。いわば自動的な感情冷却装置ですね」。

最低限の相づち

誰かが話をしている時は、短い言葉を差し挟んで、あなたが関心を持っていること、考えていることを伝える。「はい」、「そうですね」、「わかりました」といった、短めの言葉だ。「相手の言葉を遮《さえぎ》るというよりは、単に「わかりました、あなたの話をちゃんと聞いていますよ」という言い方です」、とノーズナーは説明してくれた。「自分もここにいるよと相手に伝えるだけのこと。それに、「うん、うん、そうですよね」と、相づちを打つ人間と口論するのは難しいということもあります」。

ミラーリング

相手のメッセージの最後の数語を繰り返す方法。これだけで良好な関係を保つことができ、相手は思いを吐き出すことができる。もしハイジャッカーが怒りをぶちまけ「とにかく腹が立つんだ」と言ったら、交渉人はシンプルに「腹を立てているんですね」と返せばいい。

自由回答形式の質問をする

「イエス・ノー・クエスチョン」を避けるのが目的だ、と彼はアドバイスしている。「その代わりに、「もう少しそのことについて話をしてくれますか？」とか、「あなたが今言ったことがよくわからないのです。理解したいので、もう少し説明してくれませんか？」と聞きます。自由回答形式の質問は、あなたがその場にコミットしていること、そして、冷静になってほしい、暴力のエスカレートを止めたい、と心の底から思っていることを相手に伝えるのです」。

「私」のメッセージを使う

「私」という発言は、交渉人を人格化する。あるいは警察特有の言い回しでは、「警察官を捨てる」状態になる。「私」を表に立てる言い方は、自分がどう感じているかを、口論に巻き込まれず、挑発することもなく、相手に示すものである。例えば、交渉人は人質犯に「理解したいと思っているけれど、そんなに怒鳴っていては十分な理解にはほど遠いよ」と言うことができる。

「「怒鳴るな」と言うのではなく……」とノーズナーは説明する。「あくまで仮想的ではあれ、自分が責任を負うかたちで、「申し訳ない、理解が難しくて」と、言うのです。この方法だと、あなたは相手に理解できない理由を伝えているわけだから、相手に特定の行動をやめさせる、いわば間接的な方法なんですね」。

効果的な間合い

正しいタイミングで沈黙することや、慎重に間合いをとることは難しいものだけれど、非常に激しい感情の爆発が起きている時には、特に効果的ですね、とノーズナーは話した。それはなぜだろう？　反応が返ってこないと、犯人は、交渉人がまだ話を聞いているかどうか確認するために、感情の高ぶりを抑えるのだそうだ。どんなに気を張り詰め、興奮している人物でも、最後は、一方的な議論を維持することが困難だとわかるようになる。

アクティブ・リスニングによって相手がいったん冷静になれば、ＦＢＩによる、紛争解決のための行動変化（段階モデル）の次のステップに移行する時だ。「共感する」、「信頼関係を築く」、「影響力を得る」（協力して、「非暴力的な問題解決の選択肢」を発展させるということ）というステップである。これが終了すれば、対象者は最後のステップに進む準備を終えている。五段階の最後、「行動の変化」だ（人質犯は武器を手放し、妻は叫ぶのをやめる）。

＊

犯罪交渉人に話を聞き、トムに彼らの技術を伝えてから二週間後、トムにこの知識を実地に試す恰好《かっこう》の機会が訪れた。

シルヴィーが放課後のアート教室に通い始めて間もなかった。私は珍しく『ヴォーグ』の編集者と約束があり、マンハッタンで飲むことになっていた。午後五時にシルヴィーを教室まで迎えに行ってね、とトムには頼んであった。

私が編集者とブースに座った直後、電話が鳴った。アート教室の経営者からだった。「ええと、お嬢さんがまだ教室に残っているのですが……」、「すぐに教室を閉めたいのです」。彼女はこの電話の前に、緊急連絡先に電話をしていた。シルヴィーの幼稚園に子どもを通わせるママ友だ。しかし、折悪しく、彼女は、娘が突然、動悸《どうき》を訴えたため、救急医療施設にいたのだ。

私はトムに怒りを込めたメールを送った。「あんた、一体どこにいるの?」返信はなかった。通常、トムはすぐに返事を送ってくるから、私からすれば、彼が自転車でどこかに出かけているのははっきりしていた。高速サイクリング仲間で二人の子どもを持つ男性は、メールを打たなくていいところだ(トムのサイクリング仲間で二人の子どもを持つ男性は、最高のライドから家に戻った時、妻が当てつけるようにキッチンテーブルに置いた結婚指輪を発見し、パーティーは終わったことを悟ったそうだ）。

別のママ友にメールしたけれど、返事はなかった。「大丈夫」という感じの笑顔を編集者に見せたつもりでいたけれど、取り乱し、苦痛に歪《ゆが》んでいたに違いない。三人目のママ友に連絡したけれど、息子のサッカーの練習中で身動きが取れないという。ただ、彼女が雇っているベビーシッターが、わが家の近所の公園に彼女の娘と一緒にいるらしく、ベビーシッターにシルヴィーを迎えに行くように伝えてくれるということだった。編集者が待ってくれている間に、私は四通目のメールをトムに送った。これにも彼は答えなかった。次に私はアート教室に電話をすると、シルヴィーを、ベビーシッターと一緒に帰らせるように頼み込んだ（急な事情で、彼女は緊急連絡リストに載ってないけど、と事情を説明して）。その後、私は編集者にひたすら謝り、ミーティングを先延ばしにしてもらい、六時に仕事を終えるベビーシッターを解放するために、家まで飛ぶようにして帰ったのだ（お礼を伝えるためのチョコレートをまずは購入した）。

午後六時三〇分、トムはアパートに勢いよく戻ってくると、「公園に誰もいなくてさ、最高だったよ！」と、笑顔を見せた。サイクリングウェアは汗でびっしょりだった。彼は急に口をつぐみ、慎重な面持ちになった。

私は身じろぎもせず突っ立っていたはずだ。ただ、胸が上下に動いているだけだった。両目は不自然なまでにギラギラしていた。

「なんだよ……？」と彼は用心深く口にした。

私はＴ（タイム）のサインを手で作ると走った。この時から「ドラゴンの退場」と呼ばれるようになる（私の鼻からけむりが渦を巻いて出はじめると、私は寝室に待避してドアに向かって岩を転がすのだ）。私はベッドサイドのテーブルからシルヴィーの写真をとりだして、話しかけた。「私が今、してしまいそうになったことがあなたを傷つけることはわかっているけれど、今現在は、あなたよりも私の怒りの方が大切なの」。脈が遅くなった。少しだけ。

トムが寝室についてきて、ドアをしめた。「信じられない」と、シルヴィーが彼女の部屋から私の声を聞くことがないように、私は絞り出すような声で怒りを込めて言った。彼女は歌いながら絵を描いている。「私、今日、なんて言った？　シルヴィーを五時に迎えに行ってて言ったよね。それからメールも送ったよね！　今日のミーティングのために私がどれだけ時間をかけて服を選んだか知ってる？　頑張りすぎって思われないように、時間をかけて選んだってわかる？」まぶたがピクピクと痙攣《けいれん》しはじめた。トムがそれに強い興味を示したことが伝わってきて、余計腹が立った。あっという間にひどい痙攣になった。私は両肩を落とした。「あんたなんか信用できないわ」。

彼は私に走りより、横に立った。「君は僕が信頼できないと考えているんだね」と、彼は言い換えた。「君は……ええっと、君は、あの、君はビジネスミーティング中にビクビクしたくないんだ。君はもうどうにもならないんだね。何もかもやらなくちゃいけないから」。

　私は頷き、彼に、いちいちリマインドしなきゃならないのが——一回じゃなくて、何度もだよ——本当に腹が立つと言った。「あなたの母親じゃないんだよ、あたしは」と、なじった。

「うん、うん」と彼は機械的に言い、私の目を見つめた。そして、「続けて」と、言った。私には、彼が教わったばかりの「最低限の相づち」を試していることがよくわかっていた。それでも、少し愛《いと》おしかった。だって、彼はそれまでの結婚生活で、一度たりとも私に「続けて」なんて言ってくれなかったのだから。

「それから」と、私は彼に念を押した。「それでも結局、現れなかったじゃないの！」

　彼は重々しく頷いた。「結局、現れなかった」と、私の言葉を彼は繰り返した。私には彼が次のステップを思い出そうとしているのがわかった。それは無意識のうちに効果的な間合いになっていた。私は少しだけ楽になった。

「僕にも、君の気持ちはわかるよ」と、トム。「僕だって、君と同じようにフラストレーションを感じるはずだ」。第一人称（私）の語りかけが二つ入ったと思うわ。よくできました。

「シルヴィーのお迎え、普段は、ちゃんとやれていると思うんだ。だから、僕が絶対に忘れない方法を二人で考え出すというのはどうだろう？」と彼は、自由回答形式で、つまり、私が答えやすいよう聞いてくれた。少し堅苦しかったが、私にはそこまで気にならなかった。彼の早口のセリフ回しはたしかに前もって用意されたものだったけれど、シリ・コーエンの研究に登場した妻たちのように、どんなに些細な努力でも私にはありがたかった。彼はただのおっちょこちょいで、悪魔ではないのだ（でも、彼のおっちょこちょいはどちらかというと慢性的なものだ。彼はゴミに出す袋を持ったまま、地下鉄の駅までの道を半分まで行っちゃったことがあるし、痔用の軟膏を歯ブラシに絞り出したこともある）。後日彼に話したことだが、あの時あれほど怒っていなかったら、彼が寝室に飛び込んできて、「いったい俺が何したって言うの？」みたいな表情をしたとき、きっと吹き出していたと思う。

私たちは二人で、彼のスマホに山ほどリマインダーを設定して、娘のお迎えの時間が来たらわかるようにした。

その一週間後、トムの危機交渉技術が再び必要になった。娘の登校日の朝、トムはスウェーデンの犯罪ドラマシリーズを夜通し見て、まだ眠っていた。私は娘と一緒に午前六時に起きて、彼女の朝食とランチを作り、宿題を手伝い、彼女が学校でなくしてしまった水筒の代わりを注文し、遠足のおたよりに参加のサインをし、トムのためにキャロットマフィンを焼いていた。

トムは娘が学校に向かう一五分前に目覚めた。私がシルヴィーに服を着せ、歯を磨かせている間に、彼女を学校まで送り届けるため、トムはドアの側に立ち、スマホに熱中していた。彼女がコートを着ていた時だ。娘が、学校のアートプロジェクトのために集めておいた、一ダースのペーパータオルの芯を持っていかなくちゃと言い出した。

「どこに置いたっけ？」私は彼女のクローゼットの中をかき回しながら言った。「ああ神様、遅刻で成績が下がっちゃうわ」。家を出る時はいつもバタバタしているものだから、まだ幼かったシルヴィーが覚えた最初の言葉が、ああ神様だった。彼女はそれを「ああ、神ちゃま！」と言うのだった。

トムはまだ廊下に立って、スマホをいじっていた。そして「なんでもっと早く用意しておかなかったんだ」と、言ったのだ。

神ちゃま、私に強さをください。

学校から戻ると、トムはそうとも知らず、カテゴリー5にふくれあがりつつある、渦を巻く熱帯低気圧に突っ込んでいくことになった。

「今朝は、指一本動かさなかった！」と、私は怒りに震えながら言った。

私はできるかぎり冷静に話した。母親っていうのは、値踏みされたと感じたり、母親失格だと感じたりすると、イライラするの。効率よく何百もの仕事を行ったときにはコメントのひとつもなかったくせにと思うと、よけいに腹が立つのよ。トムは心底驚いた様子で、私が怒っていることに戸惑っていた。彼はただ、僕らはなにかもっと他にできることがなかったのか、つまり（彼がオタクっぽく呼ぶところの）「反事実的問題解決作業《トラブル・シューティング》」ができなかったのだろうか、と考えていただけだよ、と言う。彼はしばし考え込んだ。「僕が手伝わなかったことで、君はフラストレーションを抱えたんだね」と、彼は言い換えた。「君は……ええっと、君は、なんでもかんでも自分がやってるじゃないの！と考えているんだね」。

「なんでもっと早くに用意しておかなかったんだって、あたしはあなたの従業員ですか？」

「従業員……」と彼は繰り返した。「なるほど」。

「なにをやろうとしてるかはわかってるわよ」と、彼に釘《くぎ》を刺した。ちょっとおもしろかったけれど。「なぜ私たちに協力してペーパータオルの芯を探してくれなかったの？」彼はここで一瞬考え込んだ。その結果、私は、自分がペーパータオルの一件で猛烈に腹を立てている、と自覚することができた。

「僕は……手助けしなかったことを恥じているよ」と彼は言った。やったー！　彼が自由回答形式の質問を繰り出す前に、私の怒りは引いていった。「僕が代わりにできる朝の仕事を教えてくれないかい？」と彼は聞いてくれたのだ。

トムのセリフが全部が全部本心からのものでないことは私にもわかっているけれど、F

BIの技術はたしかに私を落ち着かせるのだった。武装したハイジャッカーや極右民兵組織の指導者に効果的なのだとしたら、怒れる妻にも有効なのは当然だ。そして十分訓練を積めば、彼の質問はスピーチ原稿から本物の言葉に変わるだろう。ノーズナーもヴォスも繰り返し言っていたけれど、人間はみな、誰かに話を聞いてほしいのだ——そして積極的に耳を傾けるには、本気で注意を払う必要がある。見せかけの言い換えはできない。もしそんなことをすれば、興奮した危険人物のいるその場を平穏のうちに封じ込めることなどできなくなってしまう。

「それから、シルヴィーは遅刻にならなかったよ」とトムは教えてくれた。日常再開の合図だ。「ナニーが通用口に案内してくれて、そこからシルヴィーをコッソリ中に入れることができた」。

「あなたって最高」と私は言った。

トムと新しい技《テクニック》を共有できてうれしかったけれど、これからの道のりの遠さも意識していた。私たちは、私のかんしゃくを押さえ込むという武器（方法《メソッド》）を得たけれど、本当の仕事は、もっと大きくて、より根本的な問題に取り組むことなのだ。それは、なぜそもそも私たちがこの状況に直面することになったかということ。国内で最も有名なカップル・セラピストの指導を受け、私たちを悩ますものの正体をつかみ、意味ある葛藤を乗り越え、子どもに奪われたエネルギーを保持し、あくまでもフェアに喧嘩し、家事を分担し、さまざまな問題に果敢に取り組んでいかなければならないのだ。

それはなんとも怖ろしい計画だったので、私は私たちの次の段階は少しゆるやかにスタートさせることにした。それは「ゼロ・ネガティブ・チャレンジ」と呼ばれる三〇日のプログラムで、ダラス在住のカップル・セラピストの、ハーヴィル・ヘンドリックスと彼の妻で同じくセラピスト、ヘレン・ラケリー・ハントが考案したものだった。

私はトムにヘンドリックスとハント夫妻の「カップルストア」から購入したカレンダー――笑顔のステッカー、顔をしかめるステッカーつき――を見せた。そしてこの計画が目指すゴールを説明した。侮辱、批判、敵対的な態度を三〇日間慎むのだ。

彼はそれを知ると、頭を振った。「バカみたいだよ」と彼は言った。「成果が出るわけがない」。

「その調子よ」と私は言い、初日に笑顔のステッカーを貼った。

3章 洗濯機への強い怒り

どのようにして家事を分担するか

Hと私は二日間も喧嘩をし続けていて、口をきいていない。静寂はすばらしい。——ママブログ「スケアリーマミー」の告白セクションから（匿名）

ある日の夕方、私はニュージャージー州郊外にある妹のダイナの家に立ち寄った。ダイナの二人の娘は遅くまでスポーツの練習があって、電子レンジで温めたピザベーグルをちょうど食べ終わったところだった。夫のパトリックはマンハッタンに通勤しているダイナはいつもどおり午後七時には帰宅していた。彼が子どもたちの送り迎えを担当している。パトリックは食品メーカーでの仕事が午後には終わるので、彼が子どもたちの送り迎えを担当している。居心地のよい、黄色で統一されたキッチンには家族写真と子どもの絵などが飾られている。ダイナは仕事着のままでシリアルを食べていた。子どもたちは各自部屋に戻っていた。私はパントリーから探してきたミントクッキーをつまんでいた。

テリー・リアルに大きく感化された、私たちの試練の旅について話すと、ダイナとパトリックは目を丸くしていた。

「ちょっと待って、大金を払って怒鳴られに行ったってこと?」と、キッチンテーブルに座り、ダイナが持ち帰ってきた原稿の束を脇によけながら、パトリックは言った。冗談好きで社交家のパトリックは、彼の大好きなものについて長々と語るのが好きだ。それはニユーヨーク・ジャイアンツと、ありとあらゆる種類の燻製《くんせい》肉について。

五つほどクッキーを口の中に放り込みながら、私は、つまらない喧嘩でトムと私の老後を無駄にしたくないからと言った。「中年になってはじめて、時間には限りがあるってわかったのよ」と、人生に疲れたような風情で、トレードマークである長女らしい分別を垂れた。

パトリックはぽかんと私を見つめていた。「そのお金を持って、二人でバハマにでも行けばよかったのに！」

「そうね、でも、戻ってきたらまた問題に直面する」と、私は言った。私は今まで、カップル・セラピーは、離婚調停手前の、お金のかかる最終手段だと思ってたの、と二人には言った。ただ、私たちのやりとりがあまりにも混乱して、ピリピリして行き詰まってしまったのだと説明した。テリー・リアルは私たちが抱えている問題をよく把握し、行き詰まりを打開できるプランを提示してくれた。お互いを攻撃するのではなく、私たちが囚われていた、葛藤のサイクルを断つよう、指導してくれたのだ。

リアルの突き刺すような眼光に射すくめられ、私たちは、普段の言い合いそっちのけで、本当の、ありのままの気持ちを言う以外なかった（このプロセスをセラピストは「共感の連結」と呼ぶ）。リアルが私たちが共有する感情の基盤に二人を導いてくれたときに、私たちはとうとう、長年閉じていたコミュニケーションの回路を開くことができたのだ。

「リアルのおかげでトムはすごく変わって、戻ってきた晩にお皿を洗ってくれたんだよ」と私はダイナに言った。「彼は何も言わずに立ち上がって、スポンジを持ったのよ」。そしてリアルから提案された、シルヴィーの写真を使った恥ずかしい訓練のことまで告白した。二週間も怒鳴り散らしていない！と報告した。そして少し考えた。「でも昨日私はトムにすべて大文字のメールを送って、それはちょっと命令口調だったかも」（「戻れ。今すぐ」）。

パトリックは肩をすくめた。「僕らはラッキーなのかもしれないな。だって今の時点であまり喧嘩をしないんだから」。「だってさ、僕らは結婚してそろそろ二〇年。そんな感じの問題をたくさん解決してきたよな」。

ダイナは顔をしかめて彼を見た。シリアルを食べていたスプーンは空中で止まっていた。「そうかしら」と彼女は言った。「私が腹を立ててるのは、こんな感じのこと。私たちは二人ともここに住んでいる。そして家の中では、どうしてもやるべきことは必ず出てくる。そんな仕事を片付けてくれる妖精さんがいるわけじゃない。例えば、部屋のなかに掃除機をかけるなんて仕事」。

「掃除機のことを言いだすと思ったよ」と、彼が割って入った。「わかった。いいかい、俺はたしかに忘れたよ。でもその日の午後はタクシー係に徹していただろ！　子どもたちを学校からピックアップして、友だちもピックアップして、一人をサッカーに送っていき、もう一人をバスケットの練習に送って行ったじゃないか」。

「わかってる。それには感謝してるってば」と、ダイナは言い、冷蔵庫からヨーグルトのパックを出すために立ち上がった。これで彼女の即席ディナーは終了ということらしかった。「でもこれだけは言いたいの、私、本当に、本当に疲れちゃうのよ、あなたにそういうことをいちいち頼まなくちゃならないことに」。

彼はため息をついた。「わかったよ。何をやるか指示されるのが嫌いだってことは認める。でも、僕にその都度頼むことが、そんなに大変なのか？　男は鈍感な生きものだっていうのは明らかだろ。だから、いつも言ってもらわなくちゃわからないんだよ！　言ってよ！　頼んでくれよ！」

彼女は頭を振った。「でも何をやるか指示されるのが嫌いだって、今、言ったじゃない。私が困っているのはわかるでしょ？　しばらくすれば、言うのが嫌になる。だってあなたは指示されるのが嫌いだってはっきりと言うじゃない。だったら自分でやった方が楽だって思っちゃう」。

彼は両手を挙げた。「君が正しい。いいかい、ダイナ、僕は君を愛している。でも女性は一般的に、男性よりも基準が高いんだよ」。彼は私の方に向き直った。「僕は子どもの様子をチェックせずに二時間テレビを見続けることができるけど、ダイナはその間、二人を楽しませる必要があると感じてる。僕だって彼女みたいに子煩悩《こぼんのう》だったらよかったって思う。でも僕は違う。親として、僕らは絶対に自分本位にものごとを考えてはいけないことになってる。でも、どんなひどいことだって、それが子どものためだと言うだけで、すべてオーケーになるっておかしくないかな」。たしかに、と私は言った。彼はダイナに指摘した。「彼女は娘たちのしたくをして、ランチを詰めて、街で一日八時間働き、帰宅して、子どもたちを寝かせ、もう少し仕事をする。僕は彼女がなんでもやり過ぎだと思うし、これでは疲れ切ってしまうよ」。

ダイナはテーブルに座り、ため息をつきながらヨーグルトを食べていた。「そうよ、でも休みなしに働き、朝早くに家を出て、夜遅くに戻るような生活をしていると、他の雑用のついでに娘たちの面倒をみているような気になってしまう。例えば、朝食をテーブルの上に置いて出るなんてことよ。クレアは一三歳で、朝食ぐらい作ることができるけれど、電車の時間を気にして余裕のない私が彼女に愛していると伝える方法は、それなのよ。効率よくなんでもこなすのは気分がいいしね。わかる？　必要とされているのがうれしいっていうこと」。

私は分担することになっている家事をさぼると責任を感じるかどうか、パトリックに聞いてみた。彼は決まり悪そうに、感じると認めた。「ああ、そりゃもちろんだよ」と彼は言い、不安げな眼差しをダイナに向けた。「もちろん、睡眠不足になるほどかっていうと違うけど、でも、責任は感じてるよ。僕は自分が怠け者だと認めなくちゃいけないね」。彼がテリー・リアルの前でこう白状したら、蒸し焼きにされるだろうと私は考えていた。

「ダイナに言われなくてもしている仕事ってある？」と私は聞いた。

「買い物には行くよ」。

ダイナは笑った。「ああ、そうね、あなたは食材のことはよく考えているからね」。

「夕食は週に二回から三回、僕が作ってるんだよ」。彼は自分の仕事を指で数えてみせた。

「ネコのトイレ、エサ。それから水をあげてる」。

彼女は眉毛をつり上げた。「ネコに水をあげてますだって」と、無表情に繰り返した。

彼らは、私が立ち上がって、クッキー漁《あさ》りにパントリーに行くと、喧嘩をやめた。

何度となく調査と研究が繰り返されてきているから――さあ、びっくりするわよ！――、わかっていることがある。男性が家事を分担すれば、彼らのパートナーはより幸福を感じ、憂鬱な気持ちから解放され、口論は減り、離婚率も下がるのだ。家事のやり繰りは、毎日の些事《さじ》ではなく、カップルにとっては明らかに重要な問題なのだ。ピュー研究所の世論調査では、家庭での雑用の分担は、幸福な結婚生活に必要な九つの要素の三番目にランクされている。これはきわめて重要な基本要素である、住みやすい家、共通の興味、そして「十分な収入」（これは四番目にランクされている）よりも上にランクインしているのだ。

ピュー研究所の調査員でさえも、この結果に驚いた。この世論調査を開始して一七年になるが、家事の分担ほど重要視されるようになった項目は他にないらしい。言い換えれば、この問題は、単に選択の話ではなく、二人の関係の公平感／不公平感を直接表現したものなのだ。そして、この問題は、重要かつ相互に関連の深い他の多くの問題と関わりがある。ジェンダーの役割、お金、敬意、価値観、親密さ、そして習慣だ。

ただでさえ、多くの女性は自分の意見を貫くことを面倒だと思い（ダイナのように、ストイックに家事は自分でこなしてしまうタイプ）、強く助けを求めず、あるいは私のように、なぜか配偶者に、もっと上手にこなせるはずでしょ、と要求することに疚《やま》しさを感じている。一対一のカウンセリング・セッションで私が指摘されたのは、私はなぜか、あっさり、明確に、そして穏やかに、トムにこうしてほしいと頼めない。むしろ、これらのとても重要なステップを飛ばして、いきなりロケットのような勢いで怒りとフラストレーションを抱え込むということだった。なぜ私は、自分が必要としていることを明確にできず、しかも、明確化することに気乗りしなかったのだろう？

「私たち女には、助けてほしいと言えなくなることがあるんだと思う」と友人のジェニーは言う。「たぶん、本当は全部自分でやってしまいたいのかもしれないし、できないと認めたくないのかもしれない。それとも、自分が欲している援助《ヘルプ》を、夫が直感的に理解してくれるとでも思うのかもしれない。そして、彼らが理解してくれないと、それに怒りを感じてしまう。自分でなんでもやってしまうなんて、ちっとも褒められたことじゃない。それは害にしかならない」。

ジェニーは正しい。私のためらいの一端は、従来の社会的な役割期待の圧力を、自分が認め、承認する以上に強く感じているところにある。私があまりにも「要求が多い」から夫が去って行くのではないかという、根拠のない、なんだかむずむずするような恐れからそれははじまっている（多くの女性にとって、「自分自身のために立ち上がる」ことが、今でも「やっかいな女」という烙印《らくいん》を押される原因となっている）。

そして何百年もの間、女性のアイデンティティの中心は、よき妻になること、母になること、そして優秀な家政婦であることの周辺にとどまってきた。成長期にあった私のお手本は、三人の娘と家で過ごし、家庭の切り盛りをして、私たちが大学に入学するころになってはじめて実社会に出た母であった。雇われていようが、そうでなかろうが、私の友人のほとんどは家事と育児の大部分を負担している。ことわざが言うように、「見たことのないものにはなれない」のだ。

私が家事をすべてこなすようになったのは、いきなりではない。赤ちゃんが生まれると、トムは仕事を三週間休んだ。フリーランスライターだから、なんとかやり繰りできたのだ。最高に平和な時間を過ごしている間、トムは、おずおずと丁寧に赤ちゃんを沐浴させ、ゲップさせ、服を洗い、しみ抜きでしみをきれいにしてくれた。何時間でも娘と遊び、徹底的に調べ上げて購入したストローラー（ベビーカー）に娘を乗せて、朝の長い散歩に連れていった。購入に際しては、アパートの建物内部にある曲がり角の角度を調べ、カップを置くカップホルダーの位置に気を砕き、ウェブサイトにある折りたたみ構造をしかめっ面で確認したのだった。ファミリーカーを購入した時以上の時間をストローラー選びに割いた。まるで娘の未来が、使い心地の完成度にかかっているかのように。

そして私たちは苦労して収入の一部を貯蓄にあて、私が最低でも二年は家にいて、娘と過ごすことができるようにした。当初期待したよりも妊娠が遅かったことで、唯一よかった点といえば、赤ちゃんが生まれるまでにしっかりとした額の貯蓄ができたことだった。もちろん、私たちは贅沢な暮らしをしないようにも心がけた。時には、臨時収入を得るため、赤ちゃんが寝ている間に、雑誌向けに慌《あわ》ただしく原稿を書いていた（あるいはトルーマン・カポーティを引けば、タイプしていた）。健康によいビタミンの話をこっちに載せ、セレブのインタビューをあちらに寄稿してといった形だ。この、娘と過ごす甘美な時間、私は分別があり、聡明で、慎み深いセレブの人物評だけを書くと決め、そのリストには女優のジュリアン・ムーアとイギリスの料理研究家ナイジェラ・ローソンも含まれていた（彼女は私にすばらしい言葉《マントラ》を授けてくれた。今でも大事にしている。「なにごともほどほどに」）。

そしてトムは、私が赤ちゃんの面倒をみている間、原稿を書くためにニューヨーク公共図書館の読書室に毎朝出かけて行った。それまでたいてい、彼が料理をしていたが、日中時間ができてから、キッチンの仕事は私が完全に引き継いだ。ほどなくして、家の中の仕事は全部私がするようになり、夜も週末も、トムは家から長時間抜け出すようになった。

でも、私は私たちの小さな巣に、すっかり満足し、落ち着いて暮らしていた。何も心配などしていなかった。気持ちのよい、つい眠くなってしまうようなある日の午後、私はシンディ・ローパーのマネージャーから電話を受けた。彼女の自叙伝の共著者になることに興味はあるかと訊《たず》ねられたのだ。シンディは、私が『ローリング・ストーン』誌の記者だった頃、ラスベガスで共に過ごした騒がしい真夜中のひとときをとても楽しく記憶してくれていたようなのだ（そしてあの頃はたいてい朝九時過ぎまで起きていた）。期待にたがわず、ほんとうに楽しかった。でも、セレブリティのイメージは、多くの場合、彼らの本当の姿とはかけ離れたものだ。コメディアンは暗くて、陰気だ。アメリカン・スイートハートは不安定な悪夢のような存在。でもシンディは、彼女のファンの多くが知っているように、クイーンズ出身の地に足のついた女性で、正真正銘、かわいらしくておかしな人なのだ。

娘はちょうど二歳になったところだったし、貯金は底をつきそうだった。トムと一緒にじっくりと考え、この機会を逃すのはあまりにももったいないという結論に達した。週に三回乳母を雇い、私はシンディが住むアッパー・ウェストサイドのアパートにインタビューに通い始めた。彼女のマネージャーは私にエクササイズできる服を着て、テープレコーダーを持ってくるように言った。そうすれば、セントラルパークを元気いっぱい散歩しながらインタビューができるからということだった。

私のトレーニングウェアは、ずっと新品のままだった。来る日も来る日も、トレーニングウェアを着たシンディがボソボソと「もういいよ、ここにいようよ」と言うからだった。彼女はドアマンのためにカプチーノを作り持っていき、私たちには紅茶をいれてくれるのだ。そして私は彼女のビンテージスタイルのキッチンに座って（ちなみに彼女の「ガールズ・ジャスト・ワナ・ハヴ・ファン」（Girls Just Want to Have Fun）のミュージックビデオに出てくるキッチンそのもの）、食べ、そしておしゃべりをするのだった。

彼女の人生の物語だけに集中してもらうのは大変だったけれど――シンディの人生は、まさに一九三〇年代のスクリューボール・コメディ〔訳注：一九三〇年代から一九四〇年代に製作されたロマンチック・コメディ〕そのものだった――彼女が脱線するのはとても楽しくて、私には気にならなかった。

シンディ　（コーヒーケーキをつまみながら）私、すごいデブだよ。

私　どこの宇宙の話よ？　まさか。太ってなんていないってば。（メモ　彼女は太っていない。）

シンディ　太ってるって。どうしたらあんたはいつまでもそんなに細いわけ？

私　私、痩せてなんていないの。私にはどうしても捨てられない大きなお尻があるし。

シンディ　見せてよ。（私は立ち上がり、彼女にお尻を見せる。）ズボンをちょっと上げてみな。アウトラインが見えるから。(彼女は私のお尻を検査する。)悪くないよ。
(そして彼女の視線は私の顔に移る。)
シンディ　ちょっとおいで。ねえ、美人さん。ちょっと肌が乾燥してる。スプレーしてあげる。
私　なんのスプレー？　いえ、いいわ……。
シンディ　いいからこっちにおいでってば。(彼女はバッグからボトルを引っ張り出して、ヒリヒリする液体を私の顔にスプレーし続けた。彼女はこれを何十回もやった。カーウオッシュされてる気分だった。)
私　これってなんなの？
シンディ　活性剤。
私　活性剤って、どんな効果があるの？
シンディ　(肩をすくめて)さあ知らない。

シンディと一日を過ごしたあとは、家まで急いで戻り、ナニー(乳母)を自由にして、寝る時間までシルヴィーと遊び、シルヴィーが眠ってから、テープ起こしをしてインタビューをまとめていった。有名人と仕事をして得をするのは、それが幼児と過ごす最高の練習になるからだ。セレブリティは常に自分が人々の関心の中心にいることに慣れているので、自分の衝動の管理がまったくできず、メルトダウンを起こしやすく、イライラしている場合がある。でもひとたび彼らがまばゆい笑顔を見せれば、すべてが許される。

でも、シルヴィーが言葉を話しはじめ、歩きはじめるようになると、私たち家族の日常はより忙しくなり、より複雑になった。まるで、突然真夜中に目覚めて、それまでの仕事が単調なものだったと気づいたかのようだった。トムの他愛ない約束違反も私の神経に障《さわ》るようになった。例えば、自分の鍵の場所を、ほぼ毎日私に聞くクセだとか、「お財布持った？」と彼に聞くよう私に促《うなが》すとか、そういったことだ（女優でコメディアンのロザンヌ・バーがかつて、男は子宮を、なんでも追跡してくれる便利な道具と思っていると発言していた）。このクセが、以前は愛らしく思えていたのにも関わらず、娘がなくした羊のぬいぐるみを探すために、何ヶ所も公園をかけずりまわった後は、そうでもなくなってしまっていた。私たちの結婚に、転機が訪れていた。私たちは口げんかをしはじめ、そしてそれが止むことはなかった。それでもトムは、傍目《はため》にも明らかなほど、クセを改める気がないようだった。自分の好みどおり、問題なく動いているこの現状を、なんで改めるの？というわけだ。

しかし誰かと誰かが対等である、ということは、アメリカのＩＴ業界で活躍する経営者で作家のシェリル・サンドバーグが著書の『LEAN IN《リーン・イン》』で記したように、ゼロ・サム・ゲーム〔訳注：得点と失点の総和がゼロになるゲーム〕ではない。お互いが対等であることには、最も直接的で明確な利点以外にも、多くの長所が存在する。直接的で明確なメリットには、私が「過激なキレ系」という状態から脱するなんてことも含まれる（リアルがなんとも印象的な言い方をしてくれた）。コーネル大学の調査によると、幼い子どもがあり、かつ、家事を平等に分担しているカップルの場合、女性がすべての家事を背負っている場合に比べて、セックスがより頻繁で、より満足度の高いものになるということが明らかになった（研究著者のシャロン・サスラーはドライにこう言ってのけた。「家事の分担が進めばセックスの回数が増える、そうわかれば、男性がモップを握る回数も増えるのではないでしょうか」）。予期せぬことながら、子どもにもいいことがある。男性が家事と育児に協力すると、子どもの学校での成績もあがり、小児精神科医への受診率が下がり、行動を抑制する薬の投薬が減る傾向を示すという。

そして家事や育児に参加する父を持つ娘たちは、大きな自尊心を得ることができるという。ブリティッシュコロンビア大学の研究によると、定期的に家事を担当する父親を持つ娘たちは、お定まりでないちょっと変わった職業を望む傾向にあり、宇宙飛行士になりたいとか、プロのサッカー選手になりたいとか、地質学者になりたいなどの希望を声にするらしいよ、とトムにも教えてみた。父親が、家庭できちんと役割をはたしている姿を目にする娘たちは、その姿から、単純家事労働はすべて、女性である自分たちが負担しなければならない運命にはないし、そうすべきでもない、というメッセージを受け取るようだ。

「私たちはあの子に「女の子が主人公」って教えてるよね」と、家まで車を走らせながら私は言ってみた。トムはぎくりとしたようだった。「でもあの子が実際に見ているのは、「女の子は掃除」だよね。自信を付けてほしいから、いろんな言葉をかけることはできるけど、作家のジェームズ・ボールドウィンは「子どもは親の言うことはまったく聞かないけれど、親のまねごとはとても上手だ」って書いたことがあるのよ」。

その当時、娘のシルヴィーが大人になったらなりたいと夢見ていたのはサーカスのピエロだった。でも私は、サーカスのピエロの夢が破れても、ＣＥＯだって目指せるという自信を彼女に持って欲しかった。

家事については、てこ入れの必要がある。私はエキスパートたちを集め、力を貸してもらうことにした。

＊

『怠け者の夫――どのようにして男性を育児と家事に参加させるか』の著者で、心理学者のジョシュア・コールマンが言うように、最優先事項は、私の言葉づかいを変えることだった。夫は「助けてくれている」のではなく、「お願いを聞いてくれている」でもないのだと彼は言っている。「子育てには、あなたも夫も参加しているのです」と、彼は念を押すように言い、そして「これはサービスの等価交換でもあるのです」。

そう、心理学者が言うところの「意図を明確にした会話」を交わすようにすることです。そうすれば、変化を必要とする自分の気持ちが明確になるし、その願いを前に進めることができるようになる。「男性の多くは、実際、交渉も妥協も進んで受け入れたいと思っています。でも、それなら、女性に率直にそう言ってほしいと思っているのです」と、とコールマンが言った。彼自身、怠け者の夫でしたが今や更正しました、とおおっぴらに認めている。「何をやればいいのかはっきりしている場合、ほとんどの男性が力を発揮できるんです」。説教をしたり、辱《はずかし》めるような言葉を使わないように、と彼は続け、そんなことをすれば彼らの保身しか招かないと言った。

愛情を込めつつ、動じないもの言いが効果的だ。コールマンによれば、男性の協力が得られる女性とは、男性に参加してほしい、期待している、とはっきり主張できる人なのだ。たとえて言えば、もうやることは「決まり！」とみなし、あとはどうすればやり遂げられるか、だけを考えるタイプだ。躊躇《ちゅうちょ》したり、何をしてほしいのか曖昧であったり、自責の念にかられたりしていると、成るか成らないかは、夫の善意次第ということになってしまう――それはあまり二一世紀的ではない（あるいはオプラ・ウィンフリーの言うように「あなたの扱い方を教えるのはあなた」）。「戦い続けるんです」と、コールマンは私にコーチしてくれた。「『頼んだけど、彼には断られました』と言う女性が多いんですよね」と、彼は笑った。「でもそれって、まだ一ラウンド目じゃないですか！」

ということで、ある日の晩、娘が寝静まった後に私はトムに少し話があるのと言った。彼はまるで、クリップボード片手のグリーンピースの活動家に「少しお時間をください」と話しかけられたような、ぎょっとした目で私を見た。「悪い予感がする」と、警戒していた。「夜中に電話が鳴る時みたいだ」。でも、新聞を横においてくれた。

ありがとうと言ってから、「意図を明確にした会話」をはじめる必要があるとカウンセリングを受けてきた、と伝え、一呼吸置いた。「あなたが一生懸命働いてくれていることには感謝しているし、シルヴィーの面倒をみてくれていることにも感謝してる。でも、同じ時間、私も働いてるというのに、家事と子育てはほとんど私」（問題を中立的に述べる）。「もう疲れたし、幸せな気分じゃないし、腹も立つの。私たち夫婦の関係はうまく行ってない。子どもが生まれたら、家族はもっといろんな役割を果たすべきでしょ。だって本当に多くのものごとが動いているんだから」。

「私が全部やっていることに対して、後ろめたく感じることがあるって言ったよね。あなたが私を無視したり、ティーンエイジャー（おっと、誰かをおとしめる言い方だった！）みたいな態度をとるかわりに、自分なりに家の中のことをやったら？　私と喧嘩なんかしなければ、あなたは後ろめたさを感じなくてすむし、私はもっと幸せになれるわけだし、子どもだってしっかり育つんだし、私たちの生活だってもっと平和になる。平和に暮らしたくない？　平和を愛さない人なんていないよね？　抵抗することでエネルギーを無駄にするぐらいだったら、どうしてそのエネルギーを必要な作業に使わないの？ 自信がないのであれば、私が仕事を割りあてる。いったん仕事が終われば何も頼まないと誓うわ。そして、ケイトリン・モラン〔訳注：イギリス人ジャーナリスト、コラムニストで、著名なフェミニスト〕が、そうするべきと言ったとしても、フィフティーフィフティーをお願いしているわけでもない」。

そして彼のフェアプレイ精神に訴えたのだ。ダラス在住の心理学者で女性問題のエキスパートであるアン・ダンウォルドは、専業主婦であれば、自分だってあなた（夫）と同じように働いている、と伝えればよいという。そして、とにかく家事は厄介だ。なぜなら、少なくとも彼（夫）は大人に囲まれて終日過ごすことができるけれど、あなた（妻）は、とにかく手のかかる赤ん坊を相手にしているのだから。会社の休日のパーティーでもない限り、大人はあなたに向かって嘔吐《おうと》したり、あなたを手探りで探したり、発作的に号泣したりしないからだ。

「夫は、私が子どもとずっと家にいるからといって、「のんきに暮らしている」って言うんだけど」と友人のサラは言う。「彼には、「僕がオフィスにいるときに、君は公園で太陽の下にいるじゃないか」と言うわけ。まったく、いい根性してる。だから「六歳以下の子どもも三人と公園にいるのがそんなに楽だっていうんだったら、なんで週末にやらないの？」って言ってやった。やっぱりそれも仕事だってわかる、だからやらないのよ！ うちの二歳児は道路の真ん中に飛び出すのは楽しいことだって思ってる！　ずっと厳戒態勢よ」。

生物人類学者のヘレン・フィッシャーは、人間にとって最も困難な仕事は、間違いなく子育てだと断言する。ダンウォルドはクライアントである専業主婦の母親たちに、週末に夫の助けがなければ、あなたは週に七日働いていることになると伝えるのだそうだ。「いいですか、政府の労働法が、八時間勤務の場合、毎日二〇分の休憩二回と、三〇分の昼食タイムを定めているんです。あなたが一日八時間寝ているとすると、残りの時間は八時間のシフト二回分働いていることになる。だったら、合計すると、一日に二時間二〇分、休む必要があるということ。でも、どうやったらそんなに休めるの？」こうして数字で示せば、大方の男性には理解しやすくなるだろう、と彼女は言った。「彼は昼に一時間休んだかって？　ええ、きっとね。仕事帰りにジムに寄ったのかって？　だったらあなたは彼に、「週の時間を計算して、公平にしましょう」と言えばいい。公平は同一という意味ではないです。ただ単に、フェアであるという意味です」。

やはり専業主婦の私の友人のジェニーは、ビジネスで用いられるようなこの論理を夫に当てはめる。「働く人の多くが、家庭を職場と比較すればわかってくれるはずでしょう。つまり、職場も家庭もすべてを把握できる快適さを感じる領域という意味で」と、彼女は言う。「私は友だちに、家庭生活も、事実上多機能のビジネスだって思うように勧めてるわ。二四時間営業の、ちょっと変わったレストランであり保育園であり、病院のようなビジネスよね」。

先に話を進めよう。要望《リクエスト》するのだ、無理矢理《ディマンド》やらせるのではなく。「私たちの多くがリクエストには応えるものです」と、著書『愛を伝える5つの方法』がミリオンセラーとなった、牧師であり結婚カウンセラーのゲイリー・チャップマンは言う。「『昨日、掃除機をかけてくれたよね。すごくうれしかった』と伝えるのが好ましいですね」と、チャップマンはサウスカロライナ独特のゆっくりとした、心地のよい声で言った。「そしてもしあなたが、『できたら……で、いいのだけれど、次からはバスルームを使ったらシンクに落ちた毛を拾っておいてくれないかな』と言えば、あなたの配慮を察して、彼は、きっと『わかった、そうするよ』って言うでしょう。わかりますよね？」尊重されることを強く望んでいるのです、と彼は付け加えた。それは男性だけのものではなく、人間の感情なのである。

この助言はけっして目新しいものではない。神様が山上の垂訓《すいくん》〔訳注：『マタイによる福音書』五章三節から一〇節に記されている幸福についての説教〕で、人にしてもらいたいと思うことを、人にもしなさいと語っているのだ。デール・カーネギーの著書『人を動かす』には、人々は正しい理解と優しさに感謝し、批判と怒りをあらわにされれば腹を立てるとある。これは一九三七年の言葉だが、私たちはこれを今も繰り返し、繰り返し諭《さと》される必要があるのだ。

コールマンはチャップマンに賛成する。「心理学の条件づけでいう「積極的強化（陽性強化）」〔訳注：学習や条件づけによって反応を維持して、それを強めること〕に訴えるのはお気に召さないでしょうけれども、たいていの場合、そうする他には手伝ってもらえないのです。だから、とにかくやってみなければいけないのです」と、彼はため息をつきつつ言った。「友好的になるにも、敬意を表すにも戦略がいるんですよね」。

そして私の要求は、ある魔法の言葉を使えば叶う可能性が高い。その言葉は「〇〇したいから（because）」だ。ハーバード大学の心理学者エレン・ランガーによれば、理由を述べてもらえれば、人はしばしば訴えを聞き入れようとするものらしい。それはどんな理由でもいいのだ。ランガーはコピー機の前に並ぶ人びとを観察した（そう、一昔前の話です）。誰かに先に使っていいですか、と訊ねられても、理由がわかれば、しかも、その理由が意味をなさないものであっても（「コピーを取りたいから、先にこのコピー機を使わせてくれないかしら？」）、ほとんど全員がそれを受け入れたのだ。「〇〇したいから」という言葉は、行動の合図《キュー》になるように思われるので、その理由が馬鹿げていても、結果は出るのだ（汚れているから、汚れをきれいにしてくれない？）。

効果的でないのは「今日はこれこれをやります」のようにアナウンスすることだ、とコールマンは続けた。なぜなら、すでに触れたように、男性は、他人の命令では動かないことを主張するよう社会化されているからだ。アナウンスする代わりに、コールマンは、これは交渉だと思って、仕事内容を伝えるようにすればいいのでは、と教えてくれた。「「片付けなければならない五つの仕事のリストはこれ。ここから三つ選んで」というのもいいでしょう」。

夫を動かすために、夫に対して複数の戦略を同時進行させるなんて、正直言って、イライラする。でも、いくら男性が一昔前に比べて多くの家事をこなしているとしても、トイレ掃除は今でも説得が難しい仕事だ。社会は家事に熱心に取り組む父親をつい称賛する。セレブリティの男性が育児に積極的なパパとしてイメージを作り上げる様を多く目にするようにもなった。彼らは抱っこひもをつけてパパラッチに写真を撮影され、愛らしい子どもの写真をソーシャルメディアに投稿する。現代においては、育児もできる父親がかっこいいのだ。「俺は完全にウーバーの運転手だね」と、苦笑いしながら引退後の生活を語ったのは、サッカーのスーパースター、デイヴィッド・ベッカムだった。「送り迎えする学校が四校あるからね」。

父親たちは、家族の朝食として作ったウェボス・ランチェーロス〔訳注：トルティーヤの上に目玉焼きとチリソース、野菜などを載せたメキシコ料理〕の写真を、熱心にインスタグラムに掲載するものの、彼らは畳んだばかりの洗濯物の写真を投稿しようとは、まず思わないだろう。なぜなら、現代においても、男性が家事をすることはクールじゃないからだ。ニューハンプシャー大学の調査によると、家事をする姿が映っているコマーシャルは全体の二・一パーセントだという。

それでは、どのようにして彼らに家事を促したらいいのだろう？　コールマンはゲーム理論を使いながら説明してくれた。最初の仮定はこういうものだ。「あなたが夫に家事の交換条件として差し出すものは何？、自分の力をどんなふうに使って夫を動かしたい？」配偶者に、家の中の行いを変えればより幸せになり、よりリラックスし、直接的なメリットもあることを伝えるのだ。そして、彼にとって価値のあるアイテムを使って取引をするのだ。それは、あなたから彼に与えるのが時として難しいものがいい。一人の時間であり、寝坊であり、例えば大学時代の友だちで、いまだにトイレシートなどのニックネームで呼ばれている、あなたがまったく会いたくないタイプの友人と会うことである。

トムにとって価値ある取引アイテムは、長距離自転車旅行ではないか、とコールマンが指摘してくれた。「「あなたのために喜んで」と言えば、「あなたのために」と言っているんだから好意や親切からなされる提案であり、元々彼にその権利があったわけではないことが明確になります。「でも、家にいる間はもう少し手伝ってほしい。手伝ってほしい仕事を言うから、協力してくれたらうれしい」と言います」。落ち着いて。具体的に。ビジネスのように。もう決まったことだという前提で。

＊

私ははしゃぎながらトムに近づき、チャップマンとコールマンから教えてもらったセリフを口にしようとした。「今度はなに？」と、彼は読んでいた本を横に置くと、観念したように言った。

「今朝、シルヴィーの宿題のチェックをしてくれて本当にうれしかった」。「それから、ベーグルを買ってきてくれたこと。天国みたいな気分」。

彼は新しくなった妻を疑うような目つきで見ていた。

「それで、ちょっと考えていたんだけど、もしできるのであれば、今週末、シルヴィーをボーリング場まで連れて行ってくれないかな。誕生日パーティーがあって。私は行く気がしないんだ」と言い、彼に笑いかけた。「おねがい」と私は付け加えた。

普段であれば、私は喜んで娘を誕生日パーティーに連れて行く。誕生日パーティーが嫌いな人がいるのも知っているけれど、私はおおはしゃぎした子どもとか、風船とか、顔にペイントするなんてことが大好きだ。特に、スーパーマーケットで売られている、スプリンクルがたっぷり振りかけられた大きな四角いケーキが大好きなのだ。「ハッピーバースデー！」の声と共にそのケーキが運び出されてくると、私はいつもシルヴィーに鋭い視線を投げて、「マミーが好きなもの、わかるわよね？」と合図するのだ。シルヴィーはいつもこくりと頷《うなず》いて、「ケーキの角のところ。だってフロストがたっぷりついてるもん」。

でも、私はボーリングが本当に下手でしょ、と、トムに話した。「それにあなた、一度もシルヴィーを誕生日パー……」おっと、ネガティブすぎる。「それにシルヴィーにとって、楽しいことだと思うよ、パパが一人で誕生日パーティーに連れて行ってくれるなんて」。いいわ。その調子。

彼は肩をすくめて、「いいよ」と言った。

「もしあなたが日曜日に自転車に乗りたいっていうんだったら、その後に私たちをランチに連れて行ってくれればうれしいわ。あなたのためにそうしたいわ」。もう一押し必要ではと準備していたが、彼は頷いた。「わかった」。

こんな感じで、簡単なことだった。友人が「頼まなければ、たぶん手に入らない。だから、私はフィットネスの時間をやり繰りして、クラスを予約して支払いも済ませてしまう。そうすればもう決まりでしょ。友だちと計画を立てたらカレンダーに書き込んでしまう。私は自分の時間を守る方法を学んだの。夫もそうしているようにね」と言っていた。

私たちが後日出会うことになるニューヨーク在住の心理学者ガイ・ウィンチは、子どもが生まれてしまうと、すべてのものごとに再交渉が必要になると言う。「夫婦二人が家庭の経営者なのですから、定期的なディスカッションが必要になります。最低でも二週間に一回は、ものごとがどのように進んでいるか話し合い、何をしなければいけないのか意見を出し合い、それに応じて適切な追跡と微調整が必要になります」と、ウィンチは説明した。私は少しよそよそしい感じがするし、事務処理みたいな感じがする、と違和感を口にしてみた。「もしこれが事務処理のように感じられて、本来ものごとが進むように自然でないと思うのなら、本来ものごとが進むような自然な方法なんて存在しません。カップルは交渉し続けるべきだし、そしてそれにはコミュニケーションと調整が求められますね」という反論が返ってきた。

私たちは彼の助言を受け入れた。遅めの朝食を食べてリラックスしている毎週土曜日の朝のスケジュールに、一五分の経営者会議を組み込むようにした。経営者会議はセクシーでもなければ、楽しくもない。協力的な気持ちになる場合もあるし、時には距離を感じることもある。何をしなければいけないか熱心に話し合うと、法律家のような気持ちになる。しかし、今となっては、私たちの大忙しな日常は決して、自然に答えが出るものではないことがわかった。数週間で私たちの会議は必要不可欠なものになっていった。

ウィンチが言うように、「夫には夫の、妻には妻の必要なものがあります。そして、結婚それ自体には（もうひとつ別に）必要なものがあるのです。夫婦関係は三つ目の存在です。だから、「何が彼女にいいだろう?」とか、「何が彼にはいいだろう?」なんてことは考えずに「何が結婚にとっていいのだろう?」と考えるのです。そしてこれが、より多くの協力や、決断が必要になればチームワークを引き出すのです」。

ある土曜日、私たちは三時間というまとまった時間を交換した。彼は自転車（彼はそれを待ち望んでいた）、そして私にはジムで汗をかくこと、それから友だちとのコーヒータイムだ。私はアン・ダンウォルドが教えてくれたことを心にとめていた。それは、将来、母親が自分を大事にすれば、子どもは大事なことを学ぶのだということ。「男の子も女の子も、お母さんにも必要なものがあることを学ぶのです。それは、彼らが子どもを持った時にもとても大切なことです」。「罪悪感が拭《ぬぐ》えないというなら、「こうして自分に時間を使っているんだから、毎日の生活に戻ったら、思った以上にいい母親になっている気がする。もっと辛抱強く、大らかな母になっている」と言い聞かせるのはどうですか」と彼女は付け加えた。

ジムとコーヒーの時間が終わり、まだ三〇分自由時間が残っていたのに、私はなぜか食料品店に行きたいという衝動と闘っていた。ある研究に書かれていたように、女性の自由時間は、子どもの面倒をみる、家事をするなど、他のものごとで「汚染される」傾向にあることをしっかりと心に留めた。

その代わり、私は無理に公園に行って座ることにした。もし私が食料品の買い物に行き自分の時間を汚染していたら、リスがフェンスの上で気取ってアイスクリーム・コーンを丸ごと食べるところを見ることなんてできなかっただろう。私はじっと座って、物思いにふけった。あれってチョコレートチップ？　あれは絶対にチョコチップだわ。ラムレーズンかもしれないなあ。アイスクリーム屋さんってまだラムレーズン味を売ってるの？　あのリス、コーンまで食べるのかしら？　ああ、ほらね、食べてる、食べてる。

今度は、同性カップルを対象にした調査を参考にしてみよう。各人の得意な仕事を優先する分担だ。職場情報を追跡する非営利団体、家族と仕事協会に委託された調査によれば、同性カップルは家事と子育ての責任を均等に負担する傾向が高いことがわかった。そして、家事は得意なものをそれぞれ引き受ける、という傾向にあった。研究者たちの見方では、同性カップルは社会的な規範をすでに脱しているし、家事分担の方法も革新的にできる、この事実に起因しているのではないか。他方、異性カップルの場合は伝統的なジェンダーの役割に逆戻りする傾向があるというのだ――まるで私とトムのように。

それでも、完全に五〇％の負担を要求することは非現実的だと、ダンウォルド。「徹底したフェミニズムの立場からすれば「完全に、半々に分けるべき」となるでしょうね」と彼女は言う。「私だってフェミニストですが、例えば、あなたが母乳を与えているとしますよね。これは男女半々、五〇％ずつ、ではうまく機能しない。自分にとって都合のいいものでやりくりしなくちゃ」。

それをしっかり胸にしまって、トムと私はキッチンテーブルに座り、お互いが本当に好きな家事と、大嫌いな家事をリスト化した。まず私が宣言し、やり取りが始まった。私は、棚に並べられた新製品を几帳面にすべてチェックするタイプの人間だ。あ、アレ見てよ、シーラーチャー味〔訳注：タイ料理に使われるチリソース〕のポテチだって！　すいません、あれってダークチョコ・バナナ味のピーナツバターかしら？　スーパーマーケットだったら何時間でも見ていられるわ。閉店間際に、アイスとスナックを売る冷凍庫の中で、氷に囲まれてる私が発見されてもおかしくない。

私が食料品の買い出しをする時に気づいたことがある。通路で私と一緒に買い物をしている男性が以前より増えたのだ。市場調査会社のNDPグループによると、四一パーセントの男性が、主要な食料品の買い物の担当は自分である、と答えたそうだ（しかし、これは自己申告だということを念頭に置いてほしい）。別の調査では、ミレニアル世代〔訳注：二〇〇〇年代初頭に成人になる世代〕のパパたちは、最低でも週に四回は食料品の買い出しに行く。これが顕著な傾向だった。男性の買い物客はメキシコ料理のチポトレのように大胆な味や、高タンパク質の製品を好むことが別の調査でわかっている。それに応じて、企業はこういった「マンフルエンサー」〔訳注：influencer〔影響を及ぼす人〕から派生した言葉。影響力を持った男性〕――この言葉は実際にシカゴのコンサルティング企業、ミダン・マーケティングが商標を取得している――を追いかけて、例えばギリシャヨーグルトにプロテインを加えた「ブログルト」などを売り出した。

トムは人混みと蛍光灯が大嫌いで、食料品店を恐れている。ということで、私が食料品の買い出し、娘を習いごとの教室に連れて行くこと、プレイデートの人集め、病院の予約、料理を担当することを条件として、週に一日はキッチンの仕事を休むことになった。私はまた、掃除機をかけ、埃をとれば最高の満足を得られるし、トムのようにトイレ掃除から後ずさりすることはない。トムは喜んで娘の宿題を手伝うし、車とコンピュータに関する仕事、支払い、娘をスイミングスクールに連れて行くこと（「塩素のにおいがなぜだか好きなんだ」）、家庭内のこまごまとした用事、床拭きも好きだ。彼は自ら皿洗いと洗濯を担当してくれると言った。というのも、洗濯室は建物の地下にあるから、洗濯バッグを引きずりながら下の階に行かねばならず、私が大嫌いな仕事なのだ。家事は範囲がきちんと決まっているから、どちらが週に何時間余分に働いているのかなんて議論はなくなり、家事の量も減る。

家事を分配するなら範囲の明確化は不可欠である、と、カリフォルニア大学ロサンゼルス校家族の日常生活センターの研究は示している。「何を、いつ、どうやって家庭内の責任を果たすのか明確でないと答えたカップルは、とても疲れていて、いつも余裕がなく、互いの不満を伝えるのに困難を覚えている」と研究者は記している。

疲れ切っていると答えた人たちは、私とトムがそうしていたように、毎日、その都度、責任の分担をめぐって話し合いをしていた。このやり方自体、すでに破綻《はたん》している。被験者たちを「要求／拒絶」という、人を消耗させるサイクルに閉じ込めてしまっている。逆に、家の中で何をすべきかきちんと把握しているカップルは、分担と責任の話し合いにさほど時間をかけず、互いを監視して批判し合う傾向にもなかった。「家事以外の、彼らの日々の生活も、よりスムーズに動いている印象があった」というのは、当然のことだろう。

エキスパートたちは私に、ここまでやらなきゃという基準を緩《ゆる》めてもいいね、と言った。あまり家事をしていない男性なら、ここで思い当たるふしがあるかもしれない。例えば、なぜ私は夜中まで起きて、娘の五歳の誕生日のためにピンタレスト向きのてんとう虫のカップケーキを焼こうなんて、不要なプレッシャーを自分にかけていたのかしら？　労を惜《お》しまず、たくさんの小さなてんとう虫の触覚をチョコレートで描いていたのかしら？　ついでに言えば、子どもたちは結局、上にかかったフロスティングだけ食べて、他の部分はゴミ箱に捨ててしまったけれど、なぜ私は、あんな手作りのバニラカップケーキなんて焼こうと思ったわけ？

なぜなら、そのカップケーキを焼くことは、私の自負であり自惚《うぬぼ》れだったからだ。私は子どもたち、先生、そしてママ友たちを驚かせたかったのだ。もし私が、本当に娘の誕生日を幼稚園で大成功させたかったのなら、ネオンカラーのフロスティングをチューブから直接カップケーキの紙型に絞り出して、上にスプリンクルを振って出せばいいだけだった。

それに、娘の人生のすべての瞬間を、発達・成長に寄与し豊かな活動にする必要もないのだ。ジョシュア・コールマンから聞いたことだが、「夫の考える、意味のある子どもとのふれあいって何かと思えば、自分がテレビを見ている間に足下で子どもが這い回ることなの」、そんな妻の愚痴をよく耳にするという。コールマンは、子どもを注視している必要などはないし、成長や学習のための分刻みの配慮も必要ない、と答えるという。そして子どもは実際に、パパの足下を這い回ることで何ごとかを学んでいるのだ。

知人のリリーは、子どもと夫との楽しい時間にあれこれ気を揉《も》むのはやめよう、と心がけていると言った。「女友だちとのブランチを終えて帰宅する。すると、家の中が散らかり、夫はテレビを見ていて、子どもたちは他の部屋で遊んでいるのね。明らかに夫が子どもたちと過ごしていなかった様子を見ると、とてもイライラしたものでした」と彼女は言った。「でも今は、家に戻ったら、ただ単にチェックリストを確認するだけにしようと思っているんです。家はまだ建ってる？　はい。子どもは怪我をしている？　いいえ。犬は迷子になっている？　いいえ。終わりよければすべてよし」。

私は時折、親業を放棄しているとトムを責めることがあることに気づいた。ただ単に彼なりのやり方をしているだけなのに。私の考える積極的な参加とは、入念に練り上げられたアートプロジェクトを計画することだ。トムの考えは、自転車のタイヤを買いに行く時にシルヴィーを担《かつ》いで一緒に行くこと（「シルヴィーはバルブと空気圧の違いがわかる」と、彼は誇らしげに言った）。以前は、彼が娘をコンピュータ・チェスの世界に引き込むことに腹を立てていた。制限時間の決まりを作ろうって、お互いが納得したではないかと不服を言った。でも彼はシルヴィーにチェスのルールを教えたのだ――今や、娘はトムを負かすこともある。私とは違って、トムは娘を、何かと自分の趣味の世界に付き合わせたがった（娘の趣味に付き合うのではなく）――それは私自身がやりたかったことでもあった。トムは、注意深く考え抜いた進歩的な育児戦略なんかじゃないよ、純粋に自分の興味だよ、と言っている。

「それに僕は、心底、チェスで彼女を負かそうとしているし、父親って愉快なことがいくらでも湧いてくる、尽きない源泉だって証明したいんだ」と彼は言う。「自分がかつて親しんでいたことに、今、子どもの目を通して再遭遇すると、ほんとにびっくりするよ。その喜びとパワーに対して、もう一度僕の目を啓《ひら》かせてくれる。おまけに、悪循環ならぬ良循環っていうのか、共犯者（相棒）も得られるんだ。自転車友だちとか、バードウォッチャーとか、空想家とか協力的なゴールキーパーとかね。「父親らしい時間」を義務に駆られて設けるより、僕はいずれにせよやりたいことをやるし、やりたいことだから長くやりたいんだ。それがより長く彼女と一緒の時間を過ごすことになるし、興味をシェアできるし、もっと親密な関係を築くことができる。けれども、バウンシーキャッスル〔訳注：お城の形の空気圧式のトランポリン〕にはしばらく行きたくないけどね」。

もう一つ、私はあきらめることを学ばなければならない。ニューヨーク在住で、フォーチューン五〇〇社〔訳注：『フォーチュン』誌が毎年選ぶ全米上位五〇〇社〕のコンサルティングを行う整理整頓のプロ、ジュリー・モルゲンスターンに私が電話した際、トムに対する苛立ちを話してしまった。なんと、あの大富豪でもあるオプラ・ウィンフリー〔訳注：アメリカで最も影響力が強いとされるテレビ司会者、女優、慈善家。彼女が司会をつとめていた『オプラ・ウィンフリー・ショー』はアメリカ国民から絶大な支持を得ていた）のクローゼット管理を担当した彼女に、である。トムは洗濯係を買って出たくせに、例によってランドリーバッグがパンパンに膨れあがり、巨大な水生哺乳動物のマナティーのサイズになるまで洗おうとしないのだ。「なるほど」と彼女は言った。「それじゃあ私からあなたへの質問なんですけれど、長いこと洗濯物をため込んだとして、洗濯物を山と積みたくない、というあなたの強迫観念を別にすると、何が負担なのですか？　実際に何が起きるのですか？」私は彼女に、彼は自転車乗りなので練習着がいつも一緒くたになっていて、ランドリーバッグの中はガスが充満し、においが苦痛なのだと伝えた。それに、自分の下着が足りなくなることだってあるの。

「わかりました。あなたの言い分はもっともね。ただし、「始末できるものが山積みになっているのを見るのが大嫌い」と考えるのなら、それは感情的です。もしあなたがイライラしても、誰もやる気を出しませんよ。洗濯物が溜まりに溜まっているという理由であなたが彼とのセックスをやめれば話は違いますけどね」。多くの喧嘩の原因になった私の苦痛や負担とは、「実際のところそんなに多くないよ」という彼の答え方そのものにあるのでは、と自問自答した。もし彼のだらしなさがキャビネットの内側に隠れていて、私に見えないものであれば、もし彼の定期購読誌が私の行く手を邪魔しなければ、それは私にとってまったく「負担」ではないのだ。忘れてしまえばいい。

私の新たな気楽な心構えには、必要ではない家事を減らすことも加えるべきだろう。レンジで温めるチキンフィンガーを食べたいような子どもの食事が、いつも手作りの必要があるだろうか？（私の友人の息子は「もっとゴムっぽくして」と言うので、彼女は親切にもう一分レンジで熱するそうだ）。部屋の中はすべてきちんと片付いている必要はあるだろうか？　子どもは毎晩お風呂に入らなければいけないだろうか、一日おきじゃダメなのだろうか？

そして私たちは一日中ずっと忙しく、元気よく、なにか「有益な」ことをしていなければいけないのだろうか？　休みなしに働くことには中毒性がある。でも、それは間違いだと、二人の子どもを持つヒューストン大学教授のブレネー・ブラウンは警告する。「私たちが文化として無制限に手にしてきた、最も狡猾《こうかつ》で、たぶん潜在的に最も危険な対処法は、忙しくすることです」と彼女は私に言った。「その背景を探れば、私たちは無意識のうちにこう考えている、とわかるはずです。「もし私がずっと忙しくしていさえすれば、私がどれほど腹を立てているか、どれだけ憤慨しているか、あれもこれもこなすために、どれだけ疲れきっているか、こうしたことの真の理由を見ずにすますことができる」ということなのです」。

ブラウンは学生アルバイトでウェイトレスをしていて、仕事はまとめて処理しなさい、と言われたことを記憶している。それは、一度にできる限りのことをする、運べるだけ運ぶ、できるだけヘマをしないことだった。「そこで私は気づいたんです。私は自分の人生もひとつにまとめてるな、何でもいっぺんにやろうとしているなって」と彼女は言った。「赤信号で止まるわよね。そしたら「どうしよう、三〇秒あるわ。メールのチェックをしよう」なんて感じ。私はなんでも同時にできることに、強い誇りを持ってきたんです」。

今、ブラウンは基本的にはノーと言い、スケジュールをばっさり削っている。そうして、彼女自身の人生に穏やかな「ホワイトスペース（余白）」を設けるように心がけているという。「赤信号で止まっても、もう何もチェックしてないわよ」と彼女は教えてくれた。「それに誰にも渡せない、自分だけの時間を確保するようにしているわ。私たちっていろいろなことを計画しますよね。楽しいことだってスケジュールに組み込みます。するとそんなスケジュールのすべてを、リストから消すのが面倒になってしまう」。

それからしばらくすると、静かな状態に体が慣れはじめ、以前より心配事に耐性がなくなってきた、という。「「あら、落ち着いていることに慣れて、夜通し眠ることができちゃってるわ」という状態です」と彼女は言った。「砂糖の摂取をやめてしばらくした後にキャンディ・バーを食べると、ちょっと体調が悪くなることに気がつきますよね。そんな感じです」」。

ということで、自分のスケジュールを確認してみた。娘の放課後の活動と、私自身の週末の約束を少なくした。遠足のたびにボランティアしなくちゃいけない？　いいえ。娘さえあまり知らないクラスの友だちの誕生日パーティーに、私たちまで参加する必要がある？　いいえ。子どもたちが実際親しいかどうか判断するには、六歳の娘に「この子のお気に入りの色は？　ペットの名前は？　何本歯が抜けた？」と聞けば簡単だ。これほど重要な情報なら、仲良しはみんな必ず知っている。

次のステップは、心理学者たちが「決断疲れ」と呼ぶものを全部排除することだ。ジュリー・モルゲンスターンは、可能な限り、身体が慣れて自動的に動くようにするといいね、と言っている。「毎週、手軽に作れるメニュー（同じものでいい）を夕食として五食分作ればいいんです。残りの日は工夫してもいいですし、注文してもいいでしょ」。彼女は、子どもの多くは牛肉の赤ワイン煮込みなんて求めていないと指摘した――彼らはタコ・チューズデー〔訳注：タコスが安くなる火曜日のこと。火曜日のディナーはタコスという家庭も多い〕や、ピザ・フライデー〔訳注：ピザを食べて楽しむ金曜日のこと〕のほうがよっぽど好きなのだ（私もそれは認める。だってタコ・チューズデーになるとちょっとうれしくなっちゃうし）。

ちなみに、キャンベル社は慣れた食材で、いつも同じ料理をきちんと用意する人たちを、内部資料の中で、「いつもの味を楽しむ人」とあだ名をつけている。私の義理の弟のパトリックは、プロのシェフで、普段は情熱的なキッチンマスター（大胆で、度胸のある）だけれど、子どもがスポーツクラブに出かける夜は、ピザベーグルをチンするだけの簡単料理人になる。私のお気に入りの用語は、熱意はあるものの、新しい料理を作る時間がない新米の親を形容するためにキャンベルが考案した、「時間が足りない、物欲しげな親」だ。

特定の邪悪なタイプの家事については、私の配偶者がけっして上達しないことを受け入れなければならない。だから、私は壁に頭を打ちつけることをやめるべきだ。ゲイリー・チャップマンは、妻のキャロラインが、結婚当初、「食洗機にまるでフリスビーでも投げるように皿を投げ入れる」のにイライラした、と言っている。「私は整理整頓が身についているので、これについては長い間言い合いになりましたね」。彼はため息をついた。「最終的に、彼女は生まれつきそうなんだと気づきました。彼女は決して皿をきちんと入れることができない、それをただ私が受け入れるしかなかったんです。だってそうでもしなければ、そして、ついに解決策がなければ、三〇年もそれで喧嘩を続けることになるんですから」。

食洗機の皿の入れ方、これが家事のなかで最も悩ましいものだとわかった。食洗機メーカーのボッシュによると、アメリカのカップルの四〇パーセントが「正しい」食器の入れ方に関して口論したことがあるらしい。

家庭での料理にある決まったやり方があるように、ゼネラル・エレクトリック社によれば食洗機への食器の入れ方に三タイプある。一つ目のグループはプロテクターと判定された。そう語るのは、消費者調査と新商品コンセプト担当者のジェニファー・アダムだ。プロテクターとは、安全性と衛生面に気を配る人。調理器具は持ち手を上にして食洗機に入れることで、食洗機から出すときにフォークの歯が手に触れない。食洗機で汚れが取れなかった皿は手洗いする。キュレーターと呼ばれるタイプは最も厳格な食器の格納者というべきで、他人に強い印象を与えたがる。彼らは細心の注意を払って皿を大きさ別に整理して入れる。そして最後はオーガナイザーだ。彼らはひたすら、すべての食器類をなるべく早く入れて、なるべく早く出してしまいたい人たちだ（ゼネラル・エレクトリック社がオーガナイザーを見分けるために利用している文章をアダムから見せてもらったので、私はこのカテゴリーに入ることがわかった。私が当てはまったのは「イライラしたくない、早く皿を洗って片付けないと」と、「汚れた皿がシンクにある、ってことは、仕事が遅れてるんだ」というものだった）。

二人の子どもを持つ母であるアダムは、家では夫が食洗機に食器を入れ、彼女がそれを出すのだと言っていた。「夫はここ（ゼネラル・エレクトリック・アプライアンス・パーク）で働いているんですよ」。「それでも食器の入れ方が間違ってるんですけど」。「間違い」は相対的な言葉だとも言えるけれど、トムは徹底的に間違っている。彼はグラスを横に倒した状態か、上下逆さまにして入れる。同じく、彼のベッドメイクも間違っていることに私は気づいた。彼なりに必死に努力したのかもしれないが、誰かがベッドカバーの上で寝続けたようなベッドになる。それも暴力的な悪夢でも見たかのようだ。彼がこの二つのうち、どちらかだけでも（さすがに）上達するのでは、という願いをすっかり捨て去れば、私はもっと幸せになるだろう。

＊

私の次の努力は、得点の記録をやめることである。ある土曜日のミーティングの席でトムが友だちと一緒に数時間サッカーをしていいかと聞いてきた。私はいいわよと答えた。サッカーが終わると、彼はシャワーを浴びて、サンドイッチを作り、そしてこっそりと寝室に忍び込んだのだ。それは以前飼っていた私の猫がひっそりと誰にも気づかれず吐く場所を探す様子とまったく同じだった。

私は彼を追って寝室に入った。

私　（腰に両手をおいて）昼寝するわけじゃないわよね。

トム　三〇分だけ。ゲームが終わったら疲れちゃってさ。すごく暑かったんだよ。

私　あ、そう。でも、やることがあるでしょ。シルヴィーの学校の課題を手伝うって言ってたじゃないの。

トム　今すぐじゃなくていいだろ！

私　今すぐよ。

「特別大事な場所・もの・やったこと」に関する記事を雑誌から切り取って、工作用紙にノリで貼るというのが娘の宿題だった。それを彼が手伝うために、ベッドから体を引きはがすようにして起き上がった。その後になって、私は自分が恥ずかしくなった。宿題なんて後からでもよかったに決まってる。彼の独身時代のような週末の過ごし方に本当に腹が立ったから、私はウソの締め切りを言ったのだ。私はすでに三時間を彼に割り当てたというのに、そこに昼寝が加われば四時間から五時間になる。でも、私の通信簿はつまらないものだし、意味もなかった。娘は静かに本を読んでいた。私はビスケットを作った。なぜ彼が昼寝をしたらいけなかったの？　家事の得点を記録しつづけるなんて、エネルギーの愚かな無駄使いだ。私は謝罪して、穏やかで分別のある、新しい感覚を楽しむことができた。

最終的に、多くのエキスパートが私に教えてくれたこと。夫に仕事のコツを覚えてもらい、あなたが引き受けている厖大《ぼうだい》な仕事に感謝してもらう最高の――唯一の、と言う人もいた――方法は、ほとんど顧《かえり》みられることのない技術、すなわち、家を出ることだ。私が知っている多くの夫たち（トムを含む）は、子どもと一日たりとも離れて過ごしたことがない。これは私の責任でもあるし、同じぐらいトムの責任でもある。トムは週末に娘の面倒をみるよ、と言ってはくれたが、私は妹や姉のところに行くための調整が面倒だった。

これも、私なしで二人は生き延びることができるかしら、という、私の自己満足だ。「いいかげんにしましょうよ」と、カップル・セラピストのイーサー・パレルは怒ったように言った。「生活上の困窮からではなく、親は完璧であるべしという文化的な縛《しば》りから、神経が張り詰め、管理過剰になっている、そういったクライアントに対する一番大事な介入は、週末は家から離れなさいと助言することなんです」。私は彼女に、自分はその管理しすぎるタイプなんです、と告げた。「じゃあ一人で出かけなさいよ、お友だちと出かけましょう。ずっと会っていなかった人と出かけるのよ！」とパレルは叫んだ。「子どもは死なないから！　あなたの夫はおばかさんじゃないのよ！　あなたにも自分というものがあって、それは母親であることよりも大きなもの。他の人に任せても子どもは無事だと信じれば、もう少し謙虚な雰囲気が身につくわ。そんなときに、彼らのために食事を作って冷凍して置いて行くことは禁止ですからね」。

ミシガン大学の社会学者パメラ・スモックもそれに賛成する。「彼に有能になる方法を学ばせる。家の管理を分担する方法を学ばせる。このように考えましょう。そうすれば、子どもが父親とつながりを持つことができるようになるってね」。これは、管理しよう管理しようと思わなくなれば、二人の関係で、むしろ舵取りがうまく行く。これはその実例の一つ。

子どもを産んでからというもの、私は一晩として家を離れたことがなかった。私は小さなところから始めることにした。電車ですぐのコネチカットに住んでいる高校時代の友だちを一泊で訪れることにしたのだ。でも、予定の日が近づいてくると、一晩中落ち着かない夜を過ごすのではないか、と心配になってきた。大学時代の女性友だちと旅行に行って戻ってきたばかりの友だちがいた。そこで、私は、夫のもとに残した幼い息子のことを考えてイライラするのをどうやって堪《こら》えたのか、聞いてみた。「シンプルよ」と彼女は言った。「連絡を制限するの。夫には「火災、洪水、出血以外であなたからの連絡は受けたくない。息子がハッピーだとか、よく食べたとか、生きてる以外のメールも禁止」と伝えたの」。彼女はたっぷりくつろぎ、友だちと心ゆくまでお酒を飲んだ。留守宅では何も燃えなかった。

家を離れるのはつらかった。娘は号泣した。私はいつだって娘の周囲一メートル以内にいたし、常にすぐ眼に入る存在であったから。その結果、旅立ちは意図せず最悪のイベントになってしまった。娘はしくしく泣いて私にしがみつき「おねがいだから、行かないで」と泣いた。

でも私がコネチカット行きの電車に乗ると、トムから二人が陽気にミルクシェイクを飲んでいる写真とメールが送られてきた。その日の夜、私と友人は夜遅くまで、かつて十代の若者だった時のように話し合った。私は元気を取り戻して家に戻り、娘は私の腕に飛び込みながら、大笑いして、こう言った。「ダディが縄跳びを教えてくれたの！　公園でネズミを見たのよ、すっごく大きかったんだから！　ダディがパンケーキをひっくり返して、天井にくっついちゃった！　ほらね？　ママのためにくっつけておいたからね！」

＊

褒めること、丁重に接すること、きちんとしたリストを作成すること、これでもうまくいかない場合は、強硬手段に訴えよう。もし彼が協力してくれないというのなら、夕食を作るのをやめるか、洗濯をやめる。「あなたがやらなければ、彼がやるだろう、とあなたにはわかっている家事を放棄する、というのもいいかな」とコールマンは言う。「あなたが支払いの係で、彼が請求書処理が遅れるのに耐えられないのであれば、彼に断固として、でも丁寧に、もうこれ以上請求書処理はできない、責任を持ってやってね、と言うのです。これとこれが、私が今抱えている仕事で、こっちが今から放棄する仕事だって言えばいいのです」。でも、配偶者に本当にそれは困る、と思ってもらわなければ駄目、と彼は警告する。「『もう頻繁にトイレの掃除はしないから、やり方を教えるわ』っていうのではダメなんです。彼はただカビを落としてそれで終わりになりますから」。

私は密《ひそ》かにトムを監視し、彼が見過ごすことができないものはなにか、それを見つけようとした。彼を観察し一週間、ふと気づいた。寝る時間を過ぎても娘が飛び跳ねて遊び、興奮してくると、彼はイライラしはじめる。「もう寝る時間だよ」と、彼は私に言うのだ

（私たちが絶対にどうにかしなくちゃならない習慣が、ここにもうひとつ）。なるほど、と私は思った。彼は本を読みたいし、コンピュータでチェスをやりたくてそわそわしてるんだ！　動機発見！

そこで私は、断固として、でも丁寧に、寝かしつけの仕事はもうやらないと宣言した。「でも、あの子は君のお話を聞いて寝るのが好きなんだよ」と彼は抵抗した。あなたがパジャマを着せて、ベッドに寝かせ、歯磨きを見てくれたら、私がお話をして寝かしつけるから、と答えた。お話は毎晩同じだった。それはピッツバーグで私と一緒に育った、とてもイタズラな男の子のお話で、物語はまだ続いていた。どうやって彼がリビングルームのカーテンに火をつけたか、どうやって屋根に登って近所の子どもに物を投げつけたのか、シルヴィーは彼のいたずらの物語をとてもよろこんだ。「彼が大人になって、どうなったの？」と、ある晩娘はハラハラした様子で聞いてきた。どうも、彼は刑務所にいるみたいよと、まるでお医者さんのように厳粛《げんしゅく》な口調で彼女に言った。シルヴィーはこのスリリングなニュースにウキウキして、眠れなくなるほどだった。

ということで、トムは寝かしつけの担当をすることになった。トムは私のように、何度も水やぬいぐるみを持ってきてあげるような、言いなりになるタイプではない。彼はシルヴィーを厳しい刑務所みたいな規則にのっとって寝かしつけた。消灯！　彼女を就寝時間前に寝かしつける夜もある——こうしなければ、誰にもわからなかった、トムの価値ある技術だ。

新しい仕事の仕分けがこのまま続けられるかどうかまったく自信はないけれど、いまだにテリー・リアルの叱責にびくびくしている状態の私たちにとって、少なくとも、なにか新しいことをはじめるにはよい時期かもしれない。そして、新しく決めた方法が定着するには時間がかかることはわかっている。習慣の定着には二一日かかる、そう一般的に言われているが、イギリスの心理学者のフィリッパ・ラリーの研究では、定着には平均で六六日かかると言っている。私はトムに最低でも数ヶ月は続けてね、と言い含めた。

次は、金切り声をあげずに喧嘩することについて。

4章 ファイトクラブのルール

ある日の午後。娘はダンスのレッスンに参加している。トムと私はキッチンに立っている。彼はコーヒーを淹れていて、私は自分のレシピファイルから、ある料理のレシピを必死に探している。

私　夕食はボローニャ風パスタなんてどう？　何時間か煮込まないといけないから、今から作らないといけないの。シルヴィーを迎えに行く途中でお肉屋さんに寄ることができるけど。

トム　（天井を見つめつつ）ああ。うん、いいけどさあ、最近、肉ばかりじゃない？　だからちょっと肉はなあ……（私の目が突如として地平線にジャッカルを発見したミーアキャットのように、鋭く焦点を絞《しぼ》り、そして動かなくなるのを、彼はちらりと見て確認した）とは言っても、ボローニャ風パスタなんて最高だよね？　何を隠そう、それって……。

私　もう、いいわ！　やめようよ、だって何時間も料理しなくちゃならない手作りのボローニャソースが、いいけどさあなんて調子だったら、もういいわよ！　べつに食べたくもないんでしょ？（想像上の物語を話しはじめる）ネロ皇帝が今夜は肉ではないとおっしゃったぞ、民に知らしめよ！　私の前に誰かがパスタを置き去りにしたって、あなたは気にもしないでしょうよ。私は喜びで涙にくれるわ！（キッチンキャビネットからテイクアウトのメニューを引っ張り出して、彼の前に叩きつける）ほら！　今日のディナーよ！

その日の夜遅く、トムは悲しそうに、カチコチのツォ将軍のチキン〔訳注：鶏肉の唐揚げに甘辛いタレをかけた料理で中華料理店のテイクアウトにある一般的メニュー〕を夕食に食べた。彼は肉料理でも自分はいいのだと示したいために、わざわざそれを注文し、私はピーナツバターサンドイッチをムシャムシャと食べた。私たちは二人とも負け犬だ。

私もトムも、大人として議論する能力を明らかに失ってしまい、まるで砂場にいる二人の幼児のようだった。カップル研究の大御所である、ジョンとジュリア・ゴットマン夫妻以外、誰が私たちを助けてくれるというのだろう？　四〇年以上の研究の末、ゴットマン夫妻は、夫婦間の議論の様子を五分聞けば、そのカップルが結婚を続けられるか、それとも将来的に離婚するかを九〇パーセントの確率で評価できるようになったという。ゴットマン夫妻は、夫婦を勝利者カップルと敗者カップルに分類する。勝利者カップルは、互いの感謝できる点、敬意を持てる点を意識して探し、一方で、敗者にカテゴライズされるカップルは、相手のあら探しのために互いを監視し、批評する。夫婦関係の勝利者になるため、私はゴットマン夫妻の書いた本をドッサリと注文した。

彼らの研究を熟読すると、二人が推奨する会話が少し陳腐《ちんぷ》だと私には感じられることもあった（「あなたがバスケットボールを楽しんでいるのを見るのってすばらしいわ。私はセーリングが楽しい。この気持ち、共有できたらいいわね！」）。しかし、多くのセラピストたちが取り入れている、彼らの言う「成功する議論」への青写真が、驚くほど効果的だと証明されていることは否定できないのだ。

ジョン・ゴットマンは、恋愛関係で命取りになるのは四つの振る舞い、と言う。それを彼は「黙示録《もくしろく》の四騎士」と呼んでいた。一つ目の行動は、批判すること（「マヌケ」など、罵《のの》りの言葉を投げつけること、「あなたは絶対に……」とか、「あなたはいつも……」という言葉を使うこと）。次は防衛的態度で、それは反撃すること、泣き言を言うこと、そして責任逃れが含まれる。議論の途中では、双方が反論を組み立てることに忙しい。だから、どちらも聞く耳を持たず、彼らが名付けた「同じことを繰り返すシンドローム（症候群）」に陥って、自分の意見を何度も口にする傾向にある。こうしたことをゴットマンは明らかにしたのだ（でも私の妹のヘザーはこれを「ロブは、私が六回言っても聞いてないから、私が何度も繰り返すだけ」で、シンドロームではないと反論した。「彼は私の唇が止まるのを確認するまで、頭の中で好き勝手な映像を流してる」)。

三人目の騎士は、越えられない壁を築くことで相手を拒絶し、ゴットマンが呼ぶ、「追う者と追われる者のパターン」を作り上げると定義されている。追跡者は無視されたと感じてよりいっそう攻撃的になるし(これは私のことだ)、距離を置く人は心を閉ざす、あるいはその場から逃げ出してしまう。越えられない壁を築く人の八五パーセントが男性だという。

この動きは人類の絆《きずな》さえ危うくした……ほんの少しだけ。二〇一四年、火星協会〈訳注：火星の探査を目的として設立された国際的非営利団体〉が、火星探索の任務を帯びた宇宙飛行士たちの生活を模擬実験するために、カナダの無人島にドームを建設したそうだ。百日以上かけて、研究者が交流を重ねながら乗組員たちの様子を調査した。乗組員たちがドームを離れていいのは、宇宙服を模したスーツを身に付けた徒歩、あるいは全地形型車両に乗った移動の時だけだった。乗組員のなかで対立が起きると、女性は「任務の対処(あるいは問題解決法の模索)」に努めることが多いのに、男性は「協調行動の拒否」をすることがあった(たとえば、この時とばかり、擬似《ぎじ》宇宙服を着て、全地形型車両目指して出て行ってしまう)。

壁を築くことは消極的に見えるかもしれないが、その影響は重大なものだ。一九七五年、心理学者のエドワード・トロニック博士が「無表情(Still Face)」と呼ばれる実験を考案した。父親か母親、いずれかが赤ちゃんと向かい合って座り、赤ちゃんをあやす。赤ちゃんはクックッとうれしそうに喉を鳴らす。親はこう指示される。顔をいったん背《そむ》け、次いで、無表情あるいは冷淡な表情で赤ちゃんに向き直る。その際、赤ちゃんには一切反応しないように、と。

シンプルな、たった二分の実験動画だが、これを見るのはとても辛い。赤ちゃんはまず混乱し、ママやパパに手を伸ばし、必死になって彼らの注意を引こうとする。そして悲しそうに、まるで希望を失ったかのような表情で顔を背け、そしてまた注意を引こうとし、徐々に神経質になり、狼狽《ろうばい》し、ついには完全にパニック状態となって泣き出すのだ。この実験、大人だったらどうなるのだろうか？

四つ目の最悪の振る舞い、そしてゴットマン夫妻が確たる離婚の前兆と捉えるのが、軽蔑である。彼らはこれを「愛に硫酸を浴びせること」と呼ぶ。皮肉たっぷりの冷笑的な態度、相手が起こした問題そのものではなく、性格への攻撃（「お前は自分勝手だ」）、嘲《あざけ》りの目線、からかい、そして……、ああ、どうしよう、いやみを言うことだそうだ。

私が夫と口げんかをするとき、私は思い切りいやみを言ってしまうのだ。二〇年以上にわたって、いやみの効果を研究してきたカルガリー大学の心理学教授ペニー・ペクスマンは、いやみは会話による交流に壁を築くだけでなく、子どもの前で両親が互いにいやみを言い合えば、子どもを混乱させ、不安にさせるという。

「子どもだから理解できないと思う人がいるでしょうが、四歳か五歳の時点で彼らはちゃんと理解してますよ。それが問題です」とペクスマンは私に教えてくれた。「あなたが本気でそんな言葉を口にしているのではない、ということを子どもは理解していますが、彼らはなぜあなたがそのような話し方をするのか、そんな複雑な事情を全部理解できるわけがないのです（調査からそう明らかになっています）。率直でないことは、子どもには残酷なことです」。

私たちの喧嘩の最中は、騎士が暴れ回っている。時には四人全員が集合するときもある。でも私たちは必ずしも離婚する運命にあるわけではない。ゴットマン夫妻の提唱する、正しい喧嘩のしかたは率直なものだった。

まずは、問題が起きたら相手を非難するのではなく、夫妻の提唱する「ソフトなスタートアップ」を行うこと。「あなた」ではなく、「わたし」を使った言葉で話しはじめるのだ。「あなたは絶対に赤ちゃんと一緒には起きてくれないから、刺してやりたくなる」と言うのではなく、「夜中に赤ちゃんが目覚めた時に、私とあなたで順番に起きることができれば、とても体が楽だし気分がいいでしょ」と言ってみるのだ。

「衝突しているときに本当に大事なことってこれだと思います」と、ジュリア・ゴットマンは私に言った。「あなた自身のことを言葉にするんです。そしてあなたが腹を立てていることを、あなた自身の気持ちを、言葉にするんです。パートナーのことを言ったってダメ。相手のことを言い出したら、問題になるのは明らかです。だってそういうときは、相手の批判や軽蔑になってしまいますから。それをやってしまえば、防衛的な態度しか生み出しませんし、あなたの言い分を聞いてもらえなくなります」。自分の猛《たけ》り狂う感情をはっきりさせるために私は、娘が幼稚園で読んで大好きになった『わたしのきもち』という絵本を、我慢しながら読むことしている。それは私にとっては自分の怒りを鎮《しず》めるための最善の方法だからだ。

次に、自分自身の感情を口にすることである。心理学者のダービー・サクスビーは、カップル・セラピストは「ソフト」な感情を引き出すのだと言う。それは恐れ、羞恥心《しゅうちしん》、そして悲しみを指す。これらは、カップルが戦いに挑むときに着る鎧《よろい》である「ハード」な怒りや防御的態度の後ろに潜んでいることが多いという。行動の裏側に潜《ひそ》んでいる、より深い感情に気づくことがとても大切だと彼女は言う。あなたの本当の気持ちは？　ねえ、傷付いているの？　他の人に責められる前に、自分を責めることを急いでない？　現にあった事実と、あなたが想像していたこととの間に差はある？　私がトムを言葉で攻撃する時の自分の気持ちに、私は気づいた。私の助けてほしいという気持ちに彼が気づかないから、私は傷ついている。私には単調な仕事がお似合いだと彼が考えているように思え、それが恥ずかしいのだ。

自分自身の感情について話すことは、率直に言えば、戦略でもある。例えば、ある日の午後、私はトムに、牛乳とパンとジュースをスーパーで買ってきてほしいと頼んだ。彼はほどなくして独身男のパーティーグッズであるビールとチップスとオリーブを買って戻ってきた（この物忘れのひどさは家族特性でもある。私がこれを妹のヘザーに話すと、そんなこと気にもならないと言った。「私がトラヴィスを生んだ日の朝、ロブは私の朝ごはんを買いにベーカリーに行くって優しく言ってくれたのよ」。「クランベリー・マフィン以外でねと彼には頼んだけど、五分後に意気揚々《いきようよう》とクランベリー・マフィンを持ち帰ってきたわ」）。

それでは、自分自身の感情を口に出すことが、どうしたら戦略的になるというんだろう？　普段は、トムが独身生活を引きずっていると私はいつも不満を口にするけれど、でも私がそれを言ってもトムは、それは勘違いだよ、と言うだけなのだ。そうではなくて、「牛乳やパンみたいな、最低限のものを買い忘れたことにがっかりしている」と彼に伝えるのだ。そんな場合、彼が私のその気持ちに文句を言ったり、疑問を抱くことができる？　私は落胆しているんだから。それに、これだけ正直な気持ちは同情を生む。彼は議論する気が失せ、決まりが悪くなるのだ。私が彼に、店にとって返すように仕向ければ、なおさらだ。

話を前に進めよう。何が起きているのか、判定や批判なしで説明し、人物ではなく特定の問題に焦点を当てることだ（「家の中が汚いし、子どもは走り回っている」）。そして、繰り返しになるけれど、あなたが必要なことを明確に知らせることも大切だ。ジュリー・ゴットマンが言うように、「してほしくないことじゃなくって、してほしいことを言う」こと（最もわかりやすい例は「もうやってらんないわ」という曖昧な表現を避けるということ）。自分が問題の原因を作っていなかったかどうか、自分がしたことを再確認するのだ（「裸足でレゴを踏んだばかりだったから、そもそもイラついていた」）。

（できれば）二人とも落ち着きを取り戻して、歩み寄るための方法を見つけよう。同意できることは何か、互いに質問しあうのだ。フレキシブルに対処できるはずの私たちの問題ってなんだろう？ 私の友人のマイケルは、問題が起きて妻と衝突するときには、シンプルに、互いにこう質問し合うらしい。なぜこれがあなたにとって重要なのか？「見え透いた感じがするかもしれないけど、騒ぎをすぐに終わらせるには効果的だ」。そして自分の気持ちに正直になって考えてみれば、その問題が自分にとって重要なのは、ただ相手との議論に勝ちたいだけ、ってこともあるはず。

最後に、ささやかな言葉、ジョーク、ジェスチャーを使って再び同じチームの一員に戻れるように、状況を修復することだ。「関係の修復を願うからには、お互いに謝罪して、何がそう難しかったのか、何が自分たちを苛立たせてその態度に繋がったのかを説明し、許しを請い、そしてあなたの態度が相手にどれだけのインパクトを与えたのか、パートナーの話を聞くのです」とジュリー・ゴットマンは言った（使うことができる言葉は「もう一度言い直してもいいかな。どうしたらこの状況をよくできる？　今の言葉、取り消してもいい？」など）。

　私は新しいセリフをトムに試してみた。

　私があなたにボローニャ風スパゲッティを作ると言った時、鼻であしらわれたことで悲しくなった（隠されていたソフトな感情）。あなたがボローニャ風スパゲッティを食べたくないって言った時の話をしているの。料理を作るということは、あなたへの愛情の表現の一つ。だからその気持ちまで拒絶されたと感じてしまったのだと思う（何が起きていたのか、責めることなく説明する）。時間のかかる料理を作ると言った時には、もっと喜んでほしい（あなたが必要だと思ったことをはっきりと述べる）。私が作る夕食に感謝していると言うことからはじめてくれるといいと思う。そうしてくれれば、あなたが断ったとしても自制心を失うこともないでしょう（影響を認める）。とはいえ、あなたをクソ野郎だなんて呼ぶべきじゃなかった。それに、最近ベーコンばかり食べていたのは事実よね。レッドフック〔訳注：ブルックリンにあるアーティストの拠点〕で食べたポークサンドイッチのことも忘れていたし。あれ、すごく美味しかったけど、たしかに人間の頭ぐらいのサイズだったもんね（ちょっと皮肉が込められた歩み寄りの姿勢だけれど、何ごとも最初の一歩が肝心）。あなたが肉類の食べ過ぎを心配しているのだったら、ベジタリアン・ディナーを作ってくれるっていうのはどう（修復）？　私はどうしたらいいかな？　あなたにメニューを投げつけることなんてせずに、どうすればいいんだろう？　そもそも、物は投げない方がいいよね？　そうだね。まずはそこからだよね。

＊

もちろん、解決方法がそこまで小ぎれいなものばかりではない。膠着《こうちゃく》状態にある場合、ゴットマンはひとまず中断することを強く勧めている。ゴットマン夫妻が行ったある調査の場合、言い争いをしているカップルの話を遮《さえぎ》り、オフィスの備品を整える必要があると伝えたそうだ。口論となっていた問題については、それ以上話をしないように頼んで、その代わりに三〇分程雑誌を読んで待ってくれるようお願いした。カップルが再び議論をはじめた時、二人の互いへの関わり方が前よりはポジティブとなり、生産性があるものとなった。ゴットマンは三〇分という時間は、「闘争・逃走本能」が放出する化学物質が体から消える時間と同じであると気づいたという。

ニューヨーク在住の著名な家族セラピストのローラ・マークハムは、議論を中断する方法をいくつかリスト化してくれた。散歩をする、部屋を出て深呼吸する、音楽を聞く、自分自身に「私のパートナーはよい人だし、私もそうだ」と言い聞かせる（たとえ私がお前なんか役立たずのクソだと彼に叫んだ後であっても）などである。

「バスルームに行って、顔に水をかけるんです」と彼女は言う。「息を深く吸い込んで、自分を落ち着かせる言葉を口に出して言ってみるのです。例えば「これは緊急事態じゃない。いつかは終わること」などです。穏やかに話すことで、より穏やかな気持ちになり、それに反応するように、相手も自分に対して、穏やかな対応をしはじめることが研究から明らかになっています」。

ちなみにこのテクニックは、配偶者に怒りに満ちたメールを送りそうになったときにも効果がある。ある種のテクノロジーは、それを使うと、面と向かって誰かを攻撃する気分から引き離してくれる便利な道具だけれども、もし激怒しながら夫にメールを打って、その後バスに跳ねられたとして、この世での彼との最後の会話が「またおむつの注文を忘れたのかよ、このクソ野郎」になるのは誰も望まないはずだ。

緊張を緩《ゆる》めるもう一つの方法は、「コーヒーにしましょう」と宣言することだ。コーヒー中毒だったとされるフランスの文豪バルザックに匹敵するほどコーヒーを飲むトムは、この提案で気が紛《まぎ》れるようで、私たち二人にとってもよい休憩にもなるし、協力し合う雰囲気にもなる（もし夜間に口論がはじまった場合は、「ワインにしましょう」ということもできる）。

小競《こぜ》り合いが終わり、きちんと関係の修復ができたら、喧嘩を何度も思い出し、反芻《はんすう》しないこと（これは私の気晴らしのようなものなのだが、一般的には女性の方が何度も繰り返し立ち帰る傾向にあるとする調査結果がある）。幸福をテーマとする研究者であるソンジャ・ライウボマースキーは、著書『幸せのつくりかた』のなかで、何度も何度も過去の事例を振り返り反芻すれば、悲しみは深くなり、問題解決能力は低下し、モチベーションは枯渇《こかつ》し、集中力も殺《そ》がれる、という研究があると書いている。「なお悪いことに、過去に拘泥《こうでい》することが、自分や問題の洞察を深めると信じ込んでいる人間が多いけれど、そんな事例はまずありません。何度も考えることで得られるのは、自分の人生に対する歪《ゆが》んで、悲観的な展望だけだ」とも言っている。

このことを念頭に、私はトムにこう言ってみた。喧嘩の最中、その場から逃げずに私に向きあう努力をしてくれるなら、もう前に二人で話したことをぐじぐじ考えることはやめる、と約束した。そして私は決して（ちなみにもう一つの趣味なんだけど）、寝室の電気を消す瞬間に過去の問題を蒸し返さないとも約束した。

＊

さて、次は子どもについて話を進めよう。ベストを尽くしたにもかかわらず子どもの前で爆発してしまった場合には、直ちにダメージコントロールをすること。

セラピストのアン・ダンウォルドは、徹底的に公平な立場を取ることができるなら、実際のところ、子どもが親の感情の爆発を見ることは悪くないと言う。なぜなら、人間は互いに怒りをぶつけてもいいのだし、それでも愛し合うことができると学ぶからだ。「二つのものごとが共存できるのです」と彼女は言う。「でもそれはフェアでなければなりません。「このバカヤロウ」というよりは、「私は今、あなたが口にしたことでとても腹を立てている。どうやって解決できる?」でなければなりません。私たちが人間であるということを子どもに見せるのはいいことです。親だって自分にダメージを与えるような強い感情を抱くこともあります。だから、立ち直るためには、努力しなければならない。謝罪をするための努力も必要です。だから、子ども自身が激情に駆られたとしても、何かを破壊してだめにしてしまっただけなんじゃないか、なんて感じずにすむのです」。

配偶者を罵《ののし》っていたら、子どもも口げんかにはそう対応するものだと考えてしまう。テキサス在住の家族セラピストのカール・ピックハードは「もしあなたが相手に怒鳴り声をあげたり、悪態をつけば、子どもは「意見の違いに対抗するには、もっと強く主張し、声を張り上げ、きついことを言って思い通りにすればよい」と考えるでしょう。私自身、早口でまくし立てるような人間を見て育ちましたが、自分の子どもに対してはそんなことをしない道を選ぶことはできます。私自身がそうでしたから。責任を持って、自分の選んだ道をしっかりと見据えて、そう振る舞えるように練習していきましょう」と言った。

マークハムは、娘に対して我慢していることが、参考になるんじゃないかな、と言ってくれた。「あなたがショッピングに行きたいのに、娘さんが公園に行きたいなんていう時、フラストレーションを感じてきたのだろうと思います。怒鳴りそうにもなりますよね?

でもあなたは、自分を抑えて、必死に努力して、忍耐の限りを尽くして、娘さんの言うことを聞き、お互いにとっていい解決法を見出そうとしてきた。でも、それには対立を解決するために子どもに怒鳴るなんて方法は入っていなかったはずですよね。だからこそあなたに言いたいの。これは期待じゃないわ、大きな目標よ。パートナーと怒鳴りあいのない関係を維持することだって、もちろんできるんです」。

もちろん可能だろう。でも今の時点でその見込みはないのだ。マークハムと話をした二日後に、夕食の席でトムが、ワインの国カリフォルニアを一週間かけて自転車で走る旅にギリギリで申し込みを済ませてきたよ、二日後に旅立つつもり、なんて言ってきたのだ。それに、私に相談もなしで、娘の放課後のチェスのクラスへの参加を申し込んだという。

「絶対にダメ」と私は言った。「放課後の習い事はもう二つもやってる」。

「そう言うと思ったよ」と彼は言った。「でも俺たち二人とも山ほど仕事を抱えてるだろ。それにもう授業料は払ったし」。

「なぜ私に相談してくれなかったの?」と私は言ったが、徐々に声が大きくなっていた。口論に火がつき山火事になったあたりで、私はテリー・リアルが私たちに教えてくれた、クローゼットのドアの向こうで喧嘩をするという指令を思い出した。でも、私たちの狭いアパートのドアは安普請《やすぶしん》で隙間だらけだ。私はiPadとノイズキャンセリングヘッドフォンを持ってきた。「これをつけてマインクラフト（訳注：ブロックを配置して建物などを作っていくゲーム」をやっておきなさい」と私はシルヴィーに言った。そしてトムを寝室に引っ張り込むとドアを閉めた。

喧嘩はあっという間に他の問題に飛び火した。彼は私が常軌《じょうき》を逸《いっ》している、なんて言うもんだから、私はいっそう激昂《げきこう》した。私は泣き出した。「シルヴィーが来てしまう。いったん中止しなくちゃだめだ」とトムが言った。

私は慌《あわ》てて涙を拭いた。「そうね」と私は言った。喧嘩をやめるという動機が、お互いへの愛情に起因するのではなく、二人が共有する、娘への愛情に由来するとしても、それはそれでかまわない。シルヴィーが少し後に部屋に入ってきた時には、私たちは落ち着いていた。でも念のため、マークハムが私に渡してくれた、子どもの前で冷静さを失った時に読む言葉を、シルヴィーに語りかけた。ごめんね。怒鳴られていい人なんていない。あなたのパパだってそう。一生懸命がまんしたのだけれど、ママは時々失敗しちゃうわね。でもね、がんばってるから。あなたのこともパパのことも心から愛してるってわかってほしい。いつだってパパと相談していくからね。私はトムにハグし（本物のハグ）、シルヴィーは笑いながら、彼女が「オイルサーディンの缶詰め」と名付けた遊びをするために、私たち二人の間に割り込んできた。

私が見たところでは、シルヴィーにダメージはなかったと思う。私が完全にクールダウンしてから、トムには自分の感情の爆発の後ろに控えている「ソフトな感情」を率直に告げた。彼が長期間自転車の旅に出ると、私は寂しくてたまらないのだ。そして、率直に言えば、私が食物繊維の大切さについて原稿を書いている最中に、彼がブドウ畑を走り抜けてお金をもらえることに嫉妬しているのだ。それに、自分が働き過ぎていることに罪悪感を持っているから、シルヴィーの習い事を増やしたくはない。たとえそれが放課後の数時間であっても、彼女との時間をこれ以上失いたくないと私は彼に訴えたのだ。一人しか子どもがいないことの悲しさは、すべてのできごとが、最初であり、最後であることなのだ（幼稚園に登園する最初の日、彼女を車で送り届けると私は大泣きした。幼稚園の先生が、私を慰めなくてはいけなかったほどだった。徐々に私の悲しみが他の子どもに伝染していき、泣きはじめた子が出てきたため、私は家に戻るよう遠回しに言われたのだった）。

私はシルヴィーの部屋に入っていった。ピックハードが私にアドバイスしてくれたように、私たちの喧嘩をシルヴィーがどう考えているか、少し聞いてみたかった。自分たちが子どもにどう思われているかを知ることは、役に立つし、驚かされることもある、と言うのだ。私は机に座り、ハミングしながら紫のカエルの絵柄に色を塗っている彼女の側《そば》に行った。

私　ねえ、聞きたいことがあるの。パパとママのことなんだけど、ママはどうやってパパとお話をしたらいいと思う？

シルヴィー　ママが大きな声をだすのはきらいだよ。だってダディが悲しそうだもん。

私　ママがダディに大きな声を出しちゃうとき、どんな気持ちになるか教えてくれないかな。

シルヴィー　ママがダディに大きな声を出すのを聞きたいなって思うときもあるよ。だっておもしろいし、お部屋からのぞいて見てみると、ダディがグランピーキャット〔訳注：インターネット上で話題になった、しかめっ面をした猫の名前〕みたいになってるんだもん。

私　怖くて、とても嫌な気持ちにしちゃうことってある？

シルヴィー　ダディとママがお話ししてないときがいやだな。だってなんでなのか、わからないんだもん。

＊

ストレスの溜まった状態の、親になったばかりのカップルが離婚調停を避けるためにできる重要なステップが残っている。相手の良いところを探すのだ。これはゴットマンの言う「三つのA」だ。愛情（affection）、感謝（appreciation）、そして賞賛（admiration）である。

彼らの分析によると、ごく普通の日常であれば、カップルの振る舞いは、ポジティブなものが二〇に対して、ネガティブが一の割合になっているはずなのだそうだ。ところが喧嘩をしている最中となると、この比率が五対一になってしまう。でも、ポジティブな振る舞いは、ほんの些細《ささい》なジェスチャーでもいいのだ。笑顔、アイコンタクト、聞いていると知らせるために頷《うなず》くこと、簡単なジョーク。

この、形勢をがらっと変える小さな（ネガとポジの）比率の変化が、日々のやりとりの私の語調や雰囲気に注意を払うきっかけになった。私たちは、実際に、どれだけ互いにやさしくしているだろう？　最初の一週間は、ざっくりと回数を数えてみた。私たちのコミュニケーションはうんざりするほど事務的だとわかった。誕生日パーティーは何時？　サッカーの練習用のすね当ては買った？　私たち二人のポジティブな触れ合いはほとんど、シルヴィーが眠りについた後、彼女についての話題に限られていた。私たち二人だけの関係性は徐々に消えつつあった。それは私たちが受け取るクリスマスカードのようなものだった。いったん親になってしまえば、主役の座を譲ることになる。子どもだけがそこに残り、親は行方不明になるのだ。

トムが私のキーボードをきれいにしてくれる。そんな思いやりのある行為も「ポジティブ」な触れ合いとして数えてきた。心配になったので、私たち二人に判断のつかない触れ合いでも、それが気持ちのよいものであれば、ポジティブとして数えていいのかを、ジュリア・ゴットマンに聞いてみた。「たとえば、私が夫に「はい、コーヒーよ」って、とてもやさしい声で言ったなんて場合はどうなんでしょうね」と尋ねてみたのだ。

彼女はしばらく考えた。「ええ、ポジティブでいいと思いますよ」と彼女は答えてくれた。私は安堵《あんど》のため息をついた。

それでも、私たち二人のポジティブな触れ合い比率が低いということは、私たちに対する、日頃のつながりを強化せよ、という警告でもあった。幸せな結婚生活を送るカップルは、パートナーからつながりを求められれば、それに頻繁に、そして継続的に応じる、とするジョン・ゴットマンの著名な研究結果がある。彼はそれを「応答要請」と呼ぶ。

トムが新聞を読むと、彼はきまって「うーん、これって興味深いな」と言う。これが「応答要請」であり、注意を向けてほしいという微《かす》かなアピールなのだ。もし私が「あら、何を読んでるの?」と返せば、この反応はゴットマンの言う、パートナーに「向きあう」ことになる。私は彼が求める励ましを与えたということになる。もし私が彼の「応答してほしい」という要請を無視すれば、それは私がトムから「顔をそむけた」ことになる。あなたが座ると見るやいなや、注意を引こうとする手のかかる子どもがいる場合は特に、こういった配偶者の応答要請に気づくのは難しいかもしれない。配偶者の応答要請は、わずらわしいとか、うっとうしいという理由で払いのけられることもあるけれど、それでも彼らがほしいのは簡単なつながりである場合がほとんどだ。短い会話や笑顔、元気づけられる言葉などだ。

今や有名になった、新婚カップルを対象とした研究がある。ジョン・ゴットマンが、一見すると取るに足らない応答の要請と返答が、夫婦の幸せに大きな影響を与えていることを実証したのだ。六年間におよぶ追跡調査で、彼は離婚に至ったカップルの「応答に向き合う」行為は他に比べて三分の一程度だったことを発見した。いまだに結婚生活を送っているカップルの「応答に向きあう」振る舞いは、応答への要請の九〇パーセントに及んでいた。「調査結果が示しているのは、お互いに相手に向き直ることができれば、互いのためにそこに存在することができれば、より幸せな関係を生み出すということなのです」とジュリー・ゴットマンは私に話してくれた。

私は以前トムが私に投げかけていたかもしれない応答要請（しかも私が見逃してしまった要請）について考えてみた。そしてわかったことは、男性とは、人間の姿をしている「おとり広告」だということだった。

道を隔てたアパートを双眼鏡で見て「エッ」。

ポケットに入った小銭を確認して、「おっとこれはすごいことが起きたぞ」。

『ニュー・サイエンティスト』誌を読みながら、「うなぎの驚くべき生態だ」。

人もまばらな急行列車内で、乱暴な雰囲気の男性が私の方にずかずかと歩いて来て、ドスンと真横に座り、ため息をついた時にも彼の応答要請に気づいたほどだ。「なんて日だ」と彼は、疲れ切った様子で口に出していい、私をすがるような目で見ていた。

＊

配偶者のよい点を積極的に探し、その長所を相手に伝えるようにすれば、相互理解の練習にもなる、とゴットマン夫妻は言う。

ただ単に、よい点を考えるだけではダメだと、生物人類学者のヘレン・フィッシャーは言う。愛情のこもった言葉を配偶者に毎日投げかけることは、彼らにとって励ましになるばかりか、自分自身の助けにもなる。ストレスホルモンであるコルチゾールを減少させ、血圧を低くし、免疫システムを向上させ、その上コレステロールのレベルまで下げるというのだ。

この習慣ってどれだけ重要なのだろう？　ジョージア大学の研究者たちによると、長続きしない結婚生活と長続きする結婚生活を区別するのは、必ずしも、カップルの口論の頻度ではないのだという。むしろ、口論していない普段の生活において、互いがどのように相手を扱うかによるそうだ。感謝の表現は「結婚生活のクオリティの、最も安定し、一貫した予測因子」だった。シンプルな「ありがとう」という言葉の力が、非常に大きいことがわかったのだ。

感謝の気持ちを表に出すことは、互いに助け合う「善行のサイクル」を生みだし、あまり感情表現をしない相手でも時間の経過とともに徐々に感謝を口に出すようになり、よい感情をどんどん作り出すのだ。これを心に刻んで、私はことあるごとにトムに感謝するようになった。必要ではなかったけれど、どうしても欲しがっていた新しいストライプ柄のバックパックを娘に注文してくれたこと、家族でテイスティングをするために、半ダースのチョコレートバーを持って帰ってきてくれたこと。いまは「新時代《ニュー・エイジ》」が「感謝を示そう」という態度を促しているような気がしてちょっとむかつくけど、自分が結婚した男性よりも頻繁に、荷物の配達にやってくるアンドレに対して丁寧に感謝を伝えることよりは、ヘンというわけではないでしょ？

　私の友人のジェニーは二人の子どもを持つ母親だけど、彼女は夫に、「ありがとう」と口に出して言うことは、とても安い買い物なのよと伝えているという。「母親ってすごく働き者だよね」と彼女は言う。「職場とか学校とは違って、家庭では誰も「よくやった」なんて言ってくれないでしょ。昇給もなければ報酬もない。ボーナスなんてあるわけがない。実際には、報酬の正反対のものばかり投げつけられる。叫び声、文句、むかつく態度。だからこそ、ありがとうって言葉は大きな力になるのよ」。そして男性だって感情的なハイタッチが必要だと彼女は付け加えた。「「パンケーキを焼いてくれてありがとう」って言ったり、「子どもの足をつかんで、まるでケータイみたいに話しかけたの、あの子、大笑いしてたわよ」なんて言ってみる。こういうちょっとした褒め言葉の種って、いつか大きな花を咲かせると思うんだ」。

「ありがとう」と同じぐらい重要なのが、シンプルな「はい（イエス、同意の合図）」という言葉だ。

ジョン・ゴットマンは、彼の調査成果はソルトシェイカー〔訳注：塩を入れておく小瓶〕の比喩を使えばわかりやすい、と言っている。塩の代わりに、「はい」という方法を詰め込んで、それを夫婦の会話や身ぶりに振りかけるのだ。うん、それってすごくいいアイデア。はい、私もがんばるわ。うん、それって楽しそう。これを言い合うカップルは、添い遂げる傾向にあると彼は言う。

頻繁に触れあうカップルも同じだそうだ。腕を軽く握るだけでも、ストレスホルモンであるコルチゾールを低下させ、信頼を生み出す脳のホルモン、オキシトシンの放出を促《うなが》すらしい。ヘレン・フィッシャーによると、ただ単に誰かの手のひらや腕を触るだけで、触った側の顔の温度と体温が上昇するそうだ（彼女は「人が温めてくれるのよ」と言った）。

ということで、トムが近くを歩くと彼の腕を触ったり、映画を一緒に見る時、彼の足に自分の足を絡《から》めたりした。もっと踏み込んで、喧嘩がはじまりそうになると、彼の手に自分の手を伸ばした。あまりにも腹が立って、生きた齧歯類《げっしるい》をつかんだほうがマシだと思っていたとしても。そうすると、私はすっと落ち着くことができた。自分のすぐ近くにいる人に対して大声を上げるのは難しいものだし、慣れ親しんだ彼の手の輪郭は、彼が化けものではなく、私が結婚した男性なのだと思い出させてくれた。

身体的な接触って、どれだけ重要なんだろう？　二〇一〇年、カリフォルニア大学バークリー校の科学者が、プロバスケットボール協会に所属する各チームがプレイするゲーム内で行われた身体相互の干渉を、チェストバンプ〔訳注：胸を合わせる行為〕からハイファイブ〔訳注：手のひらを合わせる行為〕まで、すべて調査し、分類集計した。ほとんど例外なく、身体的な接触の多かったチームが高い勝率をあげた（調査時はボストン・セルティックスとロサンゼルス・レイカーズだった）。成績のよいチームは成績の悪いチームに比べて、選手同士の身体的な接触が多い、という結論が出された。

結婚にもっと当てはまる例はないかしら？

愛情を示す行為は、些細《ささい》なものでも重要だ。カリフォルニア大学ロサンゼルス校による家族調査では、家族のメンバーが帰宅したときの挨拶や、帰宅に気づくというほんのわずかな行動が、「親子関係や夫婦関係を育てること」に対して重要だと指摘しているのだ。

私自身、家庭生活の慌《あわ》ただしさに翻弄され、身動きが取れずに、トムが終日家を留守にして戻ってきても、顔すら上げないことが多い。でも、お帰りと声をかけること、軽くキスすることがそこまで大変なことだろうか？　そして私は、子ども、仕事、あるいはスケジューリング以外の話をする時間を、夫と一日一〇分設けていると教えてくれた友人のアドバイスも取り入れることにした（最初の数回は、びっくりするほど話題がすぐ底をついた)。

　たしかに、「良いところを見つける」には、努力が必要だ。私が別の友人に、家では自分が透明人間になったような気分だと不満を漏らすと、彼女は出張で夫と二人の子どもと離れて、驚きの発見をしたと教えてくれた。「一週間、家を留守にしたわけ。夫は途方に暮れたって言ってたわ」と彼女は言った。「彼が言うには、私が太陽で、私以外の家族は私の周りを回る存在なんだって」と、彼女は笑った。「まあ、そうね、そのイメージは大好きよ。イライラした時は、それを思い出すようにしているわ」。

　トムが「奥さんをもっと大切にすること」というテリー・リアルからのメッセージをないがしろにし、私の誕生日を忘れたときにこれを試してみた。誕生日は土曜日で、彼が忘れていることに気づいた時にはショックを受け、とても落胆した。再びベッドに潜り込んでしまったほどだった。これがトムとシルヴィーに軽いパニックを引き起こした。ママはベッドにいるの？　昼間に？　今度はなんなんだよ？

　二人が寝室のドアの向こうでそわそわと動き回っているのが聞こえてきた。しばらくすると、トムが家を飛び出して、ケーキと花を買ってきた。その間にシルヴィーは「ママ、あいしてる」と書いたカードを作ってくれた。彼らが不安になった原因の一部は、私が毎週土曜の朝に用意する、特製ブルーベリーパンケーキを作らなかったことだろう。それは知っている。でも、娘が言ったように、「ママがいつもの場所にいなかった」こともまた原因だった。陽の当たるテラス近くの、私が好んで読書をする場所だ。ベッドの横に立つ彼らの不安な表情を見て、たぶん私も二人にとっては太陽なのかもしれないと思った。

それでも、私の太陽にも限界はあるんです。このエピソードの後に、私は、自分のストレスが、私にとって大切な記念日をトムが覚えているかどうか心配することから生じるんだ、と気づいたのだ。母の日の二週間前に、私は彼に「母の日にはここに行きたい」と書き、レストランの予約ページのリンクを記載したメールを送った。また、「プレゼントにほしいものは、以下の三つ」と書いて、各リンクも記載しておいた（これで少しは、心ときめく要素はある）。そして最後に、「また具合が悪くなって寝込んでほしくないなら、注文したと知らせてね」と書いた。

ロマンチックかな？　いいえ、違うよね。でも、これで私はストレスを減らすことができる。セラピストが言うように、私は「自分の味方であり続けた」のだ。私は直接的な要求をして、自分のほしいものを伝えた（いずれにせよ彼は、私にほしいものを聞くのだし）。「夫」、「忘れた」とグーグルの検索枠に入力すると、検索予測キーワードで「私の誕生日」、「二人の記念日」、「また私の誕生日」と出てくる。それであれば心配事をなくせばいいじゃない？

これは私にもう一つの重要なポイントを気づかせてくれた。パートナーの中によい点を見つけると同時に、見て見ぬふりをするのもいいことだと脳科学が私たちに教えてくれているのだ。ヘレン・フィッシャーとパートナーは、長く幸せな関係を築いている親たちの脳スキャンを行い、長期間のパートナーシップを持つことで脳内の三つのエリアの働きが活発になることを発見した。「一つは共感する力に関係した部分です」。「もう一つは自分自身の感情をコントロールする場所、最後はポジティブなイリュージョンに関わる場所（つまり、パートナーの好きじゃない部分を見ないですます能力）」と語った。ベンジャミン・フランクリンが『プーア・リチャードの暦』〔訳注：アメリカの政治家で著述家のベンジャミン・フランクリンがリチャード・ソンダーズという名前で二五年にわたって記した暦〕で書いたように「結婚前は目を見開きしっかりと見て、結婚後は目を半分閉じるべし」ということだろうか。

喧嘩を避ける！

女性が夫に言わない方がいいこと（実際の発言から）

九ヶ月もあの子をお腹に入れてたのは私だってことは忘れないで。
そんなシリアルの食べ方、あの子は好きじゃないわよ。

子どもへの母の愛に勝るものなし。ああ、悪い意味じゃないわよ。あなたのことだって、愛してるけど。

これらの言葉を読んで、イギリスのオープン大学で行われた研究を思い出した。何千人もの親たちが、あなたの人生で最も大切な人の名前をあげてください、と請われたのだ。母親と父親の答えの違いは注目に値する。三分の二の父親が妻やパートナーと答えたのに対して、母親たちの半数以上が子どもだと答えたのだ。

でもこの結果は、それを直接夫に言う必要があるという意味ではない。トロッコ問題〔訳注：誰かを助けようとして、他の誰かを犠牲にしてもいいのかという倫理学で問われる課題〕について、公園で一緒になったママ友から聞いたこともあるし、別のお母さんたちも賛成して頷《うなず》いていたことでもある。もし事故があったとして、夫と子どもが崖からぶら下がっていたら、私は子どもを助ける。絶対に間違いないってね。

私もたしかにこう宣言している（ドラマチックだ）。私たちが伝えようと努力していること。それは、母の子どもへの愛はとても強いものだから、自分の大事な人でも犠牲にするだろうということ。責任は感じる。声を大にしてそう言うことで、疚《やま》しくもあるし、わずかにヒロイックな気分にもなる。でも、崖なんて存在しないブルックリンで、なぜ私は無抵抗な夫を谷底に突き落とすシナリオを描いているの？　こんな災害が起こる可能性なんてとても低いというのに。これって誰のためにもならない。

夫が妻に言わない方がいいこと

もっと静かに食洗機に食器を入れられないの？　アトランタ・ファルコンズがもう一点入れそうなんだけどなあ。

ジャックの靴下はどこだ？（ちなみにジャックは七歳）

（一番下の子どもを指さして）なんでこいつはこんなに暴れてるんだ？

娘たちの夕食は？

子どもに言ったんだ、「ママが何をしてるか見に行こう！」ってね。

ジャスティンよりはいい夫だろ！（ちなみにジャスティンはストリップクラブの常連で、妻にケジラミを移した男）

お互いのいい点を探すと決めることは大変だ。そして、この気高《けだか》い決意を実際に行動に移すのは、驚くほど難しい。トムは、私のことを基本的に大切だと感じていることに、私の方が気づくべきだと考えている。「僕の気持ちはわかるだろう？　なぜ口に出さなくちゃいけないんだ？」と、彼は言う。スロベニア人哲学者で、「理論派の暴れん坊」の異名《いみょう》を持つ、スラヴォイ・ジジェクの「誰かを愛するのに理由がいるのなら、それは愛じゃない」を口にしたこともあるぐらいだ。でも彼が感謝を言葉で言い表してくれないと、私のやったことはあたりまえ、みたいに受け取られたんだな、と感じてしまう（母親はこの強い感情を抱く時がある。特に、幼児がひどい下痢をしても、ごめんなさいカードを送ってくれない時は）。トムはニヒリストの哲学が女のハートを射貫く最善の方法ではない、とわかっていないようなのだ。

私はどうかと言えば、よい点を見なければならないとは頭では理解しているものの、長い間の習慣から抜け出せずに、どうしても自分が彼に感じる苛立ちに目が行ってしまう。もっと深いところでつながりあえるように、再び彼と友情を築くことができるように、プロに背中を押してもらう必要があると私は考えた。通いやすい、ニューヨーク在住のカップル・セラピストに助けてもらうのがいいだろう。

トムは再び誰かから分析されることに気乗りはしていないようだったが、彼は第三者に私たちの関係を検証してもらうことには興味を持っているのだ。セッション後のマンハッタンでの贅沢なランチをご褒美にすることで、彼はしぶしぶ納得してくれた。私の頭にはすぐに、以前、健康関連の記事を書くためにインタビューした、ニューヨーク在住の心理学者ガイ・ウィンチの名前が浮かんだ。ウィンチはとても魅力的で、ドライなユーモアのセンスを持ち合わせており、トムと気が合うのではと思ったのだ。

はじめての面談の日、私たちはフラットアイアン地区にあるウィンチのオフィスのドアの前で、彼が中に招き入れてくれるまで、落ち着かずにうろうろとしていた。彼は身ぎれいで背筋がすっと伸びていて、髪は短く、優しげな目をしていた。

私たちは、オフィスの窓に映る喧噪《けんそう》とはかけ離れた、静かな彼のオフィスに座った。カウチはとても柔らかくて、横になりたい衝動と戦わなければならなかった。セッション中に眠ってしまった人はいないのかしら。

ウィンチはイスに深く腰を掛けて足を組んで、なぜ訪ねてきたのかと私たちに聞いた。私たちは、一ヶ月前にテリー・リアルのところでやったように、もう一度二人の間にある葛藤について洗いざらい話した。セッションのほとんどがその話だった。

「ガミガミ言うのはイヤなんです」と、私は話の最後に言った。「疲れてしまうんです。高校生の時は、クラスのお笑い担当だったんですよ、私。私って基本的には楽しい人間なんです、わかっていただけますか、ウィンチ先生！」

彼は重々しく頷いた。「お笑い担当だったということですね」。ははーん、何をしようとしてるかわかるわよ……と、私は考えた。ミラーリングしているのよね。人質解放交渉専門家から教わりました！

互いに対する怒りを乗り越えられないことが原因で、私とトムは愛情表現もしなくなってしまった、と打ち明けた。ウィンチにボローニャ風スパゲッティのエピソードを話しながら、私はふいに話すのをやめてしまった。

「こんなことまで言うなんて、本当にバカみたいですね」と私は言った。「すごく些細なことなのに」。

ウィンチは私の心配を払拭してくれた。「今まで二〇年間カップルを見てきましたけれど、世界平和をめぐって喧嘩したなんてカップルはまだいませんから」。

彼は両手の指を合わせて身を乗り出した。「感謝されていないと感じているんですよね、あなたは」と彼は言い換えた。

「そうですね」と私は言い、まるで告げ口しているかのような気持ちになった。「彼と子どもの面倒をみていることについて彼に感謝を示してほしいと言うと、それはできないっていうんです。私にとっては大きな意味があるっていうのに、彼は全然……」

「感情を出さない」とトムが割って入った。「いちいち言葉にするとか、求められると難しいんです。なんというか、あがり症なんです」。

ウィンチが頷いた。「多くの男性が芸を仕込まれた動物になったような感情を抱きますよね。『ワンワン！』ってな感じです。ジャンシーが褒めてほしいと頼むと、君は『彼女は僕に指図《さしず》している』と考えるわけです。でも、もし君がその訴えを『彼女が不安になっているんだから、落ち着いてもらうために、僕にも何かしらできそうだ』と組み替えられれば、それは彼女の指図なんかじゃなくて、彼女にいま必要なことなんだ、って考えることができるようになるのです。彼女の手を握ることだってできますよ」。

ウィンチは控えめに時計を見た。「次のセッションまでに課題を仕上げてきてください」と彼は言った。彼は私の方を見て、「ジャンシー、トムがパートナーとしてあなたに与えてくれていることをリスト化してください。親としての役割も含めて」。

私は持ってきたメモに注意深くそう記した。「ポジティブなことですよね？」

彼は笑うのをやめた。「ええ、そうです。「与えてくれている」となったら通常……」

「そうですよね」と私は早口で返した。

「なにげない態度、彼がなんの気なしに見せる思いやりのある態度のことです。そして、なるべく詳しく書いてくださいね。そして、別のリストには、あなたを苛立《いらだ》たせることを書き出してください。よいこと対悪いことという観点から、そのスペクトラムを見るのは興味深いと思いますよ。些細なことで口論すると、よいことも悪いことも膨《ふく》らんでしまいます。全体像を失って、アパートの混沌と同じ、他のものが見つからなくなってしまうんです」。

カップルが長い間共に過ごすと、互いを単純化することになってしまいます、と彼は付け加えた。パートナーを立体的で複雑な人間から、より平面的な戯画《ぎが》のようにとらえてしまうのだ。「常に文句を言い続ける仕切り屋のようなものです」と彼は言って、私の方を見た。ちょっと待ってよ、アタシ？

「そしてあなたの認識がそのように歪められている時には、その認識を補強してくれるものすべてを無意識に頭にしまい込む。そして、補強しないものは、すべて無視です。それを繰り返すと、あなたの認識は現実の正確な再現ではなく、ごくごく狭い、不正確なものになってしまうのです。これは徐々に進むプロセスですが、あなたは今、このプロセスと闘って、自分が他人の複雑さに気づくようになりたい、と願っているわけです」と彼は続けた。

次に彼はトムにも課題を出した。彼は、私の大好きなところを詳しくリストにしてくるように、と指示を受けていた。同時に、彼には、私を悩ませる問題の救済策があるとして、どんなものが考えられるか、それもリストにしてくるように、という指示も出された。

作成したリストはお互い見せないように、ということだった。

＊

宿題をこれ見よがしに提出したい従順な生徒のような様子で、次のセッションには少し早めに到着した。ウィンチはトムの思いやりのある行動のリストから見せるように私に言った。

「読み上げたほうがいいですか？」と私は聞いた。「いいえ。トムに対して読んであげてください。そして、彼に読んで聞かせている間の彼のリアクションを見てください」。

なぜか不安になりながら、私はリストをバッグから引っ張り出して読み始めた。

怒鳴られるのが怖くて、街で運転する自信がない私を、彼は車でどこにでも連れて行ってくれる。

週末、私と娘を公園や植物園に連れて行ってくれる。

私が家にいられるように、娘の養育費用を二年間支払ってくれた。

運動のために夕方娘を連れ出してくれる。ピアノの教室、スイミングのクラス、それからチェスのトーナメントにも。

いつも私を笑わせてくれる。

私が大嫌いなコンピュータの設定をしてくれる。これは本当に大助かり。

去年の夏、両親の新しい家の外壁を塗ってくれた。暑いのに、毎週末。

突然、私は胸がいっぱいになって、リストを読めなくなった。「トム」私は彼の腕に触れながら言った。「あんなに暑かったのに、週末になると外壁を塗ってくれたよね！ ガタガタのはしごに登って！ スズメバチの巣もあったのに！」私の頬を涙が流れ落ちた。

「あなたは両親にとてもやさしくしてくれた。私にだってやさしくしてくれたのよ」。

ウィンチ博士が「家はどこだったんですか？」と割って入った。「ニュージャージー州の北部？　それはすごい。決して近い場所でもない」。私は落ち着きを取り戻すと、続けた。


彼は知的な刺激になってくれている。いつもおもしろい映画を探して見せてくれるし、興味深い本を教えてくれるし、楽しい場所に連れて行ってくれる。

映画は時々、気の滅入るようなルーマニアのもの、そう、孤児がチャウシェスクの独裁を生き延びるなんてものだったりするけれど、それでもその気持ちには感謝している。

毎朝コーヒーを淹れてくれる。

出張から大急ぎで帰って来てくれる。

娘に辛抱強く読み書きを教えてくれた。自転車の乗り方を教えてくれた。

娘が求めるときはいつも、彼女とゲームをしてくれる。それは最低でも一日一回はある。

娘の頼みは絶対に断らない。それは彼が大嫌いなことだってそう。お人形を売る店、それから朝九時の「バランスハウスの開店時間」に合わせて、高速道路近くのバランスハウス〔訳注：テント式のトランポリン〕に行くこと。そこには彼が大嫌いな要素が集まってる。やかましいクラブミュージック、蛍光灯、叫び声、吐く子ども、そして怪我するリスク。

休暇の旅行の計画を何週間もかけて立ててくれる。

とてもやさしくて、声を荒げることは決してない。


私はここでまた読めなくなった。「また泣けてきちゃった」と、私は言葉を詰まらせながら言った。「メモが見えなくて」。

「後ろにティッシュの箱がありますよ」とウィンチが言った。「トム、何か言いたいことはある？」と彼は続けた。

トムは少し居心地悪そうにしていた。「こんなことやったことなかったら、不思議だなって」と彼は言った。

「誰もやりませんよ」とウィンチが返した。

トムは肩をすくめた。「なかには『そんなに特別なことじゃないよ？』って思ったのもありました。でも、ジャンシーの言葉を聞いて僕も涙が出ました。こうやって改めて聞くと、不思議ですね。ある意味、フィードバックみたいです」とトムは言った。

「『ある意味』ではないんですよ。これは完全なるフィードバックなんです」とウィンチは言った。「職場の半年間の人事考課じゃありませんが、もしこれがそうだとしたら、昇給ものですよ」。彼は前に乗り出してこう言った。「いいですか、質問をさせてくださいね。

ジャンシーが書いたあのリストを他の女性たちが読むとして、彼女たちの多くは、この夫のことをどう考えると思いますか？」

トムはこのような立ち入った質問には慣れていないから、心を閉ざしはじめた。「そうですね、ええと、忠実で、思いやりがあるとか？　そんな感じでしょうかね。ある意味、丁寧だ、くらいには思うんじゃないでしょうか？　たぶん行動的というか、感情的に安定してる、そういう感じでしょうか？」

ウィンチが彼を止めた。「でも、率直に言えば、一行一行に、感情を読み取ることはできますよね？」と彼は微笑んだ。「僕には、あのリストに書かれたあなたはまるで、スーパーマンのようでした。「キラキラした感情表現なんてできないよ」と言うでしょうが、このリストを読む女性の多くが「すてき。彼って兄弟がいるのかしら？」って感じるでしょう。僕には、たくさんの愛を感じることができた。愛と献身にあふれています。言葉で言うより、行動することのほうがずっと大事なんです。そうすれば本当の気持ちを見て取れるから」。

トムは頷いた。「興味深いですね。ソーシャルメディアではフィードバックがとても多いじゃないですか。賞賛とか、いいねとか。でも自分自身にいいねなんてしないし、ましてや夫婦関係ではしないですし」。

「そうです」とウィンチは言った。「でも、常に気を配るというのは難しいことですよ。

だからこのエクササイズが効果的なんです。だって、彼女があなたの行動にどれだけ気づいているか、どれだけ感謝しているか、どんな意味があるのかなんてわかりませんからね。親御さんの家の外壁を塗ってくれたことに触れながら、彼女は涙していました」。

ウィンチはすべてのカップルにこのトレーニングを勧めている。「時間を決めて、互いの目を見ながら、読むのが大事です。そしてメモに書かれていたことが、あなたをどんな気持ちにさせたのか、話し合うのです」と彼は言う。このトレーニングの効果は、数ヶ月、場合によって数年持続することもある。

カップル・セラピストのイーサー・パールはこの意見に賛同している。パートナーに、あなたのために時間をかけた、あなたのことを考えていた、あなたに正直に話している、と口に出すことほど効果的な意思表示はないのだという。大切な気持ちをまとめて、それを声に出して読む、これを同時に行えば、「すべてを変えます。秘伝のソースを加えてくれるんです」。

＊

ウィンチは、トムのことで私が苛立ちを覚えるのはどんな点か、そのリストを読むように私に言った。私は期待を抱かせる明るい雰囲気を台無しにするのがイヤだったけれど、でも読み始めた。

彼は私の誕生日を忘れました。子どもが生まれるまでそんなこと一度もなかったのに。自転車での旅行の計画だったらこだわり抜いて考えて、忘れ物なんて一切しない人間だというのに。

ウィンチは穏やかな表情でトムを見た。「よく男性には言うんですよ。カードの威力はすごいってね。本当にすごいんです。カードを買いに行ってすてきなことを書くたった数分が、最大で、最高の投資なんです。たしかに難しいことってあります。でもカードを書くのは難しいことじゃありません」。トムは大人しく頷いて、私はリストの先を読んだ。


彼に何か頼むと、彼は私を無視するか、「あとで」と言う。

彼は私が作る手の込んだ食事をガツガツ食べる。一日三食作る時もある。そしてありがとうを言わない時が多いし、皿をシンクに入れることもしない。

私が娘のためにしている仕事を認めようとしない。多くは目に見えない仕事。

彼は娘のことは褒めて、彼女を愛していると言うけど、私には言わない。

喧嘩の後、彼は謝るとか、喧嘩について話すことすらしない。突然、何ごともなかったかのように、別のことを話しはじめる。私はそれがおかしいと思うし、不快に感じている。

ウィンチはゆっくりと頷いた。「二種類のリストを同時に聞いてどう思いましたか？」

「すごい違いですね」と私は答えた。「よいことのリストは長かったし、それぞれの振る舞いは、なるほど意味があると思わせるものでした」。

次にトムが彼の宿題を引っ張り出した。彼が私を大事にしているということを、どう行動で示せているか、その詳細を述べたメモだ。彼は不安そうに話しはじめた。

彼女が作ってくれる料理や、毎日の小さなことに常に感謝をすること。例えば、「牛乳を買ってきてくれてありがとう」という感じで。

一人になれる時間を彼女に与えること。

彼女に答えること。もっと彼女とコミュニケーションを取り、受身にならないこと。

自制心を失ったり、つまらない駆け引きをしないこと。「あとで」じゃなくて、自分がやることについてもっと具体的になること。すぐやることは、そう難しくない。

誕生日など、特別なイベントを忘れないようにすること。

娘の食事をもっと作ること。

誕生日パーティーや遊びの約束に娘をもっと連れて行くこと。

ジャンシーが娘の支度で忙しい時など、「どうすればいい？」と聞くことができるだろう（私の友だちのジェニーが大好きだという、魔法の言葉「俺に任せろ」でもいい。「本気でそう思っていてくれたら最高だけど、とりあえず、会話の中に「俺に任せろ」を入れちゃえばいいのよ。本当に「任せてくれていい」かどうかなんてわからなくったって、そんなのどうでもいい。気分が良くなるし、安心させてくれる言葉だから」と彼女は言っていた）。

そしてトムは、私の大好きなところを書いたリストを読んだ。

君は僕を笑わせてくれる。それは深い心のつながりで、僕たち二人が分かち合う特別なものだ。そして今、僕ら二人の楽しい関係の中には、シルヴィーが加わっている。君は素晴らしい母親だ。今まで知らなかった君の姿を見るのは大好きだ。そして僕はもっともっと君を好きになる。

君は僕の親友だ。君以外に一緒に時を過ごしたい人、話をしたい人、朝、一緒に目覚めたい人、静かに目配せしたい人なんていない。ロマンチックな愛は多くの賞賛を浴びるけど、僕のこの気持ちだって小さなものじゃない結婚して一五年、トムが私を親友だと思ってくれているなんて知らなかった。「後ろにティッシュの箱があるよ」とウィンチがまた教えてくれた。

＊

ということで、私たちは互いにやさしい言葉をかける努力をしはじめた。とてもぎこちないし、居心地が悪くなることが多かったけれど、それでも私たちはやることにした。トムにとってはより難しいようだった。ジョージタウン在住の言語学者デボラ・タネンは、男性と女性の会話スタイルには違いがあると的確に述べている。彼女曰く、女性は「思いやりを持った会話」をする傾向にあり、それは個人の経験に焦点を当て、互いの関係を築こうという方法だが、男性は「報告の会話」を好み、個人に関係のない話題を取り上げる傾向にあるという。

トムが好きなのは、誰か特定の人とは関係のない情報提供だ。だから、私とシルヴィーの姿を偶然見た時に、うしろめたいような気持ちになった、と告白してくれたのはうれしかった。シルヴィーの寝室のドアを開けた彼が、私とシルヴィーが、彼女が作ったゲーム「ユニコーンランド」を一緒に楽しんでいる姿を目撃したのだ。

彼は父親らしい愛情にあふれた声で「なにをしているのかな？」と言った。シルヴィーは、自分が作った壊れやすい魔法の巣をトムが壊したと言って腹を立て、彼にドアを閉めて出ていくように言ったのだ。私は何も言わなかった。ユニコーンランドへと続くラビリンスのルールを彼に教えまいとしたのだと思う。それは呪文とパスポートと秘密の言葉が複雑に混ざったものだった。彼は後になって、自分が一家の団欒から追い出されたように感じたんだよ、と言っていた。

毎日、あらゆる振る舞いに気を配るのは、とても疲れることだ。常に神経を張り詰めた状態でいなければならない。コミュニケーション。調整。これから数ヶ月の間、私は何度も休憩（タイム）を取り、娘の写真を引っ張り出して、呼吸を整え、怒りの波が過ぎ去るのを待つだろう。私はテリー・リアルが私に教えてくれた言葉を忠実に繰り返す。私が今、してしまいそうになったことがあなたを傷つけることはわかっているけれど、今現在は、あなたよりも私の怒りの方が大切なの。タイムを取ることは、自分の不安定になった感情を「私」のメッセージにし、自分の必要とするところを明確にして、自分の声を中立的なものにするのにとても役に立っている。私たちがお互いに、より愛情を込めて接するうちに、口論することが日増しに苦痛になってきた。

私は継続的に自分自身にこう言い聞かせることにした。娘の面前で、私たち夫婦が愛情をもって振る舞えば、彼女はもっと安心できる、と。子どもに実例を示すようにすれば――精神科医が言うところの観察学習《モデリング》だ――子どもの発達に戦略的に生かすことができる、とイェール・ペアレンティング・センターのアラン・カツディンは言う。「観察学習は大事ですよ」と彼は私に教えてくれた。どれだけ影響力があるっていうの？　研究結果を見ればわかると彼は言う。脳内にはミラーニューロンと呼ばれる特別な神経細胞がある。誰かが何かをやるのを観察している時、私たちの脳内のミラーニューロンが活性化される。まるで、観察対象の行動を自分が模倣《もほう》するみたいに。「私が机の上でホッチキスを持ち上げたとします。そしてあなたは私を観察している。その時あなたの脳は、あなたの手の動きに相当する細胞を活性化させます。あなた自身がホッチキスを持ち上げたことと同じになるのです」と彼は言う。「ある行動を観察することは、その行動を実際になすことによって作られるのと同じ神経回路を生み出す、そう示唆されているのです」。

私はカツディンに、敬意を持って人と接しなければならないと、何度もシルヴィーには教えてきたと話した。でも、娘は私が彼女の父に敬意を持って接していない姿を何度も観察しているのだ。「ある意味、両親が自分たちの責任に気づかないのは悪いことではないと私は思うんです」と成人した子ども二人の父であるカツディンは、同情するように言う。「だって、親の行動が常に観察されているってことなんですから。本当に疲れますよ。たった一度、交通渋滞で下品な言葉を口にすれば、家で一〇回は聞かされることになりますからね。「たった一度のことだ」と親としては言えますが、それは関係ないのです。ミラーニューロンは一回の観察をあっという間に感知して、しっかり脳内に取り込むのです」。

娘の前ではお互いに、いっそう思いやりを持った行動をすること、そして私は娘に、私たち二人がどのように出会ったのか教えよう、という考えがひらめいた。というのも、両親が家族の物語を子どもに話して聞かせると、子どもは多くの恩恵をこうむる――さほど目立たないが、徐々に注目されつつある研究について学ぶ機会があったからだ。

エモリー大学家族の対話研究室の心理学者によれば、家族の来歴をよく知っている十代の若者は、気持ちの落ち込みや不安を抱える率が低く、対処技術に優れ、自己肯定感のレベルが高いことがわかった。研究者たちは、「これはおそらく、家族の物語が、世界や自分を理解するためのより大きな語りの枠組みを提供するからではないか。数世代にわたる継続の感覚が、安定したアイデンティティを促すからだろう」と理論づけた。

ということで、私たちは家族の物語を確かなものにするため、そして私たちの関係が何年も続いてきたことを伝えるため、娘に二人が交際をはじめた頃の話を聞かせることにした。一九九九年の出会いからはじまるその物語は、幼い彼女にとっては一世紀ほど前の出来事に感じられるだろう。ほどなくして娘は昔語りに参加するようになった。

「はじめてダディに会ったとき、それはブラインド・デート〔訳注：知り合いからの紹介を通じて、見知らぬ人とデートすること〕だったの。パパはとても恥ずかしがりやで、緊張してて……」

「バブルラップ〔訳注：気泡緩衝材〕がどうやって作られたかっておはなしをしてくれたんでしょ！」と、シルヴィーが陽気に付け加える。「そして子どもの頃、『ダンジョンズ&ドラゴンズ』っていうゲームを何時間も何時間もプレイしたって教えてくれたのよね」。

「そうよ。ダディはとっても『ダンジョンズ&ドラゴンズ』が好きだったのね。きっとダディは緊張してたのね、とても長い時間、そのお話をしたの！　それって大人がはじめて会った日にするようなことじゃないから、ちょっと変わった人過ぎるかなって最初は思っちゃった。マミーはその時『ローリング・ストーン』っていう音楽の雑誌で働いていたから、ダディはマミーがおてんばで夜遅くまで遊んでいるんじゃないかって心配だったんだって」。

「マミーは私より早く寝ちゃう時だってあるのにね」と彼女は言った。

「そうよ。八時四五分までもたないときもあるもんね。それでね、ダディと話せば話すほど、ヘンな人って素敵だなって思ったの。そして、ダディはそれまでマミーが会ったなかで、一番おもしろい人だったのよ」。

しばらくすると、シルヴィーは私たちの物語を記憶するようになった。それはある意味、彼女の物語になったのだ。二人ははじめてのデートで映画を観に行った。そしてその時、ダディはマミーの腕に手をからませた。マミーはダディとつきあって二週間で、結婚したいと感じたの。マミーはダディが泣いたのを二回しか見たことがない。マミーがバージンロードを歩いてダディと結婚する時、そして娘の私が生まれた日の夜だったそうよ。

5章
やれやれ、やっと月曜日
週末を嫌いにならない方法

金曜日の仕事の後、私は妹のヘザーに連絡をして、少し会わないかと誘ってみた。彼女は教師をしている。その時彼女は、学校から食料品店に車で急いでいる最中だった。運転中にケータイを使わなくていいように、彼女はスピーカーフォンに切り替えて、膝の上にケータイを置いたようだった。

今夜、彼女は三つ子のためにパジャマパーティーを開くのだと言う。一番下の息子の友だちの三つ子が、三人まとめて遊びに来るというわけだ。「スナックがないからプライス・チョッパー〔訳注：ニューヨーク州に本社のある量販店〕に行かなくちゃならないの」と彼女は言っていたが、膝の上に置いたケータイのせいで音声がこもっていた。「それからディナー用のスパゲッティも買わなくちゃ。あ、それから朝ごはんもいるなぁ。男の子たちのお泊まりって、その家の親が完璧な朝ごはんを作るのよ。だからベーコンと卵と、そんな感じのものも買わなくちゃ。それから家に戻って掃除して、スパゲッティを作らないと」。

私は、彼女が週末に何をしているのか聞いてみた。土曜日、彼女はベーコンと卵を男の子たちのために料理して、泊まった三つ子を家まで送り届け、二人の息子たちを遊ぶ約束をしている場所まで連れて行って、それから午後三時の記念アルバム委員会の会合前に、上の二人の息子の友だちのために誕生日のプレゼントを買う予定なのだそうだ。

「ちょっと待ってよ」と私は妹を制した。「それって学校のプロジェクトよね？」

「週末なんて、新しいタイプの平日みたいなもんなのよ。子どもだってそうよ、知らなかった？　まったくどうかしてるよね」。午後六時から七時三〇分まで、長男のトラヴィスにはサッカーの練習があるという。

「それで夜には家族そろって映画を見るってわけ」と彼女は言う。「でもそれだって疲れちゃってね。だって全員がシャワーを浴びて、ディナーを食べ終わるとだいたい八時半でしょ。ロブと私が映画を再生するんだけど、その時はもう眠いのよ。一〇時にはウトウトしてる。でもね、子どもに「映画はもう明日にしない？」って言うと、家族の時間なんだからって怒られちゃうのよね。だからなんとか目を開けておくというわけ」。

日曜日には、朝の八時半から午後三時まで、息子二人が各自サッカーの試合があり、彼女とロブで分担して観戦するらしい。このような義務は――ほとんど終日の仕事だけれど――全米約四千四百万人のスポーツをしている子どもの親にとっては、身近な現実なのだ。

若者のスポーツはレベルが高くなり、専門化され、それに合わせるように成長した旅行産業は、年間約七百億ドルもの収益をもたらす。それとともに、若者で構成されたチームとその家族のホテルのブッキングのみをビジネスとする、子どものスポーツ向け専門の旅行会社があるほどだ。

地元の公園でボールを蹴るという古風なスタイルは、八〇エイカーの広さを誇る二千万ドルの施設、テネシー州ガットリンバーグのロッキー・トップ・スポーツワールドのキャンパスに道を譲った。この施設なら、子どものサッカーの試合に合わせて休暇(「試合休暇」と呼ばれる)を取る家族全員を迎え入れることが可能なのだ。ヘザーの住む街には、以前は刑務所だったスポーツキャンパスがあり、いまだに外周が有刺鉄線で囲まれているから、往時《おうじ》を偲《しの》ぶこともできる。その場から逃げだそうと考える家族を思いとどまらせようとしているのかもしれない。

ヘザーはがんばっているのに休みがない。子どものサッカーの試合の後は、彼らを車に乗せ、シャワー、宿題、そして夕食のために家まで戻るのだ。息子たちがベッドに入ると、彼女は翌週の授業の計画を立てる。「ああそれから、金曜から日曜に、最低でも五回は洗濯をするわね」と彼女は言う。「そしてもちろん、その間、私とロブは、誰が何をやるかっていうことで喧嘩してるわ」。

彼女は一瞬黙りこんだ。「あのね。私、平日の方が好きになりそうよ。だって週末よりは時間が読めるもの。子どもは夜の七時半には読書のためにベッドに入る。週末は息子たちのサッカーの靴下のショッピングよ。もうショッピングなんて楽しくもないわ。なんでそんなにたくさん靴下を履き古しちゃうんだろう」。

彼女はいきなり話すのをやめた。

「ヘザー?」と、私は心配になって名前を呼んだ。「大丈夫? ああやだ、スピードを上げてたの? 警察でしょ。ねえ警察なの?」

「違うわよ」と彼女はため息をついた。「姉さんと話してたらすごく気が散ってしまって、スーパーに行くのを忘れて家についちゃったのよ」。

彼女は悪態《あくたい》をついて車を玄関前に停めたようだった。

トムと私は子どもを連れていないカップルを街で見ると、苦々しい表情になってしまうときがたまにある。ヨガマットを抱え、セックスと昼寝の前にどこにブランチに行くのか、なんだか言い合いをしているけどいい雰囲気。「独身の時、子ども連れを見るといらっとしたもんだったよ」と、街角でイチャついているカップルの前を通り過ぎながら、トムが言った。「今は子連れじゃなくてカップルにいらっとくるね」。

子どものいるカップルの、つらい週末の矛盾は、この言葉に要約される。「親だってリラックスしたい」。子どもはリラックスなんてしない。小さな子どもを持つ親たちは、まるでグレイハウンドを訓練しているかのように、自分の子孫を「消耗させる」方法を、絶望的な気持ちで考えている。大きな子どものいる親は、週末をタクシーの運転手として過ごす。「子どもができる前は、週末の時間は使えるものだと思った」と言うのは、二人の子どもを持つフリーランサーで、自宅で子育てをするキャロラインだ。「ママとして、どうやったら時間を節約できるか、必死になって計算しはじめるわけ。シャワーを一回さぼったらスーパーにあるスターバックスでコーヒーが飲めて、同時に買い物もできるんじゃないか、なんてね。私はいつもチャッキーチーズ〔訳注：子ども向けのゲームセンターつきのピザ店〕にあるチケットブラスター〔訳注：プラスチック製のチューブに入ると、足下から空気が出て、チューブの中を割引チケットが舞い始める〕に入ってチケットを取ろうとしてる気分。親用のチケットには何分、何時間って書いてあるの」。

問題を悪化させているのは、多くの親の仕事が平日では終わらず、責任上、週末に持ち越されていることだ。二〇一四年、経済協力開発機構は、何ヶ国をも対象に、ワークライフ・バランスを調査した。週に五〇時間からそれ以上働く従業員の、日々の「余暇と身の回りの世話」に充てる時間の割合を計算したのだ。経済協力開発機構に加盟している三四ヶ国のうち、アメリカ合衆国はなんと二九位だった（デンマークが第一位）。

トムと私にとって週末は、いつまでも長引いてしまう緊張関係の原因となっている。私たちは少なくとも、平日の時間のやり繰りや分担は上手にできるようになっていた。二人の関係を大改造しはじめて四ヶ月、私たちの葛藤や衝突のほとんどは、明確な役割分担がないことから生じていることが徐々にわかってきていた。お互いのやるべき仕事を選定し分担したから、彼に私の心中を察してほしいと思うこともなくなり、彼がいかに役に立たないか、私がほのめかす必要もなくなったのだ。例えば、今となっては、週に二回、トムが娘の登校のための身支度を整えてくれるから、私は何もしなくていい。朝食を時間をかけて食べながら過ごす、このほんのわずかで、とてもうれしい自由な時間が、私の一日を大幅に変えてくれた。もちろん、いまでも私は「自宅マネージャー」だから、基本中の基本であるシルヴィーの食事の世話を、トムにいちいちお願いしなければならない。だとしても、トムはそれをこなしてくれる。

口論がはじまると、トムは連邦捜査局の訓練と、テリー・リアルによって授けられたセリフ、「それは気分が悪いね。君の気分が悪いことは僕にもわかるよ。僕は君にどう言葉をかければいいかな？　今、僕が何をすれば君の気分がよくなるか教えてくれないか？」と言葉にするようになり、効果的に私の武装を解いてくれるようになった。計算ずくだけど、でもそんなの誰も気にしないわよね？　私が食洗機から食器を出していると、彼は立ち上がって手伝ってくれる。たった二分で終わる象徴的な意味しかないものだけれど、親切心に発する振る舞いだから、その効果は二分よりずっと長く持続するのだった。彼は「なにか手伝おうか？」とまで言ってくれるようになった。この最高にうれしい言葉は、私のなかに小さくて暖かい灯りをともしてくれる。彼は、実際のところは、こう言ってるも同然なんだけど。僕だったら皿洗いなんて絶対にしないし、袋に入ったままの食品を直接食べるのだって平気だけど、でも君が僕の世話をしてくれているのはわかっているよ。

チャップマン医師のアドバイスは、食洗機から食器を出しても誰も感謝してくれない、と不平をトムにぶつけるより、私がトムに感謝するように、ということだった。お互いがお互いに丁寧に接するようになって、たしかに親切心の上向きのスパイラルはできてきたと思う。私は幸せだし、トムには必要不可欠の平穏がもたらされる。

とはいえ、私たち夫婦の新しい習慣となった親切な振る舞いも、じつは娘のため、であることは認める。私はトムに観察学習《モデリング》の調査結果を見せて、シルヴィーが、私が家事の大部分を負担しているのを見て、将来の自分の役割を学習しているのだ、と説明して聞かせた。子ども博物館にシルヴィーが遠足に行くことになったので、トムに親の付き添いボランティアになってほしくて、私はまた観察学習《モデリング》の実例を話して聞かせた。親のボランティアの仕事は驚くほど女の世界なの、と教えてあげた。だから、トムがボランティアに行ってくれれば、娘にとっても、他の子どもたちにとっても、お父さんがボランティアになれることを示すいい機会だと説明したのだ。「それに、あなたは家で仕事してるでしょ」と私は言った。「ボスから許可をもらう必要もないんだしさ」。ダディが遠足にきてくれるのよとシルヴィーに伝えると、彼女は大喜びした。

でも、遠足の日が近づくと、彼がトーンダウンしてきた。「木曜日は仕事がたくさんあるんだ。だからキャンセルしなくちゃならないよ」と、しれっと言う。「ボランティアはほとんど専業主婦のママさんたちだから、どうせ時間があるんだろ。僕には原稿の締め切りが三つもある」。

私は自分のコンピュータの前に座って、先生から送られてきた、遠足の詳細が書かれたメールを開いた。付き添いをする六人の女性のうち五人がフルタイムで働いていた。私は名前を指さした。「彼女は弁護士」と私は言った。「夜遅くまで働いているんでしょうね。ジェシーはマンハッタンの非営利団体職員。この人は編集者、そしてこの人は……」

トムは両手を挙げた。「わかったよ、わかったって、行けばいいんだろ」と彼は言った。

遠足当日の午後、彼は娘の同級生たちの愉快な話を山ほど持ち帰ってきた。「僕が知らずに来たシルヴィーの人生の一部を目撃するって、ものすごく興味深かったよ」。「ランチの時に、子どもたちが長いディベートをはじめたんだ。もし透明人間がランチを食べたら、食べものが見えるのか、それとも食べものも透明になるのか、って話題でね」。トムは論争をまとめるために呼ばれ、「透明にするメカニズムに、人間の皮膚が関係しているかどうかによる」（「覆《おお》い隠すシールドのような役割を果たしているから、食べものも目に見えなくなる」）、あるいは体自体が透明の場合、「異物はおそらく見えるだろう」と子どもたちに答えて、いっそう混乱を招いたようだった。ありがたいことに、そこで彼はパパモードに復帰し、子どもたちに早くサンドイッチを食べてしまいなさいと言ったそうだ。

夫が子どもの人生に、今まで以上に関わってくれるから、彼の妻も娘も彼にずっと近づいて、もっと彼に感謝するようになったというわけ。上向きのスパイラルでしょ。

ただし、私たちの週末には、まだ助けが必要だった。スケジュールがしっかりと組み立てられていないから、家族のメンバー全員がお互いに譲らず、一悶着《ひともんちゃく》が起きることが多いのだ。友人のマレアは、専業主婦である彼女のような母親にとって、週末は特にややこしいものだと言う。なぜなら、夫に協力してとは言いにくかったり、そんなことをしていいのかわからない、というのだ。

＊

結果として、彼女の週末は平日となんの変化もないらしい。「娘に朝早くから起こされる。朝ごはんを作って服を着せるでしょ」。「ショーンは遅くまで寝ているし、目を覚ます時は、体のストレッチで仕上げをするの。気分良く、体もほぐれたら、今度は熱いシャワーを二〇分浴びて、リラックスする。その時までには、私はランチを作っておくので、シンクに皿は山積みになってる。この時点で私のストレスレベルはかなり上がってるよね。彼がシャワーから出てきて、カウチに座って、一〇回に九回はスマホを手に持って、子どもを完全に無視するときなんて特にね。そして、私がイライラきてることも彼は知ってるのよ」と彼女はため息をついた。「私はある意味これをバッドボーイの反抗的な態度のように見ているし、とても腹立たしいわ」。

それでも彼は手を貸さない。彼女は、夫が平日の疲れをとるためには週末たっぷり休む必要があるのだろうと思い直し、その結果、抗議する気力も失われ、夫に手伝ってもらおうという気持ちになれないのだそうだ。ということは、日常の家事のすべてが、週に七日、彼女に押しつけられているということになる。

私はアン・ダンウォルドの、男性の公平感に訴えるというアドバイスを思い出した。「ショーンが週末の二日間完全に休めるっていうことは、彼には一ヶ月に八日の休暇が与えられているっていうことよね」と、私はマレアに言ってみた。

彼女は頷いた。「そういうことよね」。

「それは……」私は日中の一六時間に八を掛けた。「それって月に一二八時間の週末のオフがあるってことよね。あなたは？　あなたはどれぐらいオフがあるのよ？」

彼女は瞬《まばた》きした。「ゼロ」。

私は頷《うなず》いた。「そういうこと」。

それじゃあなぜ彼女は立ち上がって、彼にもっと働いてほしいと主張できないのだろう。だってたっぷりの洗濯物以外、彼女が失うものなんてないのよ？　私はマレアがどうして遠慮してしまうのか、フェミニスト・ライターのケイトリン・モランに話をしてみた。私たちはフィラデルフィアで落ち合った。彼女は単刀直入、この問題の明快な見方を示してくれた。「ってことは、あなたの友だちは一切休むことができないってことだよね？」と彼女は言うと、頭《かぶり》を振った。「そりゃ絶対に話し合わなくちゃだめよ。私、そういうことが起きている関係って本当に理解できないんだよね。妻を愛しているなら、なぜこの問題に取り組まないわけ？　ダンナに、「妖精が仕事してるわけじゃない、なぜこんなこと私にして平気なわけ？」って言わなくちゃ」。

モランの夫、ジャーナリストのピーター・パファイズは、当然のように、熱心なフェミニストだ。「オタクらしく几帳面《きちょうめん》に、とてもいい親をやってるわよ」と彼女は胸を張った。「彼は娘たちのランチ用に完璧なタッパーを購入したと誇らしげだったわ。私は常に娘たちに「あなたたちは本当にラッキーよ。だってとても優秀なお父さんがいるんだから。世の中にはあんなお父さんを持たない女の子が大勢いるわ」って言うの」と、彼女は笑った。「早い時期から企《たくら》んでたの。だって私は運転できないし、絶対に運転したくないから、私が家でツイッターで「運転しないって最高！」ってつぶやいている間に、彼には学校の送り迎えや買い物をすべてしてもらう必要があったんだもの。私にとっては最高の状態」。

マレアのジレンマに話を戻そう。モランは、主婦はその仕事に対価を支払われるべきだというフェミニストの基本理念には、もちろん共感している。「そう主張するには、相応の理論があるの。もしあなたがおばあちゃんを施設に預けるとすると、ケアしてもらうために規定の料金を払うでしょう。普通の商取引よね。でも、あなたが家でおばあちゃんの世話をするとなると、未払いの仕事になる、それでいいわけ？」彼女はイスから勢いよく立つと、がっしりとしたブーツを履いた足でドンドンと音を立てながら、部屋の中を歩き回った。「家を守ること、良き妻であり、良き母であることが誇りだって、私は言われ続けてきた。女性は決して、愛やケアや思いやりに不自由しない、足りなくならないって、世界中の誰もが信じてる。死ぬまで与え続けろっていうことよ。何を言ったって「うるさい女」で片付けられる。男も女も共通の価値観として家事を分担すべきだし、できないのであれば恥を知れ！」

モランは憤懣《ふんまん》やるかたないといった様子で、二〇分は怒っていたろうか。彼女を興奮させるのはたしかにちょっぴり楽しい。

＊

休みをたっぷり取ることができて、子どもといっしょに体力を回復することができる完璧な週末を過ごすことは、それはたしかにむずかしいかもしれないけれど、誰かが、どこかで、スポーツ、遊びの約束、家事から解放される週末の過ごし方を発見しているはずでしょう？

私は突然、友人のジェニーのことを思い出した。彼女は週末に起きることを予測し、計画を立てつつ家族の週末をまとめ、多くの母たちから賞賛を得たのだ。

私たちはいつもいっしょにランチをとる、コブル・ヒルにある元馬車置き場で落ち合った。日中はコーヒーショップ、夜は地ビールと「特製手作り飲料」を売るバーとなる。その店のレンガの壁には看板が掛かっていて、手作りソーセージのワークショップや、ブルックリンのアコーディオンクラブ、ＣＳＡピックアップタイム〔訳注：会員制のオーガニック食材販売所〕、そしてヴィンテージものの電子ピアノの演奏などが行われていることがわかる。

いかにもブルックリンらしい客たちが大きなテーブルに座っていた。ヒゲを生やし、タトゥーをし、髪の毛を結んでアップにした男たちが、ポップターツ〔訳注：タルト生地に様々なソースを挟んだペイストリー〕を食べている。ラップトップ使いで、おしゃれな眼鏡をかけた二十代のクリエイティブ系が、スタイリッシュな商品を販売するウェブサイトをアップデートしているって感じだ。私たちみたいなママは、学校のお迎えの時まで、時間を潰《つぶ》しているというわけ。

娘の学校のカフェテリアのボランティアで少し遅刻してしまった。私は慌《あわ》てて店のなかに入り、友人の座っているベンチに滑り込むようにして座った。彼女はすらっとしていて、ウェーブのかかった赤毛は、画家ジョン・エヴァレット・ミレーによる『オフィーリア』の現代版のようだった。私たちは二人とも、ブルックリンのママたちの制服を着ていた。ストライプのシャツ、スキニージーンズ、小さな金のイヤリングを「オーガニックな感じ」で着こなし、大胆な色の口紅を塗るのだ。

私はいつものマルチグレイン〔訳注：二種類以上の穀物で作られた食品〕のペピータ〔訳

注：かぼちゃの種）パンのアボカドサンドイッチに、店オリジナルのジンジャーエールを頼んだ。ジェニーはトリプル（生、焼いたもの、「クリスピーセサミ」タイプ）・ケールサラダだった。彼女の週末の決まりについてあれこれ尋ねると、彼女は快く答えてくれた。彼女と夫と二人の息子は、まずは家族のミーティングから週末をはじめるそうだ。「つまらなく聞こえるかもしれないけど、すごく効果的」と彼女は言った。全員を集めて、家族の一人一人に、週末にやりたいことを一つか二つ、発表してもらうのだそうだ。

「二歳の子どもだってこれはできるわよ」。「例えば綿菓子をディナーにしたいなんていう実現不可能なアイデアであっても、アイデアの一部は実現しようって努力してみるの。少なくとも、どんなアイデアでもいきなり却下しないこと。ミーティングでそういう人は嫌われるよね」。

「大きな声で、『今週末は、AとBと、Cをしたい』って、優先順位をつけて言う。推測は一切なし」と、彼女。子どもの活動については、彼女と夫は週末を交代で取り、片方に「逃げて！　自分を救え」へのフリーチケットを与えるのだという。「そうすれば、父親も母親も与えられた仕事のなかで好きなものを選ぶ機会が与えられる。例えば一人が、赤ちゃんが昼寝をしている間に家にいて、もう一人が年上の子どもをペンキの入ったエアガンで撃ちまくる誕生日パーティーに連れて行くなんてことね」（私もジェニーも、気が進まない子どもの用事は、コイン投げで分担を決める夫婦を知っている）。

彼女は駆け引きのプロセスをはじめるための、平和な方法を提案してくれた。

もしこの週末に、バスケットボールをしに数時間出かけたいのなら、それはかまわない。私は家に子どもと一緒にいるわ。来週末にはアートの展示会に行きたいって考えているから、あなたが子どもの面倒をみてちょうだいね。彼女は心理学者のジョシュア・コールマンが提唱する方法をちゃっかり身に付けているのだ。まるでそれが決定済みの計画で、どうやって計画を実現するかだけが問題、と言っているようなものだ。

ここ数週間、とても忙しく働いているわよね。親の役目は、たいてい私一人が負わされた。とても疲れているし、子どもたちに忍耐が続かない気がしてきたの。もしあなたが私に自由な時間をくれて、充電することができたらとてもうれしいな。

ねえ、私、自分が陽気にしてたころが懐かしい。どうやったらもう一度、あんなふうに過ごせるようになるかしら？

子どもの週末の活動リストを作ったわ。XかYか、それともZだったらできるかしら？と、「できるかどうか」を夫に聞くのだそうだ。男性だったらできないと言いたくない、そんな小さな試練《チャレンジ》をあえて夫に課すのだ。イェール大学の心理学科教授のアラン・カツディンは、提示する選択肢が多ければ、その要求のいずれかを呑んでくれる見込みも高くなるのだと指摘している。その選択肢自体が重要というわけではなく、自分には選択肢が与えられているという気持ちが行動に変化をもたらすのだ。

仕事を依頼するとき、子どもに関係しているどの仕事なら夫が得意か、そしてあなたが本心から彼に任せたいと思う仕事はなんなのかを考える。それはあなたの中に潜む、口うるさい上司の出番がなくてすむような仕事、という意味である。そして彼には手綱を渡す。「もし彼が子どもを水泳教室に連れて行くとするよね。その時は彼にフルコースですべてやってもらうの。時間の確認、バッグに入れていくものは何か、そういうことをすべてよ。子どもが裸で泳ぐ日もあるでしょうけどね」とジェニーは言う。「一ヶ月後にかび臭いオムツをジムのバッグの中に見つけるかもしれない。でも、その時は何も言わずに忘れるの。いつか彼だってうまくやりとげる。絶対に。彼の方からあなたに子どもの最新情報を教えてくれるようになるかもしれないし、自分の方がうまいね、と自慢げに言うかもしれないわよ」。

彼女は「夜八時以降」の取引も大好きだという。子どもが寝静まった後であれば、友だちと飲みに行くとかジムに行くといった行動に、配偶者がよりオープンになることがわかるという。

最後に、彼女は「『自分だけの時間』を、完全に与えてあげること」と言った。彼女の夫は、彼女にゆったりバブルバスタイムをどうぞ、という提案はダメ、とわかっているという（子どもから離れるためなのに、子どもたちがバスルームに入ってきてプラスチックのペンギンをお風呂に投げ入れるから）。彼女が彼に友だちと自由に会ってよいと言ったら、その後三週間、腹が立つからと言って、それを蒸し返さないことにしているそうだ。言い換えれば、テリー・リアルの忘れられないあの言葉、贈り物にはおしっこをひっかけないということである。「ああ、それっていいねえ」とジェニーは言った。

＊

親たちは、週末のもっとも厄介な問題は時間管理だと言う。ということで、私は再びニューヨーク在住の時間管理コンサルタント、ジュリー・モルゲンスターンに電話をした。彼女は、子どもたちとの週末を管理する斬新《ざんしん》なアプローチを考案し、瞬《また》く間に活動的な親たちの支持を得た。週末を、七つのユニット（時間の区切り）に分けて計画するのだ。金曜の夜、土曜の朝、土曜の午後、土曜の夜、日曜の朝、日曜の午後、日曜の夜だ。「週末を七つのユニットで計画すると、それぞれのユニットを個別の作業に充てることができます。家族のきずなを確かめる質の高い時間、回復するための時間、そして家事を行う時間などです」と彼女は言う。そして彼女はクライアントに時間の区切り（ユニット）をはっきり峻別《しゅんべつ》してもらう。「家族には「自分の体が空いているからといって、その瞬間に家事や雑用はしないでください」と伝えるんです」と説明した。「週末、家事や雑用は一つか、最大でも二つのユニット（時間の区切り）に詰め込んでしまうのです。「みんなで協力して家を掃除するのがここの時間よ。まとめて、一気に、やっちゃいましょう」というようにね。そして午後には食材の買い物に行く。それでユニットは二つになります。でも一つにまとめることができたら、それはより好ましいでしょうね」。

多くの家族にとって、週末のユニットはスポーツや誕生日パーティーであっという間に埋まってしまうだろう。そんな場合は、父親と母親が意識して、一つか二つのユニットを、楽しみと体力回復のために取り分けておくといいと彼女は言う。彼女はその頭文字をとってPEPと言った。身体的活動（Physical activity）、逃避（Escape: あなたをすぐに現実から引き離してくれる趣味や活動）、人（People: あなたに元気を与えてくれる人、あなたをリラックスさせてくれる人、あなたを疲れさせない人）だ。そうそう、楽しみのためのユニットを忘れずに取っておかないと、他の作業がそこに割り込んできてしまうからね、と彼女は警告してくれた。「さもなければ、あなたは時間を無駄にしてしまうわけです。『自由な時間』は余った時間という意味じゃないんですよ。それはあなたのスケジュールに組み込むものなんです。だからそれが楽しみに変わるわけです」。

これを、私の友人マレアのケースにあてはめてみよう。マレアには充電する時間が必要で、自分でそのことに気づかなければならないし、もし充電時間がとれないと、シェル・シルヴァスタインの絵本『おおきな木』にあるような、何もかも失って疲れ果てた人間になってしまう、ということ。この絵本の中で、樹の幹は、少しずつそのリンゴ、幹を、そして枝を子どもに持ち去られてしまうのだ（母親の無私の愛の隠喩《いんゆ》として描かれている。

『おおきな木』は、愛され、また同じぐらいひどく嫌われている児童書だ。アマゾンのレビューでは「虐待的で共依存的親子関係であり、サイコパスな少年が母親の象徴である木を自らの利益のために利用している」と酷評《こくひょう》するものが多数ある）。

モルゲンスターンは七つのユニットを組み合せ、週末の過ごし方のモデルを描いている。「社会的なつながりを必要とするのでしたら、金曜日の夜のユニットは友だち家族と持ち寄りパーティーにしてもいいですし、土曜の夜と日曜の午後は家族の楽しいお出かけでもいいでしょうね。そして日曜の夜のユニットは、次の週の準備に充ててもいいでしょう」。

私は彼女に聞いた。週末っていうのは、そもそも何も企画しないものなのではないだろうか。自由気ままに過ごし、あらかじめ決まった時間は設けないものなのでは？「子どもはいつも変わらぬ予定《ルーチン》があればこそ、それを最大限活用して楽しみを得るものなんですよ」と、一人娘の母親でもあるモルゲンスターンは、はっきりとした口調で答えてくれた。「子どもの世界はそもそもとても混乱しています。だから、平日の生活のリズムだけではなくて、週末のリズムも決まっていれば、例えば「金曜の夜は友だちとピザで、日曜の午後はおでかけして体を動かす」というようなルーチンがあれば、何をしなければならないかと悩むこともなくなり、週末をただ楽しく過ごせばよくなるのです」。

時間の割り振り（ユニット）が決まったら、親は断固とした姿勢で週末のスケジュールを審査する。モルゲンスターンは、週末に用事を詰め込み過ぎると、普段の生活に必要のない衝突を招くことになると言う。彼女が言うように、「「どれぐらい予定を入れられるかしら？」なんて考えずに、「何が私たちに活力を与えてくれるかしら」とか、「何が私たちにエネルギーを与えてくれ、リラックスさせてくれるのかしら？」と考えるのです」。

これには睡眠も含まれる。「親としてあなたはしっかりと働いていて、与えて、与えて、常に与え続けていますよね。だからあなた自身をしっかり充電させる方法についてはちゃんと考えなくちゃいけません。例えば、休息を取るということですよ」と彼女は言う。日曜日の夜、子どもたちがとうとうベッドに入ると、親の多くはさらに数時間、無理矢理にでも、夜更かししたくなってしまうものだが、でもモルゲンスターンは、私たちはその逆を考えなければならないと言う。もしあなたが睡眠を、一日の締め括りだと考えているのであれば、楽しみを中断したいとは思わないだろう。でもあなたがモルゲンスターンの心理学のコツを身に付け、睡眠を翌日のはじまりだと考えれば、シーツの下に潜り込むことが簡単になるかもしれないのだ。

モルゲンスターンは睡眠不足のクライアントに、ベッドに向かう前の九〇分、すべての電子機器をしまうようにとアドバイスしている。「眠る前にインターネットをするのはレッドブルを飲むようなものです」と、彼女はあきれたように言う。複数の研究が示すように、小さなデバイスからの光でも、脳に対して間違ったサインを送り、覚醒を促進してしまう。それにも関わらず、全米睡眠財団の調査で四人に一人の親が、眠りに落ち始めてから、メールを読んだり送信したりしていることがわかったのだ（そして、なぜ自分がぼんやりと天井を見つめているのか気づくそうだ）。

コメディアンで三人の子どもの母親であるディーナ・ブリザードは私に、彼女の夫は書斎にあるビデオゲームをやりに毎夜数時間姿を消すのだと教えてくれた。「最初はそれが彼のストレス解消法かと思ったの。でも、とにかく収拾がつかなくなってきて、朝の二時までベッドに来ないようになったわけ」。ある晩、彼はフラフラになりながらベッドまで這ってやってきた。全身が汗まみれだった。驚いてブリザードが、どうしたのと彼に聞いた。「彼、『いいか？　コールオブデューティー〔訳注：戦争をテーマとしたシューティングゲーム〕をプレイしていたんだ。何人か死んでしまって、戦場に戻らなくちゃならなくなって。部下が倒されたんだ。そのままにしておけないだろ』って言うのよ。私、『あんた、ゲームでＰＴＳＤにでもなったの？　もうダメよ。つきあってらんない。やめなさい。人助けはもう終わり』って言ってやったわ」。

＊

親にとって充電がとても大事なのには明かな理由がある。まずは、子どもを追いかけて走りまわらなければならない。しかし、ある研究者が、もうひとつ別の理由を明らかにした。それは、彼女にとっても、彼女が分析していた親たちにとっても驚くべきものだった。

エレン・ガレンスキーは、働く親について子どもがどう考えているのかについて、これまで誰も行ったことのない調査を手がけた。千人を超える八歳から一八歳の子どもたちから、家族の関係と、親の仕事について話を聞いた。

彼女は、親たちが、子どもが考えていると信じて疑わないことと、実際に子どもが考えていることは、まったく異なる場合があると発見したのだ。もっとも顕著《けんちょ》な例は「一つの願い」と彼女が呼ぶ質問である。彼女は子どもたちに、こう尋ねた。あなたの願いごとが一つだけ叶うとします。それはご両親の仕事があなたの生活に影響を与えている、そのあり方を変えるものです。どんな願いごとを望みますか?

そしてエレンは、大人に子どもの答えがどのようなものであるかを想像させた。ほとんどの親が、もっと一緒に時間を過ごしたいと言うのではと考えた。しかしそうではなかったのだ。子どもたちのもっとも熱烈な望みは、両親のストレスが少なくなってほしい、そして両親の疲労が減ってほしいというものだった。これを言い当てた親は全体のたった二パーセントだった。

ガレンスキーをより驚かせたのは、その子どもたちがどれだけ親を心配しているかということだ。彼らの一番の心配の種は、親が疲れていて、ストレスを抱えていることだったのだ。彼女が話を聞いた、親のことを心配しているという子どもたちの三分の一は「いつも、あるいはずっと」親のことを気に掛けていて、三分の二は時々心配になると答えた。

私たちがボロボロになって、くたびれ果てて、次から次へと仕事をすれば——週末までその緊張を持ちこせば――子どもたちはそれに気づき、心を痛めるのだ。

働く親たちを緊張させるのは、数日の休みの間に、「思い出に残る瞬間」を作らなければならないという、自らに与えるプレッシャーだ。でも、子どもを喜ばせるために週末にディズニーワールドに飛んでいく必要はないことを研究結果が示している。ガリンスキーが発見したとおり、高速道路を降りてすぐの場所にある無許可の遊園地にさえ行く必要はないのだ。

彼女は子どもに、最も記憶に残る思い出を聞き、その親たちに子どもたちの答えを予想してもらった。親たちはほとんどの場合、綿密に計画し、お金をかけた五つ星のイベントや家族旅行だと考える。しかしガリンスキーは、子どもたちが口にするのはそうではなく、「私たちは家族だ」と思うことができる、ささやかな日々のできごとや習慣なのだと言う。毎朝学校に行く時に父親が「さあ行くんだ、タイガー。獲物を捕まえてこいよ」と言ってくれることが思い出だと語る女の子もいたという。この、取るに足らない、ありきたりなことが、この子がもっとも鮮明に思い出す、幼い頃の記憶なのだ。私はこれを考えるたびに、胸がいっぱいになってしまう。ガリンスキーが発見したように、こういった些細《ささい》な出来事は、親が考えるよりもずっと子どもにとっては大切なことなのである。

＊

ジュリー・モルゲンスターンとジェニーのアドバイスを考慮しつつ、私は週末のシナリオ、名付けて「全員がなんとなくハッピー」を作り始めた。これはイギリス人哲学者のジェレミ・ベンサムとジョン・スチュアート・ミルが作り上げた功利主義〈訳注：ある行為の望ましさは、効用の多い少ないに左右されるとする説〉の原則に基づいている。それは、みんなの幸せは等しく価値があるので、最大多数の最大幸福が追求されるべき、ということだ。

毎週末、家族と過ごす時間は毎回、私が戦略を立てるのだ。どのようにしたら、全員がハッピーになれるのか？　シナリオには準備が必要だけれど、とても役に立った。土曜日にシルヴィーを公園へ連れて行かなければならない時、私はその面倒な時間を、「楽しい」コーヒー（カフェモカにホイップクリームを入れたわよ。べつにいいじゃない）、そしてキース・リチャーズの出演するラジオ番組、『デザート・アイランド・ディスク』のポッドキャストで和らげた。彼がガラガラ声で笑い転げるたびに、私も笑い、他の親たちのいぶかしげな視線を浴びるのだった。

別の例もある。娘のピアノの先生がわが家にやってくるのは毎週金曜日の午後だ。二人が『スヌーピー』のテーマソングに挑む間、私はベッドに雑誌と新聞を山ほど持ち込んで、トムはワインをグラスに注ぎ、小さな皿にチーズとオリーブを載せて持ってきて、二人で一緒にリラックスするのだ。このささやかな習慣が、やさしい気持ちで週末をスタートさせるきっかけになってくれる。

一方、私の友だちのサラは、毎週土曜日の朝に娘を子ども向けの映画に連れて行く。「特別な習慣だからあの子は楽しみにしてるわよ。映画の後はアイスクリームを食べに行くし」とサラは言う。「私も楽しみなの。だって耳栓とネックピローを持ち込んで、とても気持ちのよい二時間のうたた寝ができるんだもの。トイレに行きたくなったら起こしてって娘には言っているの」。

車ででかける場合、トムがドライブの間に聞きたいポッドキャストをダウンロードしておく。シルヴィーはｉＰａｄで、音量が制限されているヘッドフォンを使って映画を観る。そして私は本を読む（うれしいことに、私は車の中で読書ができる体質なのだ）。みんながやりたいことをやることができる。誰も耳がキンキンするような子どもの音楽の人質にならなくて済む。

私たちは同時に、娘をブルックリンのグリーンウッド墓地に連れて行くようになった。トムも私もその長い歴史と、いかにも一九世紀らしい、恐らく二度と復活することのない名前（イポリット、エビニーザ、バーサ）を見るのが大好きなのだ。シルヴィーは、野生のスミレがあちらこちらに生えている、ほぼ何もない四七八エーカーの公園が大好きで、「像」の下には遺体が埋められていることがまだよく理解できていないのだ（「ダディ、

「あなたがたは、その日、その時を知らないのだから。("Ye know not the hour")」ってどういう意味?」〔訳注:マタイによる福音書二五章一三節からの引用〕)。

私たちは、私が「なぜ?」と考えはじめるまで、三人一緒に過ごす週末に慣れていた。例えば、トムは神経質になり、シルヴィーはそわそわするっていうのに、なぜ私たちは三人揃って食料品店に行くんだろう? もうすでに書いたけれど、私は食料品の買い出しが大好きだ。だから週末にそれをやらなくてはならないとなったら、トムが私を車で送り、シルヴィーを近くの公園に連れて行くことになる。二人は私が取り憑かれたようにグラノーラの新製品をチェックしているあいだに(「え? コーヒー・ダークチョコレート・ヘーゼルナッツ味ですって?」)、サッカーボールを蹴って過ごすのだ。買い物を終えたら私がトムに「ドゥーディードゥー」とメールし、二人は荷物を車に運び入れる手伝いをしてくれる。

土曜日にトムは、シルヴィーを連れて、シルヴィーと同じ年齢の娘を持つ自転車仲間と会うようになった。女の子たちは、父親たちがタイヤの幅とかリアカセットのサイズ(「サイズ12-32買った?」)について話し合う間は寝室で遊ぶようになった。

父親の関係する遊びの約束はとてもめずらしいけれど、子どもたち、特に娘たちにとっては大切だ。いままでは変わってきているかもしれないが、父親は息子と余暇を過ごしがちだ。息子のある家庭であれば、息子も娘も、母親よりも父親から面倒をみてもらう傾向にある――そう複数の研究が教えてくれる。自転車仲間とのミーティングがうまくいったので、トムは、娘を持つ別の友人とも行ける、父親にやさしい外出を工夫するようになったのだ。スポーツ雑誌の編集者との外出では、子どものためのプログラムのある、近所のロッククライミングのジムで待ち合わせをした。ジムの後は四人でアイスパーラーに行き、ミルクシェイクを楽しんだ。また、別の機会に、トムと友人は娘たちを公園に連れて行き、ボールを蹴って遊び、そして一緒に洗車に行った（六歳の子どもにとって洗車機はとんでもなく楽しいのだ）。同じお父さんとは後日、予約なしで何百種類ものボードゲームを楽しめる、近所の社交クラブで再会した。四人はペンタゴンのゲームをして、社交クラブ内にある小さなカフェでピザを食べたそうだ。

今のところ、トム的最高レベルの「全員がなんとなくハッピーな週末」は、仲良しのピンボールおたくとその息子と、マンハッタンのピンボールアーケードへ行き、仕上げにタコスを屋台で食べた、という小旅行だった。その間、私はベッドでくつろぎながら、本を一冊読み切った。妊娠して以来、しばらくできていなかったことだった。二人が遊んで帰ってきた時、私はほんとうにリフレッシュできていたから、トムが昼寝している間、シルヴィーと遊んだのだ。

それでも、私自身は「全員がなんとなくハッピーな週末」の原則を、妹のヘザーの子どもたちのスポーツ、あれにまつわるとんでもない時間の無駄遣いに応用することはできないでいた（もちろん、子どもが一人しかいない私は彼女に比べて時間に余裕があることは十分理解している）。私はモルゲンスターンにアドバイスを求めた。彼女は「それだけやらなきゃならないことがあっても、時間の使い道を改める余地はありますよ」と答えてくれた。子どもたちの試合の間に車に戻って本を読んだり、音楽を聴いたりすればいいのだ。小さい子どもがいる場合は、ケータイを置いて子どもとフリスビーでも投げること。ちょっと楽しくなるようなお弁当を持ってきて一緒に食べれば、夫にそう報告ができる。「無駄な時間だと考えるよりは、その時間の使い道に心を配るようにするのです」。

私の友だちに、子どもが二人、スポーツの巡業の取材で忙しい女性がいる。いろいろな球技場を訪ねて回る長距離ドライブは、音楽を消し、子どもたちとじっくり会話する機会に充てている、と話してくれた。「一番上の子が一三歳なの。少し親離れしてきてね」と彼女は言う。「息子の一番近くに自分の居場所がない、と知るのはとても寂しい。だから私は車の中の会話は息子に近づき、彼がどのように友人とつきあっているかを知る方法だと思ってるわ」。

最終的に、最もシンプルで簡単な「全員がなんとなくハッピーな週末」は、トムが土曜日に遅くまで寝て、私が日曜の朝、遅くまで寝るというものだ。みんななんとなくハッピーでしょ！　なんとなく！

ジェニーとランチをして別れた後、彼女から「ひとつ言い忘れた」とタイトルのついたメールを受け取った。ジェニーは女性たちに高らかに呼びかけていた。

なぜ私たちは週末にたった二分のシャワーを浴びるの？　まるで軍隊よ。

男みたいに考えればいい。何のおとがめも受けずにシャワーを浴びればいい、と彼女は書いていた。罪悪感なんてくそくらえ！　男はそんなこと感じないし、これから先も感じない。他人のニーズに常に、一番に応えるなんて義務感は、余分なX染色体上に運命づけられた病気のようなもの。女性たちよ、シャワー室に入りなさい、鍵をかけなさい。シャワーを勢いよく出したら、もう振り向かないのよ。

6章

ねえ知ってる？　あなたの子どもだって
洗濯物を畳むことができます

多くの子どもがそうであるように、私の娘も眠りにつくのに時間がかかる。眠りにつくまでのプロセスは耐えがたく、複雑で、ゆっくりとしたペースで進み、娘にしかわからない儀式と几帳面なあれこれへの目配りと、弁護士並みにきっちりした手順・手続きであふれている。山ほどある入眠へのステップの一つに、ベッドの上にあるぬいぐるみの入念な配置がある。娘は、とうとう目を閉じた時に自分が、儀礼に使うあれこれの小物に囲まれた小さなエジプトのファラオ（王）に見えるように配置するのだ。

ということで、娘と私は早めにその作業に入ることが多い。リビングルームが、レゴ、パズルのピース、そして画材からなる瓦礫《がれき》の山になっていた、ある夜のことだ。

「さあ、お片付けの時間よ」と私が言った。

「片付けが終わったらパジャマを着なさいね」。

「オーケー」と彼女は、カウチに座り、動物の不思議議をテーマにした本に夢中になりながら言った。

一〇分が経過し、彼女はまだ動こうとしなかった。「お片付けの時間だぞ」と、私は、今度は本気だというトーンで言った。私はよく「死守せよ！」と、現場に急行する部下に怒鳴って命令を出すFBI特別捜査官役のトミー・リー・ジョーンズのマネをするのだ。

「わかったよ」とシルヴィーはぼんやりと答え、それでも動かない。

ああもう、いいわよと私は考え、彼女のレゴとパズルのピースを片付けてしまう。だって私だったらあっという間に片付けが終わるから。彼女は一日中、学校で過ごしていた。それに、ねずみはゲップしないだとか、イエバエはFのキーでブンブンと羽を鳴らしているなんてことを、今、学んでいる。彼女のその知識を意味がないなんて否定したら、授業についていけなくなるかもしれない。私は彼女の部屋に入って行き、服を畳んでベッドルームの床にきっちり並べて、パジャマを整えた。そして最終的に、彼女に歯を磨くよう急《せ》かした。

わが家の六歳児は生まれつきおっとりしているタイプなのだ。彼女がここで問題になっているのではない。私である。

勃発《ぼっぱつ》している「家事戦争」において、この問題が言及されることは一切ない。親が子どもに手伝いを頼もうとしないのだ。現代の子どもたちは、前の世代の子どもたちに比べ、ほとんど家事を手伝わない。多くの研究結果がそう示している。掃除用具製造会社であるヴィレダの調査によると、五歳から一六歳の子どもの四分の一が、親の家事を一切手伝ったことがないという。自分のベッドでさえ整えたことがなかったのだ。先に引用したカリフォルニア大学ロサンゼルス校の、ロサンゼルスに住む世帯に関する調査では、三分の二の子どもが親の手伝ってほしいという頼みを断ったり、無視したりしていた。

カリフォルニア大学ロサンゼルス校の調査担当者エラナー・オックスは、イギリス『ガーディアン』紙において、以下のように辛辣《しんらつ》なコメントを述べた。家事にまつわる議論のほとんどが母と父に焦点を置く一方で、「就学年齢の子どもたちが、仕事の一部を負担するという考えは、文化的に可能な選択肢として議論されていないのかもしれない」。

いつの時代もそうだったわけではない。開拓者の子どもたちは水を運び、石けんを作り、農作物の収穫を期待されていた。『小さな世界』のなかで歴史家のエリオット・ウェストは、一九世紀にニューメキシコで育った、マーヴィン・ポウの経験を描いている。当時ポウは一九歳だった。父親は、家族が所有する農場から逃げ出した馬を探し出し、連れ戻すよう彼に命じる。馬は何マイルもさまよい、少年は一週間も土地を離れ、カウボーイたちとキャンプをしながら馬の居場所を探った。彼は、父親が意を決して帰らぬ息子の捜索に出かけようと考えたその時、家に帰り着いたのだ。ところが、かく言う私は、バスタブから飛び出したポニーの人形をシルヴィーに片付けさせるのに苦労している。

最近では、ウェルズリー大学の研究者が、過去八〇年分の雑誌に掲載された子育てについてのアドバイスを精査し、前世代の子どもたちは、家族の夕食を作ったり、芝を刈るといった、現代の親たちが子どもに頼むのを躊躇《ちゅうちょ》するような仕事を任されていたことを調べ上げた（家庭内で四面楚歌《しめんそか》の父親や造園業のスタッフの代わりではなく、落ち葉をかき集める子どもを最後に見たのはいつのことだろう？）。

ウェルズリー大学の研究者マルケラ・ルサフォードによると、今日では、子どもの現実的で、たった一つの責任は、学校で学ぶことなのだという。まれなケースで、子どもにガレージを掃除するような骨の折れる仕事を頼む時は、親は取引に色をつけるために現金や、オモチャや外出許可と交換できる「ポイント」を与えるようにアドバイスされている。

たいていの場合、Z世代〔訳注：一九九五年以降生まれ〕（今使われているのがこの言葉。次に何が来るのかは私にはわからないけれど、アルファ世代〔訳注：二〇一〇年から二〇二五年生まれの子ども〕という言葉が使われはじめている）の子どもは、比較的簡単な犬のえさやりやテーブルのセッティングだけを担当している。最近の親たちは、さまざまな理由があって、子どもたちに仕事を押しつけない傾向にある。長時間労働への罪悪感とか、すでに過密気味の子どものスケジュールに別の負担をかけたくないといったことだ。親のなかには子どもに「情熱を追い求める」ことに時間を割いてほしいと考える人もいる（わが家の近所には子どものためのDJ学校があって、「あなたの子どもに、レコード、デジタルDJ、ファンキーなビートを紹介します！」と、約束している）。楽しくない家事は業者に委託したほうがいいと考える人たちもいる（芝生だってお金を払って人に刈ってもらうのだから、親がしたくない仕事をなぜ子どもにさせたいと思うだろうか？）。

最終的に、母が私によく言うように、現代の親たちは子どもに対して権威主義者ではなく、平等主義者として接しているのだ。「あなたの年齢の親たちは、子どもを合理的な考えを持った小さな大人みたいに考えたいわけ」と、呆れたように母は言う。「誰も悪役にはなりたくないものね」。子どもの頃の私には、毎日、毎週、毎月、家の用事が与えられ、もしそれをやらなかったら、罰を与えられたものだった。

母に比べたら、私はおおいに甘い。それは完全に認めざるを得ない。でも、ちょっとぐらい甘やかして何が悪いというのだろう？　おやつが欲しいと娘が言う時に、私が立ってボウルに入ったリンゴを与えるとか、学校へ行くための靴を並べてあげるなんて時は、彼女に愛情を示しているだけだ。誰かが私の靴を並べてくれたらとてもうれしいもの。娘を遊びの約束に連れて行った時のことだった。友だちのママが私に、ランチを食べていってと言ってくれた。そんな必要もなかったのに、彼女は、唯一きれいに洗ってあるお皿が子ども用の仕切りプレートで、恐竜の絵柄がついたものしかないんだ、とバツが悪そうだった。私のためのランチをお皿に載せて私の前にポンと置いてくれた時――それはターキーサンドイッチと、普段そうしているからだろう、子どもが食べやすい大きさに切ったバナナ、ヨーグルトが仕切りのなかにきれいに並べられていた――私は思いもよらずおおいに感激したのだ。気持ちを鎮めるのに少し時間がかかったほどだった。誰だって、大切にしてもらったらうれしいよね。

でも、「大切に思う」ことと、「無気力になるまで甘やかす」ことは違う。娘に家事を手伝わせるために現金やおでかけをえさにすることはしないだろうけれど、私が彼女に義務として課している仕事はほとんどなく、時折、やむを得ず用事を言いつけるくらいだ。私が言い忘れていたら、彼女がテーブルをきれいにして食器を並べてくれる。私が彼女のベッドの上に置いたままの、洗い立てのまだ温かい衣類の下に、気が晴れないままに潜り込んでいるときは、洗濯物を畳んでくれることもある。

そして、恥ずかしいことなのだけれど、もっと面倒な仕事を娘に頼まないのは、娘に家事を教える忍耐力も、仕事を促す我慢強さもないからなのだ。

＊

これでは娘にも私にもいいことはない。家事はさまざまな意味で子どもを成長させ、将来の成功に繋がる鍵になると、ブラウン医科大学で精神医学部准教授を務めるリチャード・レンデは言う。「大学入試の手続きのためだけではなくて、人生と、キャリアの両面で成功を収めることのできる子どもを育てるということなんですよ」と彼は言い、「共感する心を育てます。だって誰かが彼らの助けを必要としていると学ぶことができるのですから。勤勉になるということ、そして生活のなかにある「面倒な仕事」を背負う大切さを学ぶのです。大変な仕事をやりたがらないような子どもが、突然、勝ち組のトップに登り詰めることなんてありません。これが若者を「うんざりする」大人にしないためのレシピです」。

また、子どもが家事に参加しないことは、親の結婚生活にとっても利益にはならないのだ。子どもの要求にはなんでも応え、家事や日々の責任から遠ざけるような親子関係は、両親の間のわだかまりを肥大させ、苛立ちにしっかりとした足場を与えてしまう。

日々の雑用は子どもたちに、家族に対する彼らの貢献が必要不可欠で、重要なのだと教えてくれる。そして——ここが人生のレッスンよ、ちゃんと読んで！——たくさん飾りのついたおもちゃみたいな靴を履く小さな人間であっても、人間というのは、その気があるかないかに関わらず、仕事を片付けなければいけないのだ。

オースティン在住の児童心理学者カール・ピッカードは、雑用を家のメンバーになるための必要条件と考えるべきだ、と教えてくれた。「それを子どもに説明するんです。「家族として暮らすにはたくさんの仕事があるの。ダディも仕事をしているし、ママも仕事をする。そしてあなたも仕事ができるし、それでみんながおおいに助かることだってあるの」と言えばいいのです」。「そして子どもが手伝ってくれたら、すぐに「ありがとう！　とても助かったわ」と伝えることですね」。

ピッカードによると、「子どもが少し大きくなって、実質的に役に立つ用事をこなせるようになる八歳か九歳になるまで待ちますよ」という親は多いのだそうだ。「でもね、それは間違い」と彼は言う。思春期の直前となれば、用事を頼まれると押し付けと感じられるようになるんです。だから、家事を手伝う習慣は三歳までに身に付けさせるのが望ましいのだ。「その年齢だったら、親を助けることを、自分の能力を見せる行為だととらえます。つまり、「自分は両親と同じ仕事ができる。そしてとても気分がいい」となるのです」。「幼稚園の先生が黒板を消す手伝いをしてくれる子はいないか、と聞くと、部屋中の全員の手があがる。そういうことですよ」。

娘には生まれついての衝動、お手伝いしたいという気持ちがあるのもたしかだ。私がオーブンで何かを焼いているときはいつも、イスをキッチンカウンターまで引っ張って持ってきてくれる（私のなかに、喜びと、同じくらい〈火傷しないかなと〉恐れをもたらす）。私が薬局まで行かなくちゃと言えば、急いでコートを手に取り、大喜びでトムに「ママがタンポンを買いに行くんだって！」と言う。

発達研究によると、幼い子どもたちは親の仕事に参加するように生まれついているのだとレンデは証言する。「何かを落とせば、拾ってくれますよね」。「手の届かないものに手を伸ばし、それを手にとって持ってきてくれるんですよ」。興味深いことに、この傾向は、子どもの手助けに対して大人が見返りを与えると、あっという間に消滅してしまうのだ。「心の奥底では、見返りなんて欲しくないんです」と彼は言う。「対価をもらうと子どもたちの手柄（報酬）が消滅してしまう。手柄（報酬）は本質的に内面に関わるものだから

(対価にはなじまないから)」。

そして、言葉づかいも重要だ。レンデと研究者たちは「助けてくれた」ことに感謝をするのではなく、「助ける人になってくれた」ことを賞賛するほうがより効果的だと言う。「洗濯物の山から靴下の片方が子どもの目の前に落ちたとします。あなたが頼むのではなく、子どもがみずから拾ってくれるかどうか見てみるのです。そして、時には「とってもたすかるなぁ」と口に出して、子どもの背中を押してあげるんです」と彼は説明した。「子どもが人の力になるよう促し、その成果が少々お粗末でも気にしてはいけないでしょうね。子どもの方が洗濯物よりずっと大事ですから」。

そして子どもの家事の、長続きと習慣づけの秘訣《ひけつ》は、他人事じゃないとわかるように「私たち」という言葉を使い、家事・雑用を家族全員の取り組みとして重視することだ。「私たちでこれを片付けなくちゃね」とか「さあ一緒にリビングルームをきれいにしようか」などである。「そうすることで、家族はみんなお互いを助けるために一緒に働く、と理解できるようになるんです」。「「私」よりも、「私たち」という考え方のほうが子どもにとって役立つのです。このように「私たち」と考えることができる子どもたちは、頼まれなくても仕事に参加するという気持ちを持ち、問題を解決するために家族を助け、あるいは、ただ仕事を片付け、より大きな集団に利益をもたらすようになるのです。そして自分のためだけに働いてはいないから、より早く、高く、成功へのはしごを登るのです」。

就学前にこれらを身に付けるのが理想的だといわれる。なぜなら子どもは簡単に感化されるからである。「私たちは家族としてお互いを助け合う」という親の言葉を、子どもは疑うこともなく、受容し心に刻んでいく。私たち家族の公式な「家族のルール」は、シルヴィーが三歳か四歳の時に大急ぎでこしらえたものだった。いかにも公式発表といった感じの調子で告げただけで、それは真理となったのだ（ああ、あの、ころっと騙《だま》されてくれた、私の慈悲深い専制君主さまの時代が懐かしい。彼女は私の宣言どおり、おもちゃ屋さんは週末には閉まり、ｉＰａｄは日が暮れたら動かなくなると信じてくれたのだ）。

余談だけれど、公式発表を模《も》した厳《おごそ》かなトーンは、魔法のように、家族の（にわかづくりの）伝統に成り代わることができる。とある週末、トムが仕事で家を出ている時、朝の六時にシルヴィーが私のベッドの横に立ち、微笑みながら、さて今日も一日がんばろう、といった風情で立っていた。私はあまり家を出る気にもなれなかった（というか、正直なことを言えば、靴を履くとか、ウェストがゴムになっていないパンツを履くなんて気持ちにもなれず）。ということで、私はその日を「なまけ者の土曜日」と名づけ、一日中パジャマ姿でいること、クッキーを焼くこと、日がな一日『サウンド・オブ・ミュージック』を観ること、これらがシルヴィーとママには許可されました！と宣言したのだ。思いつきのブランド（方針）変更によって、単なる私のものぐさが、神聖な家族の慣習となったのである。シルヴィーは未《いま》だに「なまけ者の土曜日」をせがむ。

家事や雑用を語るとき、「私」ではなく「私たち」を意識的に強調することに加え、レンデは、両親が家事に不平をこぼさないことも大事な努力目標だと言う。「ごく幼い時期の子どもたちは、家事が嫌な仕事だとは感じていません。でも、親は、いやだいやだと家事に不満を口にしながら、子どもたちに家事を手伝えと命じているというわけです」と彼は言った。大人は洗車をめんどくさがっているかもしれないが、四歳の子どもにとってはバケツとスポンジを使って水を撒《ま》くことは、単に楽しい遊びなのだ。

たしかに、小さな子どもに雑用をさせれば、終わるまでに、三倍、もしかしたら六倍もの時間がかかるだろう。しかし、そこがまさに重要なポイントなのだ。私の友人の、シングルマザーのアマンダは以前、仕事から帰って急いで夕食を用意する間、三歳の娘をテレビの前に座らせていた。「充実した時間を一緒に過ごせるように、さっとスパゲティを作っていたの。そしてお人形で遊んだり、本を一緒に読んだりしてた」と彼女は言う。「でも、もし私が娘に夕食の調理を手伝ってもらったら、もっと一緒の時間を過ごすことができると気づいた。すごく時間はかかったし、一晩おきにあの子が床にパルメザンチーズの缶をこぼすように感じてた」と彼女は笑った。「でも、それで私は彼女に掃除機のかけかたを教えることができたのよ。彼女は一三歳になって、今でも一緒に夕食を作っているの。もうティーンで私には何も話してくれなくなったけれど、彼女がニンジンを刻むことに気を取られている間に、あれやこれやって詮索《せんさく》できることがわかったのよ」。

男の子に家事を手伝わせるのはとくに大切なこと。前にも触れたが、男子は年齢の低い時期から、頼まれても「やらない」と言って自分の独立を主張する傾向が強い。子どもの教育関連雑誌『ハイライト』の調査によると、七三パーセントの女子が担当する家事があると答えたのに対し、男子は六五パーセントのみであった。

女子は、より頻繁に家の仕事を頼まれる傾向にあるばかりか、報酬も少ないことがわかっている。全米非営利団体のジュニア・アチーブメントによると、男性と女性の報酬の差は、家庭内のお小遣いからはじまっているのだ。六七パーセントの男子がお小遣いをもらっている一方、女子は五九パーセントに留まっている。同じように、イギリスの調査結果でも、同じ家の用事に対して、男子は女子より一五パーセント多くお小遣いをもらっていた。以下の例から、子どもたちがどんなメッセージを受け取っているか、考えてみてほしい。男子が犬にフードを与えたり、部屋を片付ければお小遣いがもらえるのに、女子は「当然のことをしただけ」という扱いを受けるのだ。

そして姉か妹をもつ男子が、退屈でつらい仕事が姉妹たちだけに押しつけられているのを目撃すれば、その影響は、男子が中年になるまで続く可能性があるだろう。『ジャーナル・オブ・ポリティックス』誌に掲載された論文にはそう記されている。二人の経済学者が何十年にもおよぶ家族関連データを分析したところによると、姉妹とともに育った男子は、中年に達して、掃除、料理、そしてその他の骨の折れる仕事を妻に任せきりになりがちだとわかった。理由はなぜか？　姉妹のいる男子は、傾向として、家事を頼まれないからだ。他方、兄弟のみで育った男子は家庭での雑用を「女性の仕事」とは捉えない傾向にある。

しかし多くの親が、息子に手伝わせるのはたいへん、と言うのだ。妹のヘザーの家を訪ねた時に、私は彼女が息子の脱ぎ散らかした靴を拾っているのを見て、たまらず、なぜ息子たちにもっと手伝わせないの、と聞いてみた。

ヘザーは何か言いたくて堪《たま》らないといった感じで私を見た。「幼稚園の頃から毎日言い続けているってわからない？　毎日何百回も言ってるわよ！　姉さんには息子がいないからわかんないのよ！　毎日毎日ベッドを整えるように言ってるし、毎日、そんなことはじめて言われたみたいな顔して私を見るんだから」と彼女はため息をついた。「何度も何度も何度も言うわよ、だってあの子たちにだらしのない人間にはなってほしくないもの。息子がいる友だちはまったく同じことを言ってるわ。でも言い続けるわ、だっていつか気づいてくれるかもしれないから」。

その日が来れば、得をするのは彼らなのだ。家事が子どもたちの生活にきちんと組み込まれると、影響は何年にも及ぶだろう。ミネソタ大学のマーティー・ロスマンの調査によると、何十年にわたる可能性もあるらしい。彼女は、三歳か四歳の頃から、子どもに家事の役割を積極的に引き受けさせれば、精神的にバランスのとれた若者に成長できる、そんな直接的な効果があると言う。

ロスマンは調査対象となった子どもたちの人生を四つの時期に分けて、その後二十代半ばまで追跡調査した。三歳から四歳の時点で家事を手伝いはじめた子どもたちは、家族や友人たちと強い絆を結び、自立心が身に付き、小さい頃から学業でもよい成績を収め、早くして仕事で成功する傾向にあることがわかったのだ。

ニューヨークに本拠地を置くコンサルティンググループで、顧客である企業に将来の戦略を提案するフューチャー・ハンターズを率いるエディー・ウェイナーは、私たちは「持てる者、持たざる者」の世界から、「できる者、できない者」の世界に移行しつつあると主張する。家庭の仕事は重要だと彼女は言う。なぜなら、将来的に、キャリアとしての成功は、誰を知っているのか、あるいはどこの学校を卒業したのかに関係がなくなるからだと証言する（それはあなたの「持てるもの（所有しているもの）」にあたる）。その代わり、より基本的な能力、あなたができることで決まっていくだろう。具体的に言えば、臨機応変な対応や、新しい技術を学ぶこと、そして成長する能力だ。

ということで、娘を「豊かに育てる」という私の熱意は、見当違いだったというわけ。今となっては、チェスもできるし、市営プールをちゃんと泳ぐことだってできる娘は、自立した人間になるための基本的なライフスキルを身に付けていないのだ。私は彼女の部屋を片付けることで彼女に贈り物をしているのだと考えている。でも、私が本当に彼女に与えているのは、娘は自分では何もできないというメッセージなのだ。誰も、料理のレベルが「グロースラント」（「食料品店（grocery store）」と「レストラン（restaurant）」を合成した造語で、できあいの食事を提供する、爆発的に増えている小売り食料品店のこと）の域を超えないような、「できない」子どもを育てたいとは思わない。誰も、最低限の衣類の洗濯もできずに大学に通うティーンエイジャーを欲しくはない。私の友人の一八歳の子どもは、彼女のルームメイトが、どれが洗濯機でどれが乾燥機なのか真剣な顔で聞いてきたのだと教えてくれた。

C・S・モット・チルドレンズ病院による子どもの健康に関する全米世論調査から、この私たちの大事な宝物（子ども）について考えてみる。調査対象となった親のほとんどが、子どもが一八歳になれば、小児科医から通常の医師への受診の準備ができていることは認めている。しかし、車の運転ができて、投票もできる一八歳から一九歳の、より年齢の高い子どもを持つ親で、子ども自身が病院の予約を取る方法を知っている、と答えたのは半数以下だったのだ。

シルヴィーはすでに六歳になっている。彼女には日課を定め、それをやらせなければならない。すぐにだ。

本、新聞、ブログを調べ、仲の良い親たちにあれこれ詳しく聞いて、私は娘にとって、何が最も効果的な動機付けになりうるか、実地テストを行ってみた。

無視を封印させる

ニューヨーク在住の心理学者ローラ・マークハムから教わったことだが、私がシルヴィーに部屋を片付けるように言っても、彼女がイスから動かないのには理由があるらしい。子どもは、注意、意思決定、そして自制といった、いわゆる実行機能を司《つかさど》る脳の領域、前頭皮質がいまだ形成途上にあるのだ、と教えてくれたのである。

「低年齢の子どもは大人ほど物事を理論的に考えるのが上手ではありません。彼らがしたいことと、あなたが彼らにしてもらいたいことのギアの切り換えを身に付けている途中なのです」。「だから、娘さんが遊んでいるとき、その遊びを切り上げて、お母さんと食料品店に買い物に行くとなると、彼女は腹をたてます」（そうか、娘の抵抗はある程度脳に起因するようだ、単なる反抗ではないようだ、と知ると、私のフラストレーションはいくらか和《やわ》らぐ）。

子どもに強制ではなく、自発的な移行（ギアの切り換え）を促す最良の方法は、子どもに共感しつつ訴えることだという（「ねえ、本に集中しているのはわかっているんだけど……」など）。子どもの肩に触れて、目を見ること（私たちにとって、この方法は特に効果的だった）。そして親から子へのリクエストが、〈親の要求の押し付けでなく〉子どもにとっても意味あるものであるようにすること。「たとえば、「食材を買いにお店に行かなくちゃ。それに、冷蔵庫を開けたときにお気に入りのヨーグルトが入っていたらうれしくなるでしょ」と、子どもが「自分も力を貸そう」と思えるような理由を提示するのです」とマークハムは言った。そして実際に動いてみると、シルヴィーの脳には弾《はず》みがつくのだ。「彼女が自分がその時やりたいことよりも、母親（親）との関係の方が大事だと考えるたびに、子どもは自己鍛錬《たんれん》する脳の力を強めていくのです」。

親に見えていることを説明する、何が問題か説いて聞かせる

私のお気に入りの親のための参考書の一冊、『子どもが聴いてくれる話し方と子どもが話してくれる聴き方 大全』を書いたアデル・フェイバとエレイン・マズリッシュは、何が問題になっているかわかるように説明してやれば、子どもはいま何をすべきか、自分で決めるチャンスを手にするのだ、と言っている。「また濡れたタオルを掛けないんだったらお仕置きするわよ」と言う代わりに、「私のベッドの上に濡れたタオルがあるんだけど」と語りかける努力をするのだ。結局大事なのは情報。長時間に及ぶ、じつに啓発的な電話での会話の中で、フェイバが教えてくれた。子どもにとっては単に非難されるより、いまどうなっているか、その情報を与えられる方がずっと飲み込みやすく、対処も簡単だ。そして何が問われているかを言葉で説明すれば協力と問題解決を促すことができる。

何が問題かを説明し、子どもに、（責めるでも褒めるでもない）ニュートラルな言葉づかいで、あなたの態度が母親である私をどのような気持ちにしたか伝えることによって、共感を新たに生み出す。「濡れたベッドに寝るのはイヤだわ」という言い方がその例だ。「子どもには親の正直な気持ちを聞く権利があります」と、フェイバは言っていた。

具体的になる

『泣かせないしつけ読本』で著者のエリザベス・パントリーは、「……できるかしら？」、「……してもらえるかな？」、「……やってくれるかな？」といった質問（依頼）を添えて、子どもに言葉をかけるとすると、あたかも、親の依頼を受け入れ従うことが、子どもの自発的な意志であるかに見せてしまう、と指摘している（「わかったわね？」と質問をしめくくることも避ける。私はこれを即座にやめた）。パントリーは、そうではなく、率直に、簡潔に言うことを推奨している。「引き出しに入っているパジャマを着てね」、「ブロックをおもちゃ箱に戻して、電気を消しておいて」といった言い方だ（私が娘の父親に仕事を割り当てる時と同様、それが守られると仮定して）。

……あるいはたったひとことで

フェイバとマズリッシュから授《さず》けてもらった、人生を大いに変えてくれたヒントの一つ。考えてみて下さい。子どもの頃、説教されることがどれだけ嫌だったか、そして浴びせられた説教をどれだけあっさりと無視したのかを。なぜ自分の子どもがそうしないと思えるのだろうか？　激しい非難と、空虚な脅《おど》し、そして守るべき義務についてお説教を垂れるより、ひとことと言えば結果が出るのだ。宿題。歯磨き。カバン。ドアの前で足を組んで、散歩に行きたくてうずうずしている犬を指さして、犬。それで終わり。

「ひとことで済ませるのは親にとって素晴らしいことですよ」とフェイバは私に言った。「だって冷静なときにも言えるし、少しイライラしているときにだって、完全に怒り狂っている時にだって言えるもの。それで何が起きるっていうのかしら？　あなたの子どもが一〇年後に精神科のベッドに寝転んで、「母が「犬」と怒鳴ったのがトラウマです」って言うかしら？」

永遠に時間がかかるとしても、仕事は一緒にやろう。あなたのいとこが送ってきた『このハムスターが着ているものに目を疑うに

違いない』という動画を見る方がマシだとしても

あなたが一緒にやらなければ、そもそも子どもは家の雑用に本来備わっている価値を見出さない。だから、子どもが家事に参加すれば親子の繋がりが密になる、と捉えればよい。これがマークハムの説明だ。「この段階での目標は家事を片付けることではなくて、献身に喜びを見出す子どもに育てることなんです」。「もしあなたが雑用を、楽しくて、貢献できて、いささか技量の要《い》る仕事に仕立て上げられたら（「わあ、お風呂場の鏡、すごく光ってる！　どうやってやったの？」）、子どもは「私は鏡を磨くのがとっても上手だ」と考えるのです」。最初の二〇回は一緒に鏡を磨かなければいけないかもしれないけど、ある時点で子ども自身が鏡をピカピカにしますよ、と彼女は言った。

ベッドを整える。小さな行動、大きな結果

テキサス大学の学位授与式のスピーチで、米国特殊作戦軍司令官を務めたウィリアム・H・マクレイヴン海軍大将は、ネイビーシールズとして訓練を受けている時に、毎朝ベッドの角をきっちりと完璧に整えるよう命じられていたと語った。最初はとても嫌だったが、振り返ってみると今までの人生で学んだ最も重要な教えの一つだったそうだ。

「毎朝ベッドを整えれば、その日の最初の仕事を成し遂げたことになる」と、彼は卒業生たちに語りかけた。「それは君たちに小さな誇りを与え、別の仕事へのやる気を与え、その次、また次へと君を勇気づけてくれる」。ベッドを整えることは、人生で大切なのは小さなことだ、と改めて教えてくれるとマクレイヴンは続けた。「小さなことを適切に処理できないなら、大きなことの対処もうまくいかない。そしてもし、たまたま、君たちが最悪な一日を過ごしたとしても、家に戻ればきちんと整えられたベッドが待っていてくれる。君が整えたベッドだ。整えられたベッドは、次の日はきっと今日よりはましだよ、と君を激励してくれる。世界を変えたかったら、君のベッドから変えるといい」。

掃除機をかけ直すことを急がない

「子どもにとって、あなたが部屋に飛び込んできて、子どもたちの仕事をやり直すのを見るのは、本当にがっかりくることなのよ」と友だちのアディティは言った。「それに、それって母親は仕上げをしてくれるって子どもに教えるようなものでしょ。でもそう思われたくないよね」。その代わりに、完璧主義は忘れて、『なぜ選ぶたびに後悔するのか』の著者バリー・シュワルツの提唱する、「満足者（satisficer）」を目標とするのだ。これは「満足（satisfy）」と「十分である（suffice）」を合わせた言葉で、ノーベル経済学賞を受賞したハーバート・サイモンによって作られた。最善の決断を探すあまり途方に暮れ、立ちすくんでしまうよりも、適切な意思決定に至る方法を意味している。これは四つ星ホテルの基準に遠く及ばない、少々雑に処理された家事にも適用可能だ。シュワルツの言うように、「そこそこよければそれで十分」なのだ。

スポンジを持てる年齢になったら、自分の汚れは自分で片付けることを教えよう

シルヴィーが牛乳をこぼすと、私はペーパータオルをつかんで走り、それを拭いてやる。これはよくない。その代わり、マークハムは「あなたがスポンジを取って、シルヴィーに渡すんです。そして手伝うように促します」。同じように、廊下に彼女が靴を放っておいたら、彼女に靴を渡して片付けるよう促す。「この家では、自分の物は自分で片付けるのよ」と言い添えて。再び、どこかの銘板《めいばん》に公式に書き込まれているみたいに、私はこの決まりを厳《おごそ》かに宣言し、娘は抗《あらが》うことのできない事実として受け入れた（シルヴィーが二歳になってこのかた、この騙《だま》されやすい黄金時代が続いてきたが、程なく終わりを迎えることはわかっている。もうすぐ六歳半だ。でも今のところは、まだ効いている）。

床をきれいにする

子どもにベッドルームの掃除をさせるときのルールとしては最高よ」と、二人の子を持つの友人、ケンドラは言う。「床にころがっているものをつかみあげるのは簡単だし、床が散らかっていないと、服やおもちゃを引き出しに突っ込んであっても、部屋全体がいい感じに見えるのよ」。

子どもに簡単に手伝ってもらう方法を見つける

トムは、シルヴィーに掃除専用のちりとりとほうきを買い与えればよいのでは、と解決策を思いついた。子ども用の道具ではなくて、少し小さめだけれど、手の届きにくい場所を掃除するためのちゃんとした道具を買い与えた。彼は、安価な子ども用のあれやこれやは、結局役に立たないと常にこぼしていたからだ。これで、「シルヴィー、あなたのほうきで、あなたがたった今ひっくり返したシナモンの瓶の掃除をしてくれるかしら？」と言えるというわけ（でもシルヴィーは、〈能動的主体として自分の責任を認めるのではなく〉受動態構文の達人である多くの子どもと同じように、「勝手にひっくり返った」と報告したがるのだった）。

やるべきことを紙に書いて貼っておく

家の用事は書き出しておくこと、そうすればうっかり忘れることもない。ジュリー・モルゲンスターンの助言であり、〈リストが目に入ると〉勝手に身体が動いてくれるから便利。「しばらくすると習慣になりますから」とマークハム。「子どもとの繋がりがあれば、子どもは親を喜ばせたくなり、親の期待に応えようとするものです」。

メモをとる

これには努力が必要だけれど、何度も繰り返される問題には効果てきめんだとフェイバは言う。「普段やらないことだし、楽しいし、子どもに近づく方法でもありますよ」。子どもが濡れたタオルをどこと言わず部屋の中に置きっ放しにするなら、例えばおもしろいメモをタオルかけに貼り付ければいいんじゃないかしら、とフェイバとマズリッシュ。「ここに戻してくれれば乾くよ。ありがとう！ 君のタオルより」なんてね。

選択肢を与える

エリザベス・パントリーは、子どもに選択肢を与えるのだとする。食洗機を片付ける？　それとも床を掃く？　こうして選択肢を示せば、どっちにするの！なんて口論を防いでくれる。もし子どもが、テレビを見たいとか、別の三つ目の選択肢を言ってきたらどうしようと心配なら、子どもに、それは選択肢に含まれていないことを伝え、さっきの選択肢を繰り返す。子どもがいずれも選ばないなら、あなたが選ぶのだ（例えば猫のトイレの掃除のように、においのあるタイプの仕事を選択肢に加えると、次回は決定に時間がかからなくなる）。

ゲームにする

「私の娘たちは競争するの」とは私の妹、ダイナの言葉。「だから、「あれを片付けるのはどっちが早いかな？」って言う。音楽を鳴らして、リビングルームのお掃除パーティーをするのよ。あとはタイマーを五分にセットして、食品を素早く片付けてもらうとかね。あ、卵以外の食品よ」。

雑用を楽しく行うというのは、「ちょっとした魔法ですよ。気の利いたことをやれば子どもは反応がよくなるし、創意工夫をしはじめるんです。大人が想像したこともないような何かをやることも多いんですよ」とフェイバは著書の中で書いている。

やり続ける

「うちの子たちは正しいやり方をもう覚えています」と、娘の学校に子どもを通わせる母親は言う。「朝、服を着たらベッドを整えます。学校から戻ると、ランチバッグを空にして宿題をします。夕食が終わって席を立つと、テーブルを片付けて皿を食洗機に入れます。土曜には少しだけ余分な雑用がありますが、スポーツや電子機器の使用、公園までのお出かけは、その仕事が終わるまでやりませんね」。やり過ぎ（くどすぎ）は承知の上で、わかりやすく、明瞭に、明快に、である。

最後に、お小遣いとお手伝いを切り離す

三児の父であるダニエル・ピンクは、ベストセラーとなった『モチベーション3.0』を出版する前、家事のご褒美にお小遣いを与えるのは完璧に適切だと考えていたそうだ。しかし、モチベーション調査を深く研究する中で、彼は考えを変えた。彼に限らず、多くの

エキスパートたちが、家の用事とお小遣いをリンクさせることに反対している。子どもにとっては、お小遣いが「もし…そしたら…」という条件付きの報酬になってしまう、と主張するのだ。これは、お手伝いを無報酬にすると、自尊心のない子どもは喜んでゴミ箱を空にしなくなるという意味に繋がってしまう。

ピンクの家庭では、直ちに家事と報酬を切り離した。「私たちは週に数ドルというわずかなお小遣いを与えていました」。「そして、例えば「エリーザ、君がテーブルセッティングの係だよ」という形で子どもに仕事を割り当てる代わりに、家事はみんなでやるものなんだよ、とはっきりとさせたのです。そして驚くべきことに、全員がその務めを果たしました」。

ピンクは、家族はお互いに責任を負っているんだから、子どもも親も家事や雑事をするのだ、と強く主張する。「娘をダンス教室まで車で送ったくらいでお金をもらおうなんて思いません」。「ピンク家でディナーにタコを食べるのにきれいなお皿がない、じゃあ、食洗機で皿を洗ってもらうにしても、そんなことで娘がお金を要求したら変です」。

お小遣いは、たしかに、少額のお金の扱いを教えるのに便利なことは認める。「でも、家の手伝いとお小遣いをセットにしても、何というか、よいものとよいものを足してもそれよりよくはならない、という事例にあたります」。

マークハムもそれに同意する。彼女は六歳ぐらいの時に、プラスチック製の馬が欲しかったそうだ。「私は家事をすることでお小遣いをもらっていたので、馬を買えるだけ手伝いをして、買った途端に手伝いをやめたんです。馬を買うためのお小遣い欲しさに家事を手伝う、それ以上家事をする必要性が理解できてなかったんです」。

ということで、私は再び家族会議を招集し（三人で会議なんて今でもちょっとおかしな気分だ。でも、とりあえず、やることはやる）、私たちの家族は、お互いが助け合わなくちゃいけないと話した。私は自分で作った家事一覧を引っ張り出して、シルヴィーの日課、週単位の仕事を説明し、娘に自分の仕事が何であるか、はっきりさせた（私のスマホでテトリスをプレイできるようになったのだから、トイレのシンクにスプレーすることぐらいわけもないはずなのだ）。

そして今や、自分の担当をこなすようになった。完璧にできる？ いいえ、いつもそうってわけじゃない。彼女が毎週ちゃんと仕事をするかって？ いいえ、いつもというわけじゃない。でも、やることはやるのだ。

孫が家事をろくに手伝わないと文句を言い続けている私の母だが、ある日の午後、シルヴィーがせっせとわが家の狭いキッチンを掃き掃除しているのを見て喜んでいた。〔その流れで〕母がアラバマで暮らしていた子どもの頃、ニワトリの羽をむしらされた、というあの話が出てくることは想像できたし、母は期待を裏切らなかった。

「おばあちゃんのお母さんが、ニワトリの首をねじって、おばあちゃんがむしるのよ」と、遠い目をして母が言う。まるで誰かが『アイウィッシュ・アイワズ・イン・ディクシー』を彼女の心の中で演奏しているようだ。つらかった仕事も、何十年もの歳月を経て、重労働と母娘の絆のおぼろげな思い出に変わっていた。

シルヴィーが尋ねた。「何をむしったの？」

母は目を見開いた。「羽に決まってるでしょ！ ニワトリがスーパーの袋から転がり出てくるとでも思ってるの？」でも彼女は驚きはしたが満足げに、孫娘が注意深くちりとりの中のゴミをゴミ箱に入れる様子を見ていた。「それでも、これはいいスタートだと認めざるを得ないわ」。

遅すぎることなんてないのよ！ 年齢に合わせた家事について

三歳から四歳

おもちゃを拾う
ベッドを整える手伝いをする
テーブルをセッティングする
洗濯物かごに汚れた衣服を入れる

四歳から五歳

テーブルの上を片付ける
ママとパパが食洗機を空にしている間に食器類を片付ける
バスルームのタオルをかける
リサイクル品を持っていく
雑草を抜く
靴下を左右合わせる、自分の洗濯物をしまう
室内の植物に水をやる

六歳から七歳

小さなほうきでキッチンとダイニングを掃き掃除する
洗濯物を畳む
おもちゃの棚を整理する
床を、汚れを拭き取るペーパー式のほうきで拭く
食事の手伝いをする（野菜を洗う、食材をそろえる）
郵便物をポストから出す
レンジの中のベタベタを掃除する

カウンターを拭く

八歳から九歳

ほこりを払う
部屋ごとのゴミ箱を空にする
掃除機をかける
夕食の手伝いをする
電球を換える
食洗機を空にする
ペットにえさを与える、世話をする
お風呂の掃除をする
ランチをパックに詰める

一〇歳から一二歳

洗濯をする
キッチンの掃除をする
冷蔵庫の整理をする

草を刈る
バスタブを洗う

7章 争いのたね

ある晩、娘を寝かしつけようとしてなかなか寝てくれず、普段よりずっと遅くまでかかった。幼いながら狡智《こうち》に長けた娘は、一度私が、人は歳をとると自分の子ども時代のお話が好きで好きで、と話したからだろう、寝入るまで私を引き留めておく絶対確実な方法を編み出していたのだった。娘にそう話した時、私の念頭にあったのは、ミシガン州ベイシティーで育った頃のぼんやりとした思い出を好んで話してくれた父のことだった（「かあさんは学校から戻るわしらのために、温かいクッキーを用意してくれたもんだった」）。娘は私を、年寄りに分類したようだった（別に事実に反するというわけでもない）。私が彼女の寝室からそっと逃げだそうとすると、ピッツバーグで過ごした少女時代の話をしてくれと決まってせがむのだ。

「ほら、あの車の話をしてよ」と、彼女は言ってくる。

私は寝室のドアのところで躊躇《ちゅうちょ》する。断ることなんてできない。

「ママが子ども時代の車には、後ろの座席がなかったの。だからわが家の大きなライトブルーのビュイック・ルセイバーの前の座席に座るのは、ママとおばあちゃん。そして妹たちは車の後ろに座るようになっていた」と私は話をはじめた。「おばあちゃんがスピードを出してカーブを曲がると、おばあちゃんはいつもそうやって曲がるんだけど、後ろにいる妹たちがビー玉みたいに転がってドアに当たっちゃうの。そしてもちろん、シートベルトなんてつけなかったから、車を突然停める時には、ママがダッシュボードに頭を打ちつけないように、おばあちゃんが腕を伸ばしてママの体を押さえてくれた。でも、あまり効果がなかったのよね」。

「それである時、おばあちゃんが車の中でたばこを吸っていて……」とシルヴィーが続けた。

「その通り。ずっと昔は、おじいちゃんもおばあちゃんも、窓を上まできっちりと閉じた車の中でたばこを吸うのが大好きだった。なぜ窓を閉めていたと思う?」私はシルヴィーにじっくり考えさせるのが好きだ。「たぶんそうすることで……」と、私は助け船を出す。

「肺いっぱいに煙を吸い込むことができたからだよね?」シルヴィーは、それなら意味が通ると納得する。「とにかく、あるとき、前の車が突然停まって、おばあちゃんがママを押さえようとして腕を伸ばしたの」。私はドラマチックな効果を狙《ねら》って、話を止めた。「でもその時、おばあちゃんったら火がついたたばこを持っていたのよ!」

「それでママの髪の毛が火事になりそうだったんでしょ!」娘は、さも得意そうに物語の結末を話す。これは彼女がもっとも大事にしているベッドタイムのお話のひとつだ。

私が子どもの頃のわくわくするような話をもう一つ披露すると——シルヴィーを驚かすために、私が先生も大人もいないのに、少年たちの集団と、ゴミの散らばる空き地で何時間も遊んだお話をするのだが——、彼女はとうとう眠りにつくのだ。そして私は（静かに）手を叩く。さあ、ママパーティーのはじまり、はじまり。

いつものママパーティーは、深い眠りにドスンと落ちる前の、たいてい四五分から一時間の間続く。このパーティーにはいくつかの要素がある。まず第一は、食べものだ。甘いものか塩辛いものである（塩入りキャラメルブラウニーの場合、両方に対応）。そしてそれに、リラックスできる飲み物を用意する。一杯か三杯のワインだとか、マグカップに入ったデカフェである。お好みの気晴らしを選んだら、そこに彩《いろど》りを添える。取り憑かれたように保湿クリームを比較するブログだとか、下らないリアリティーショー（訳注：台本や演出のないドラマのこと）のマラソン視聴である。私のママ友の一人はバスタブにインテリア雑誌数冊と紙巻きたばこを持ち込むのが好きだし、別のママ友は小さなボウルに入れた、レンジでチンしてチョコレートソースみたいにドロドロにしたチョコチップクッキーをゆっくりと食べながら、スマホでゲームをするのが好きな人もいる。このパーティーの服装は、フェスティバルにふさわしいラクな感じだ（着心地が楽な状態になるまで伸びたヨガパンツと、着古して生地が薄くなったTシャツと、魅力的なまでにクタクタになった、肌触りのいい未漂白の妊婦用下着）。

ハミングしながら私はキッチンに向かい、パントリーからファミリーサイズのポテトチップの袋を取りだして、ジムからくすねてきた雑誌を手に取る。「セレブリティ、悲惨なビーチスタイル」が掲載されている、ゴシップ誌の『スター』だ。

トムがキッチンに現れ、私の背中をさすり出すのはこの瞬間だ――彼はこの時、私が手にハーベスト・チェダーチーズ味のポテトチップの袋を持っていること、そしてそれはママパーティーが進行中であるという現実に気づかないふりをする。私たち二人の関係のなかで、目的のない触れ合いなどというものは存在しない（コメディアンのディーナ・ブリザードは、「夫という生きものは、背中をさすれば、胸までさする」と言った）。

シルヴィーの延長気味のベッドタイムの儀式で疲れ切っている私は（そして「**これは誰のセルライト**〔訳注：腹部や臀部に現れる、デコボコとした皮下脂肪〕でしょう」と、「**この胸板はどのセレブのものでしょう**」が書いてある二三ページを急いで見たい場合は特に）、またの機会と断って、寝室に逃げて行く。トムは意気消沈してリビングルームに向かい、コンピュータでチェスをしはじめる。

こうした筋書きでことが進むのは、この日の夜が初めてではない。六ヶ月にわたって、喧嘩をするなら公平に、それでも互いの長所を見失わないように、と努力した結果、私たちの相互関係は明らかにより穏やかに、より幸せなものとなったのだけれど、私たち二人のセックスライフに関しては起爆剤が必要だった。パターンはいつも、とうとう二人きりになると彼がそれをチャンスとばかりに迫ってきて、長時間子どもの世話をした後の私は、セックスを誰か他の人のためにしなければならない次の仕事だと考えてしまい、彼を拒絶するというものだった。

セックスを断る方法なんていろいろあるのだから、新米の親たちが、わずかであっても関係をもっているのは驚くべきことだ。セックスする時間をどう捻出《ねんしゅつ》するかという問題もさることながら、ストレス、幻覚を見そうになるほどの疲労、産後うつ、体調の不安定、そして男性にも女性にも大混乱を引き起こすホルモンに対処しなければならないのだ。ノートルダム大学による調査で、父親になってからの一年は、テストステロン〔訳注：男性ホルモンの一つ。男性の思考パターンに影響を与えるとされる〕のレベルがおよそ三分の一に減少することがわかった。そして、赤ちゃんが生まれる前のレベルに回復することはない。

コロンビア大学産婦人科助教授のヒルダ・ハッチャーソンは、母乳育児が性の衝動を遠ざけるのだと言う。それは、夫が母乳で爆発しそうに張ったGカップの胸のまわりをうろうろするのが鬱陶しいだけが原因ではない。母乳育児は母乳の分泌を促《うなが》すホルモンであるプロラクチンの放出のきっかけとなり、このホルモンはオーガズムを困難にするのだ。そしてこのホルモンはエストロゲンのレベルも下げ、膣の乾燥を招くことが懸念《けねん》される（エストロゲンは膣の内壁に湿度をもたらし、柔軟にしてくれる）。

そして、ママからセクシーな女性に変身することへの心理的障害もある。「私も子どもが四人いるから、セックスをしたくないというのは、本当に理解できますね」と、完璧な経歴の持ち主なのに、気の置けない女友だちの雰囲気を漂わせるハッチャーソンは言う。「私がカラカラになるまで子どもにおっぱいを吸われている時に、横で夫が元気になった状態で寝転んで順番を待ってるのよ！　スイッチをオンにしたりオフにしたりの切替えがすごく難しかったのを覚えるわ。それって「もう十分。自分の体とのプライベートな時間をもらえるかしら？」って感じよね」。そして手のかかる赤ちゃんがいると、使うことができる時間なんてわずかしかないのだ。「セックスをしたとしても、赤ちゃんのすすり泣きを聞きながらなんだから」。

よくあることなのだけれど、あまり議論されないセックスレスの原因が他にもある、とカップル・セラピストのイーサー・パールは説明する。母親は子どもから途方もない肉体的喜びを与えられるからだという。子どもの肌をなで、すべすべの頬にキスをし、何時間も赤ちゃんの瞳をのぞき込む。このうっとりとするような結びつきは、愛し合う二人の肉体的つながりと驚くほど似ているそうだ。

「ここではっきりとさせたいのは、私が言っている喜びは性的快楽ではないということです。これは官能的喜びであって、この感覚は女性のセクシュアリティーに本来備わっているものなのです」。女性のエロティシズムは、全身に広がったものであり、性器に局在しているのではなく、体全体、心、そして五感にまで浸透しているということなのだ。母親になったばかりの女性のなかには、一時的に、その官能を赤ちゃんに向ける人もいるのだという。「『一日が終わると、私の中にはなんにも残っていない』なんて聞くこともありますし、『一日が終われば、それ以上ほしいものなんて何もない』なんて言う人もいますよ」。

子どもが生まれた直後、カップルがセックスしなくなっても、ある程度は理解できる。心配になるのは、それが何ヶ月も、何年も続く場合である。「正直、最後がいつだったか思い出せない」と肩をすくめて言ったのは、私の友人のケリーだ。「彼もべつにいいって言うし、私も全然。とにかく子どもが私たちをクタクタにするの」（ゴットマンインスティテュートの調査によると、就学前の子どもは平均して一分に三回、親に要求を出すそうだ）。

エネルギーを奮いおこすのはしんどいことだが、ハッチャーソンはナイキのスローガン、「Just do it」（とにかく、やってみる）を守るのが重要だという。彼女はその理由を並べた。セックスは、モルヒネと似た構造を持つ、気分が良くなるホルモンのエンドルフィンを放出させ、そして「抱擁ホルモン」と呼ばれ、献身と信頼の気持ちを促すオキシトシンも放出する。「一度慣れれば、喜びを得られるはずです」と彼女は言う。「私は、はずですと言いました。時間がかかるのです。でもパートナーとの関係を強く保ち続けるには、性的な親密さは欠かせないもの。それにセックスしたらお互いがお互いを心地よく感じるでしょ！　そうよね？」

私がハッチャーソンに、夫と私がまるで学生時代の友だちが久しぶりに一緒にコーヒーを飲んだ時みたいに、「今後はもっとこうしようよ」と、セックスのあと「驚いたね」って感じで話し合うのと言うと、笑い転げた。「片付けを手伝うって言ってたのに、キッチンの片付けを夫がしてくれないときも、セックスの翌日だったらそこまで腹が立たないことがわかったの」と彼女は言った。「些細《ささい》なことがどうでもよくなるのは、彼も同じだと思う。そんなにわがままじゃなくなるわ」。

慌《あわ》ただしく変化し続ける生活に巻き込まれている私とトムは、深く考えずに日々を過ごしてしまうことが多い。こうペレルに言ってみたが、彼女は「忙しい」は理由にならないとの返事。彼女はクライアントに、欲望の炎を消すのは子どもではなく、その火を灯《とも》し続けることができない大人なのだと言うことも多い。

でも、雑誌などに掲載されている典型的なアドバイスは、身がすくむほど恥ずかしいと私は思う。現実的でないのは言うまでもない。私は、「職場で見るのはちょっと危険、そんなみだらなメールを彼に送る」なんてしたくないもの！　もしトムがそれを読んだら即座に「ねえ、君、アカウントがハッキングされているか、発作でも起きてるんじゃないか？　誰かに電話した方がいい？」と返事してくるだろう。私にはロールプレイ用のエッチな看護婦の制服を買う余分なお金はないし、そのキャラを演じられるわけがない。それに私は「セクシーな楽しみのために彼とシャワーを浴びる」なんて絶対に無理！　小さくて窮屈《きゅうくつ》なニューヨークのシャワーは違う意味で「ムンムン」なのだ。

ということで、私は専門家と友だちを訪ね回って、より実践的な戦略を聞き出すことにした。今度はもう少し面倒なことに手を出してみる。この話題をトムに振ってみるのだ。

ジョージア州立大学が、性的に不活発な夫婦を調査したところ、セックスについて論じ合ってきたカップルは、少なくとも、セックスするようになる、ということがわかったのだ。オーストラリアの研究家が同じような発見をしている。「愛のホルモン」であるオキシトシンを与えられた女性と、本来はなんの効果もないはずのプラシーボを与えられた女性たちは、同じように性生活を送ったのだ。それはなぜだろう。理由は、この実験では、被験者となった女性たち全員が服薬と同時に日記をつけ、自分たちの性生活について正直にパートナーと話をすることを求められていたのだ。これが関係の起爆剤になったようだった。

ある日の夜、シルヴィーが眠ったあと、私はトムに「私たち、それほどセックスしなくなったって気づいてた?」と尋ねてみた。

トムは本を読んでいた。「気づいていたよ」と彼は言った。

「もっとセックスしたい?」私は聞いた。

彼の視線はページから動かなかった。「したいよ」と彼は言った。

私は、彼が、その問題はすでに解決済みと感じていることに気づいた。でも、私は気にせず彼を説得した。とりあえずでいいから、テキサス州グレイプバインにある福音バプテスト教会フェローシップのエド・ヤング牧師と妻のリサが提唱する「セクスペリメント：七日間で配偶者と長続きする肉体関係を保つ方法」を試してみないかともちかけたのだ。四人の子どもを持つ父親であるヤング牧師は、「kids（子ども）とは、keeping intimacy at a distance successfully（肉体関係を確実に遠ざける）の頭文字を取ったものだ」と冗談を言ったことがある。コリント人への第一の手紙、七章五節（「互いに性的関係を拒《こば》んではいけません」）を引用しながら、彼は「会衆《かいしゅう》の性行為」を七日間行いましょうと信徒を励ました。その目的は互いにもっと近づくこと、そして神に近づくことだった（ヤングが賢明に書き記したように、「神は偉大であり、セックスのような偉大なことを創造されたのも神なのだ」）。いいじゃん、やってみよ？　私はトムに、毎夜、一週間にわたってさまざまなアプローチを試してみたいのだと提案した。当然かもしれないけれど、彼は乗り気だった。

セックスを予定にいれておくなんて、全然セクシーじゃないけれど、カレンダーに書いて楽しみにしている友だちも大勢いる。私の友人で、一人の子どもの母親のサリーは、毎週火曜日か、何も用事がない日に夫と待ち合わせをするそうだ。「その週の毎日毎日が過ぎていき、週末になればやり残したあれこれで動きが取れなくなることが多いの」と彼女。「このやり方だと、そのための時間を週末に探そうと考えなくていいでしょ。そして週末にセックスをしたとすれば……それはボーナスだもん！」

そうそう、週に一度と言えば、三万人以上の成人を対象とする調査では、週に一回のセックスが最高・最大の幸せ、とされている。二回以上セックスしている回答者では、幸福感の度合いは上がりも下がりもせず横ばいになっていた（ちなみにこの発見は、男性と女性双方にとって当てはまることだった。そして一緒になってからの期間は結果に影響しなかった）。

しかし、週に一回であっても、私たちはひるんでしまったので、日常、セックスとは別の触れ合いを増やすというアイデアでお茶を濁すことにした。ソンジャ・ライウボマースキーは著書『幸福の神話』で、「触れ合うことの大切さは疑う余地がないが、著《いちじる》しく過小評価されている」と書いた。彼女は触れ合うことの科学は、背中をぽんと叩くとか、友情を込めてぎゅっと抱きしめるといった、ほんの些細《ささい》な日頃の振る舞いが、「まずまずの結婚をなんとか維持してくれる」と教えてくれている、と書いている。「配偶者に触れられると、少し気分がハイになり、疲れは軽くなり、不快感や苦悩が軽減されるという経験をするのです」。同じように、神経科学者であるジェイムズ・コーンが、不調によって脳の活動が抑制されている既婚女性のケースだが、夫が彼女の手を握っただけですぐに落ち着きを取り戻したという事例を報告している。見知らぬ人の手では、同じ効果は観察されなかった。

体に触れることに加えて、私とトムはより頻繁にアイコンタクトを取るように努めた。

これは絆を強めることがすでに証明されている方法だ。私たちのほとんどが考えもしないことだけれど、長く見つめ合うことは、フェネチルアミンという、つい惹かれてしまう感情をつかさどる化学物質を放出すると考えられている。カリフォルニア州ウォルナットクリーク在住の心理学者スーザン・オーグレイディーは、彼女と心理学者の夫を含め、たいていのカップルはお互いの目を直接見ないで何日も過ごしてしまう、と話してくれた。「双子を育てながら、週に何時間も働いていた時のことですが、私は夫が口ヒゲを剃ったことに気づかなかったんです」。「気づくまでに三日かかったたって彼は言っていましたよ。おおいに勉強になりましたね。私たち、同じオフィスで働いてたっていうのに！」

さてと、セクスペリメントをはじめましょうか。

＊

第一夜

欲望が強化されるためには距離を必要とする、とペレルは主張する。彼女の調査では、パートナーと離れているときに相手に最も魅力を感じると言う人が多いのだという。そして、二人は再び結びつきを強める。「それは、いまここに不在であること、相手を恋しがる気持ちに根ざしていますす」と彼女は説明している。「欲望の主な構成要素なんですよね」。

セクスペリメントに挑戦する五日前、トムは今回も幸運なことに楽しい仕事で家を留守にすることになった。今度はカリフォルニアにあるロボット研究所への出張だった。私は彼に、外出中は電話をかけてこないこと、フェイスタイムも使わないように頼んだ。彼にできるのは、ただ娘にメールを書くこと。彼がいない間は、彼とつきあいだした頃を思い出させてくれる音楽を聴き、お気に入りの彼の写真を見ていた。こうして貴重な距離を保てたために、私は軽い恋心を体験できたのだ。それは彼が戻るまで続いた。そして……ヤッホー！

第二夜

「欲望を強制することはできないけれど、欲望があるような雰囲気を醸《かも》し出すことはできる」とはペレルの言葉。「誘惑して、褒めて、燃え上がって、引きつけることができる。私は意識的にエロチックな場所を作るように言うの。エロチックになるための場所で、エロチックなことをする場所じゃないわ。そこでお互いにエンジョイして、喜びを見つけ出す。セックスしなければならない場所じゃなくて、でもしようと思えば確実にセックスができる場所ってことですよ」。いつもはトムが断られる方なので、その晩、彼はメスを誘い出すために、カラフルな貝殻や、ベリー、葉っぱを使って魅力的で豪華な求愛場を用意し、メスを部屋に招き入れるというオーストラリアのニワシドリに変身した。メスが部屋の様子を確認するため近づいて来ると、ニワシドリは感動的な姿勢で複雑に飛びはね、ダンスして約束を取り付けようとするのだ。

トムは電気を暗くすると、いいにおいのするオイルを振りまいて、私にマッサージをしようと言った。トムが普段やってくれる、ぎこちない肩こり対策（たった二分間）ではなく、二〇分もかけた専門的なマッサージだった。もし私たちが意図的に作ったエロチックな場所で何か起きたら、最高ね。何も起きなかったら、彼は自分から出ていくよとトムは言った。彼が出ていく必要はなかった。

第三夜

ママたちだったら理解してくれると思うけれど、セックスが遅い時間になるとピリピリしてしまう。なぜかというと、すでに少なくなっている睡眠時間を減らしてしまうからだ。「電気を消した直後、一分以内に彼の一部が腰の下のほうに当たって、まるで銃口を突きつけられてる感じなのよね」と私の友人のアヴェリーは言う。「そこで私は、素早く時間の計算をするわけ。「よし、一一時だわ。一一時四五分までには終わるね。すぐには眠れないから、寝るのは早くても夜中の一二時、そして明日の朝って六時起き。ハイ、無理」

ってなる」。

お互いオープンにしよう、と考えるようになったから、私はトムに時々同じような気持ちになると白状した。そこで彼は、娘を早く寝かしつけて、おまけの時間（三〇分）を捻出した（シルヴィーはいま何時かを知らないし、トムが娘に屈し枕元で七つも物語を読み聞かせることはない（私とは違う））。以前、睡眠研究者が、すぐに眠りに落ちますと教えてくれたので、ベッドに行く直前、トムは娘に、アーモンドバター（安眠につながるマグネシウムが含まれている）を塗った全粒粉のトースト（炭水化物は、休息を促すトリプトファンの脳内レベルを上げる）のおやつを与えることにした。ほらね、三〇分の自由時間ができました。ペンシルベニア州立大学で性行動調査を行った研究者によると、それは十分な長さであるという。前戯の後の、もっとも心地の良い性交の長さは、ヒンズー教の経典《タントラ》に言うマラソンセックスではなくて、七分から一三分なのだそうだ。

第四夜

ペレルは、ありきたりの男性のセックス観では、前戯は「本物」への単なる導入であるけれど、しかし女性にとっては多くの場合、それもまた「本物」なのだ。私は友だちのエマに教えてもらったテクニックを使ってみることにした。一五分の間イチャイチャして、それ以上先には進まないようにするのだ。そう、それは世界で最もわかりやすい反心理学だけど、たいていの場合、ゆっくりとした発展、情動的な結びつき、唇にある感覚器官の濃厚な接合、そして突然禁じられてしまう、その雰囲気が、結果として行為に結びつくのだ。私たちの場合は。

第五夜

ペレルは私に「例外なく、一番セクシーに見える」のは、パーティーでパートナーがちやほやされるのを目撃するか、何ごとであれ熱中しているのを目にする時だと教えてくれた。それは、パートナーが自分の最高の姿を世界に見せつけている時なのだ。「あなたが、キラキラと輝いて、自信に満ちたパートナーの姿を見る瞬間です」と付け加えた。「彼らが本領を発揮している時なのです。賞賛できるのよ。永遠に神秘的な存在で、理解しにくく、見知らぬ存在のように彼が見えてくる。本領を発揮している時は、彼にはあなたが必要じゃないんです。感情的にも、肉体的にも、あなたが彼の面倒をみなくていいのです」。しなければならないことがなくなったそのスペースに、欲望の欠如が浮かび上がる。言い換えれば、あなたと相手の間に、エロチックで激しい熱情が横たわっているというのだ。彼女は、本物の発見の旅は、新しい場所へ旅することではなく、新しい目で見ることにあるとしたマルセル・プルーストの言葉を好んで引用していた。

　ということで、この晩、トムの友人で写真家のロフトで開かれたパーティーで、私はトムに一切近寄らず、彼にベタベタする女性を観察して過ごした。私は彼を、他の人たちが見るように、見てみたのだ。背が高くて、ハンサムで、青い目をして、鍛えあげられた肉体を持つ男性として。それは彼がミーティングから戻る途中に偶然出くわした時に私が抱いた気持ちと同じだった。彼に気づく千分の一秒前に、彼を上から下までさっと見回して、あら、ステキ！と感じる時のあの気持ちだ。「ああ、あなただったの」となる直前にね。

　あのパーティーの後は、再び成功。

「実験のこととか、セクスペリメントだかなんだかについてメールするのはやめてくれない？」と妹のダイナが訴えた。「すごく生々しいのよね」。

第六夜

　セックス研究の先駆的存在であるマルタ・ミーナは、求められることは、女性にとっては大いに刺激的であると言う。魅力的な男性が自分に夢中になるというシチュエーションは、女性が抱く最もよくあるタイプの性的幻想の一つだとされる。しかし支配されることを語っているときでも、女性が伝えようとしているのは、私が求めている誰かから、私は強く求められたということなのだ。

生物人類学者のヘレン・フィッシャーは、男性に比べ女性は、ロマンチックな言葉で興奮させられるのだという。そしてこれには進化的な根拠がある。男性は、何かするときに、横に並ぶことで親密さを得ると彼女は説明する。「何百万年もの間、その日の務めを果たすべく、男性は一緒に灌木《かんぼく》や茂み《ブッシュ》に身を隠し、草原の向こうに獲物となる動物の姿を探し求めていました」とフィッシャーは言う。「もし男性たちが互いに顔を合わせ、話し合いなどしていたら、狩りはできないのです。日曜日に二人の男性がフットボールの試合を、まっすぐ前を見ながら、ひと言もしゃべらず観戦している姿を見るのも、そういうわけなのです。男性にとって、これが親密さの表現なのです」。

対照的に女性は、言葉を交わす中に親密さを見出す。「何百万年もの間、言葉は女性の道具でした」とフィッシャーは説明する。「世界中で、女性は文字通り顔の前に赤ちゃんを抱き、話しかけてきました。女性はその結果、言葉を交わす関係の中に親密さを得ていったのです。例えばこんな場面です。あなたと私が一緒にいて、顔と顔をつきあわせるように向かい合い、「アンカリング・ゲイズ」と呼ばれる振る舞いのままじっと見つめ合って、話をします。これが女性にとっては親密ということなのです」。

シルヴィーを寝かしつけた後、自分たちのベッドに行くと、フィッシャーの言葉を思いだす。私はトムに、やさしい言葉をかけながら、静かに、一緒に横になってくれないかと頼む。私の友だちのサリーは夫に頻繁にそう頼むのだと言う。彼は彼女の髪をなで、顔にキスをし、彼女がどれだけ美人なのかを語りかけ、どれだけ彼が彼女を愛しているか教えてくれるのだそうだ。「彼、すてきな褒め言葉を言ってくれるのよ。例えば「クッションをたくさん置いたイスに体を埋めるようにして座って、本を読む君が大好きだよ」とかね」。「それはたぶん私が彼に「人として、あなたが今でも私を求めているかどうか知りたい」と訊《たず》ねるからだと思う」。

錨《いかり》を下ろしたように、じっと眼差しを注がれ続けるからか、トムは、最初は少しぎこちなかった。「君は……素晴らしい母親だね」と彼は言い、しっくりとこない様子で私の髪を撫でた。

私はむくりと起き上がって、「ねえわかる？　それって本当に今言う必要があるのかなあ、だって、ほら……」

彼はうなずき、バツが悪そうだった。「わかった、わかったよ」。そして彼がもう一度、少しだけロマンチックな褒め言葉を口にした時、私はすぐに、甘い言葉が私の心の扉を開いてくれることに気づいたのだった。リラックスさせてくれ、解き放ってくれ、どこかに連れて行ってくれ、肉体的な反応を引き起こしてくれる。誰にだってひとつぐらい、そんな方法があるだろう。いや、たくさんあるかもしれない。それが長い間、どこかに埋もれていたのだとしても。

ハッチャーソン博士は正しい。私は翌日、朝食のコーヒーをトムに手渡しながら、そう思った。だって、小さなことがあまり気にならなくなったもの！

第七夜

著名なセックス研究家のローズマリー・バッソンは、女性はセックスをニュートラルな気持ちではじめることが多く、そして行為がはじまると興奮することを発見した（一方男性は、より無意識にそのムードに入る。ということで、腰のあたりに銃口が突きつけられ「手を上げろ！」となる）。

じゃあ、助けてもらえばいいんじゃない？　性愛を描いた文学を数分読み、準備を整える女性もいる（電子書籍読者のおかげで、このジャンルの本の売り上げは急増中）。私の友だちはポルノ映画が好きだというけれど、概して私は、趣味の悪いカーペットが敷かれて薄汚い回転椅子が置かれた寂れたサンフェルナンド・バレーのオフィスで、気味の悪い男たちが、ぼんやりした表情のスイカ胸のギャルを囲んで、彼女の体を居心地の悪い体勢にしているビデオを見てもそそられない。

でも、実は業界では異端ともいうべき映画監督がいる。気が滅入るようなものとは違うポルノ作品を製作しているのだ。例えばバルセロナを本拠地とする独立系ポルノ映画監督のエリカ・ラストなどがそうである。美しく撮影された画面で、きちんとした台本のある映画には、リアルな体型の俳優が出演している。例えば近所にあるコーヒーショップのタトゥーをしたかわいいバリスタのような雰囲気だ。場面設定はバケーションっぽいし、脱ぐ服も実際にかわいいのだ！（オレンジ色のレースのタンクトップに透明のヒールの紐靴じゃないのだ！）ラスト監督の製作クルーはほとんど全員が女性だ。彼女は二三歳以下の俳優の起用はきっぱりと断り、俳優にはパートナーを選ぶよう勧め、給料も高い（彼女は私に「女はこういうことを忘れないの」と言った）。

私のお気に入りは彼女のウェブサイトにあるXコンフェッションというシリーズで、匿名の性的な告白を募集し、彼女のお気に入りを、物語をしっかりと練り上げたショートフィルムにし、『貯蔵室での密会』、『カーニバル・ハスラー』、『ボート仲間の恩恵』、『イケアが大好き』など、興味をそそるタイトルをつけるのだ。私が大好きなのは、『フェミニスト・マン』。ジェンダー研究を専門とする教授とのセックスの妄想で、ユーザーからの投稿がベースとなった。

一〇分で準備万端だとラスト監督は言い、自分のショートフィルムは疲れ切った若い母親にはぴったりだとも言う。「私のフィルムは誰でも自分と結びつけられるわ。その時セクシーな気分でない人にだっていいの」と彼女は言う。「二人の子どもの母として、私の個人的な経験からもそう言える。性的なフィルムはもう一度性的な自分と繋がるきっかけになるはず」。

私が『フェミニスト・マン』を見はじめると、トムが肩越しに覗《のぞ》きこんできた。「君の性的な妄想って掃除機とセックスすることなんじゃないの」と彼はクスクス笑った。そして私の変態っぽい嗜好《しこう》をこうほのめかすのだった。「それか、大型食品店の店員と靴下のキャビネットの引き出しの中でするとか」。

でも、Xコンフェッションは七日目の大成功に導いてくれた。実際のところ、私たちは七夜を過ぎて一〇夜まで続けたのだった。そしてもっと長くなった可能性もある。でも、トムがまた次の「出張」（バージン諸島への旅）に行かなければならなかった。私はハッチャーソンに私たちの一〇日間について報告してみた。彼女は不思議じゃありませんね、と言った。「セックスセラピストの間ではよく言われていることだけど、セックスはすればするほど、もっと欲しくなるのよ」。

トムがカリブ海に出張にでかけると、私はいつものママ友たちに公園で会った。子どもたちがゾンビが登場するディストピアバージョンの鬼ごっこをしている間、私たちは日頃のニュースを話し合う。地元のニュース（ブルックリンに日本スタイルの猫カフェが初登場。入場料を払ってコーヒーを頼めば、猫と一時間遊ぶことができる）、そして全国ニュースだ。ブルース・スプリングスティーンのマジソン・スクエア・ガーデンのショーが次の話題になり、彼はいまでもハンサムだとの意見が出た（たしかに彼は六十代かもしれないけど、まったく問題なしで意見の一致)。

「セックスのことなんだけどさ」と私は言い、子どもが周りにいないかこっそり確認した。「ちょっと聞いてよ」。ママ友全員が身を乗り出し、表情を輝かせた。「一〇日間連続でセックスしたところ。クリントン政権以来のことよ」。

みんなものも言わず私をじっと見つめていたが、もっと聞きたいという表情が失望に変わっていった。

とうとう、一人のママが咳払《せきばら》いしてこう言った。「なんで?」他のママたちも頷《うなず》いて、ブツブツと「私もそう思ってた」と言い出した。

そこで私は実験のことを打ち明けた。みんなは疑い深い目で私を見た。「そういえば肌がきれいだよね」。一人がしぶしぶ認めた。私もそれには気づいていた。

偶然にも、イギリス心理学会の年次総会で発表された調査によると、中年の被験者で週に最低でも三回セックスしている人は、していない人に比べて、四歳から七歳若く見えるとのことだった。主執筆者であるデヴィッド・ウィークスは、その理由を多数あげている。セックスは、成長ホルモンの分泌を促し、その影響で肌は弾力を保ち、同時に免疫システムを支えるエンドルフィンその他、気分を良くする化学物質を放出させる。そして炎症を抑え、血液の循環を促進し、ストレスを緩和して、睡眠の質を高めるのだ。

ママのなかの一人が一時的に皺が消え、勝ち誇ったような表情を浮かべている私の顔を見て、苦笑いしていた。「双子が生まれてから、デヴィッドと最後にしたのはいつだったか忘れちゃったわ」と彼女は考えていた。「まあいいか、とりあえずチャレンジしてみるわ」。私がトレンドを作ったとは言わないけれど、でも後日彼女と夫は飛躍的進歩を遂げたと教えてくれた。「金曜日と、土曜日の夜よ」と彼女は宣言し、眉を上げた。

＊

私たちは七日間の大当たり（と、三日間の延長戦）を繰り返してはいないけれど、私たちのセックスライフに新しい息吹を吹き込んでくれたのは確かだ。ほどなくして、実証済みである「最高の結果をもたらす」週一に戻った。自然にそうなることもあるし、計画的なこともあるけど、私たちはいつもそれが二人の関係を維持するには重要な要素だと忘れないようにしている。

セックスを経て、私とトムは、悲しむべきことに私たちにすっかり欠けていたカップルで過ごす時間を捻出するようになった。〈いろいろなアドバイスを参考に〉戦略を立て、二人の関係修復につとめ、二人の時間をつくってきたものの、二人きりでの外出は何ヶ月もしていなかった。私はテリー・リアルとの会話を思い出していた。彼は私たちが「カップルとして互いを大事にするために」何をやってきたか尋ねてきたのだ。私たちには考えてもそれほど答えが出なくて、言い訳のようなものをベラベラと話しはじめたのだった。

疲れてる、仕事量が多すぎる、ニューヨークのベビーシッター費用は涙が出るほど高い（ある調査が、平均一時間一七ドル五〇セントと割り出したが、しばしば必要になる、帰りのタクシー代金は含まれていない）などなど。

私が娘をどこにでも連れて出るとリアルに伝えた折の、雷のような反応が私の耳の中で鳴り響いていた。「何かやらなくちゃダメだ。だって君たち二人とも疲れ果ててしまってるじゃないか！　いいですか、なんでも子どもも子どもになってしまう生活の問題点は、ちょうど君たちがそうだけど、カップルがボロ雑巾みたいになることなんだよ。それはシルヴィーにとってもいいことじゃない！　君たちは忙しいと言うけれど、でも実は、君たちが怠け者ってことでもあるんですよ！」と言い、彼は頭を振った。「一週間は一六八時間だ。君たちはその中の何時間を二人の関係に充ててるんだろう？　ベビーシッターを雇ったらどうですか！　いい投資なんだから！」

デートナイトという言葉を聞けば、多くの親たちはつい苦笑いしてしまう。しかしバージニア大学の調査で、その重要性が明らかになっている。最低でも週に一回、カップルの時間を予定に組み込める人は、質の高い、一緒に過ごす時間を十分に持てずにいる人に比べて、結婚生活が「とってもハッピー」と報告する人が三倍になる傾向があることがわかったのだ。他方、カップルの時間を一週間に一回、あるいはまったく持てない妻たちは、平均の四倍の比率で「離婚してしまうかもしれない」と答えていた。

セクスペリメントの考案者ペレルは、子どものために夫婦の関係を見限る親の話を聞くと激怒するという。「そういう人たちは週末の大半を子どものためだけに過ごすんです。どうでもいい試合を見ながら、子どもに声援を送りつづけるのです」と彼女は言う。「こういうタイプの、子どもへの感傷に溺《おぼ》れる態度は、愚《ぐ》の骨頂《こっちょう》。大人としての関係の重要性が完全に欠落しているのです」。彼女は親たちに、六週間から八週間毎に門限なしの夜遊びを計画するように言う。「完全にハメを外して、やりたい放題やって、ハイになって、飲んで、ダンスするんですよ。そうすれば、自由と可能性の感覚が体感できるはず。そこで子どもの話はなし」。私たちは月に一回ベビーシッターを予約することを心に誓った。

でも、デートナイトを安く済ませる方法だってあるのだ。ペレルはお互いの子どもの面倒を見る友人や知人を、「選べる家族」とすることを勧めている。私たちは、お互い子どもの面倒を見合うことができる家族と、隔週土曜日、それぞれがデートできるように調整した。少なくとも月に一度は大人の時間を過ごすことができるというわけだ。

多くの教会やユダヤ教の礼拝堂は信徒のためにペアレンツナイトを設けている。子どものためのさまざまな遊び場、ＹＭＣＡ〔訳注：キリスト教青年会〕、全国規模の子どものためのジムチェーンが、監督者もいる安全な、そして家までの送迎つきの夕方のカフェを提供しているし、これらは一般的なシッター料金よりも安いことが多い。カップルタイムを持つことができるし、子どもは夜に友だちと走りまわることができるのだ。

テリー・リアルは間違っていなかった。私たちはなまけ者になっていたのだ。トムと私はすぐに、子どものいない時間が偶然手に入ったら、何に使おうか、と夫婦で考えるようになったのだ。シルヴィーを誕生日パーティーに送り届けてできた一時間半の自由時間に、私たちは思いついて近所のタロット占い師のところに行ってみた。店先がクリスタルで飾られていて、その前を通り過ぎたことが何度かある。これが、私にはぴったりだった。占い師の女性が的外れなことを言えば、笑って済ませられる。トムが「コリアンダーが好きで人混みが嫌い」と言った時みたいに、彼女が何かそれらしきものを思いついたら、興奮して怖がることもできる。翌週の誕生日パーティーの待ち時間に、私たちはブルックリンからマンハッタンに向かう水上タクシーに飛び乗って、きらきら光る水の上を跳ねる感覚を楽しんだのだ。

創意工夫次第で大人の時間を一緒に楽しむ方法はいくらでもある。私たちは書店で一時間を過ごすし、散歩にも行く。多くの研究が示すとおり、散歩は気分を高揚させ、ストレスを軽減させる。ほんの三〇分の散歩が大きな違いを生むのだ。自然の中の散歩だったらなおのこと。それは日本語で「森林浴」と呼ばれる習わしだ。それともベーグルとコーヒーを持って、公園で座って新聞を読んだっていいのだ。

「私と夫は、子ども抜きで子どもの遊びをするのが好きなの」と私の友人のジルは言う。「ジップライン〔訳注：木と木の間に貼られたワイヤーのロープを、滑車とハーネスを使って滑る遊び〕

でしょ、ゴーカートでしょ、アーケードでパックマンのゲーム。笑いすぎてお腹が痛くなるときがあるわ」（ある研究によると、子どものころに楽しんだ懐かしい遊びは、パートナーとの繋がりを強化するきっかけになるとされている）。

私の友人のジョンとその妻は、病院の予約があるから仕事に一時間遅れると上司に連絡することがたまにあるそうだ。そして子どもを学校に送っていった後、こっそり朝食デートに行く。朝食は夕食に比べて安いしすぐにすむ、しかも、互いのつながりを維持することができる。

娘の学校のサッカークラスで一緒になる父親は、もっとすごいアイデアを持っている。彼と妻は、一年の休暇のうち数日を使わずにとっておく。そして子どもたちが学校に行っている間に、昼間のデートを楽しむのだそうだ。「六時間あったらいろいろなことができるよ」と、彼。「映画だろ、美術館だろ、それからランチだね。春にはスケッチー・カーニバルに行ったんだ。乗り物に乗って、ブルーミン・オニオン〔訳注：タマネギを丸ごと揚げた食べもの。花が開いたように見える〕を食べたよ。二人とも気分がちょっと悪くなったけど、いまでもあの日のことを思い出すと笑えるね」。

資金繰りに苦労している私の友だちは、子どもたちを彼女の母に数ヶ月毎に預け、夫と二人で「酔った使いっ走り」と名付けた遊びをするそうだ。「ミネアポリスのどこにでも歩いて行けるような場所に住んでいるから、何杯かぐいっと飲んだ後に仕事を片付けるってわけ」と彼女は言う。「結局最後にはゲラゲラ笑いながら、ディスカウントショップで体をぶつけ合い、家に戻るまでにはほとんどの場合、しらふに戻ってるわ」。もし家にいるなら、子どもには夕食を用意して、ビデオを見せ、そして二人のロマンチックなディナーを別の部屋で楽しめばいい。

神経科学の専門家には、カップルにとって結束を強める一番良い方法は、一緒に新しいことに挑戦することだ、という人たちがいる。人間が今までにない何かに直面した時、脳の特定の部位が報酬を期待して活性化することが脳スキャンで発見されているのだ。その部位は気分を良くする神経伝達物質のドーパミンで満たされている（中脳も含む。一度刺激に慣れて、それ以上報酬が与えられないと脳が学習すれば、落ち着くらしい）。

今までにやったことのない活動といっても、パラグライダーなんて大胆なものでなくていい。何か、少し違ったものであればいいのだ。シルヴィーが学校にいる間、私はマンハッタンにある魅力的なコリアンスタイルのスパに施術を予約した。屋上には立派なハイドロセラピープール〔訳注：水の抵抗力と浮力を利用してトレーニングができるプール〕、プールサイドのバー、そしてパワーナップ〔訳注：短時間で体力を回復させる昼寝〕ができる睡眠スペースがあった。

トムと私は、ゆったりとした朝のハイドロマッサージ〔訳注：水流を利用したマッサージ〕を大いに楽しんだ。氷のイグルー〔訳注：氷でできたドーム型の家〕に少しの間入り、方向感覚を一時的に失った後に受けたものだった。イグルーは、気分を高めるという明かりがチカチカと点灯する時間療法サウナと呼ばれているものだそうで、赤外線ゾーンは「体内に直接吸収される微細な赤外線を排出する」らしい。

「今日のことは忘れられそうにないよ」と、がっしりとした韓国人女性二人が手袋を使って私たちの全身のあかすりをしてくれている時にトムは私にささやいた。

「それが狙《ねら》いよ」と私はささやき返した。

8章 子ども

財政赤字の原因

思いやりによって感じる幸福は、私にとってはお金以上の価値がある。――トーマス・ジェファーソン

ふざけるな――私の父、J・C・ダン

妊娠中、トムと私はブルックリン周辺をゆったりと散歩しながら、夢のような会話を楽しんでいた（私の場合、長距離で、大汗をかきながらのよたよた歩きの散歩だったけれど）。私たちは何度も何度も、赤ちゃんがトムのように青い瞳をしているのか、それとも私のような茶色の瞳なのだろうかと想像した。娘は活発かしら？　それともシャイ？　運動好きかな？　それとも本が好きかしら？

どうやって大学の費用を払うことができるようになるかなんて、現実的なことは一切話さなかった。私たち二人の会話は、赤ちゃんの部屋の飾りはどうしようとか、彼女はどんなテディベアが好きかしらなんていう、もっと甘ったるく、ロマンチックなものだった。

ミスター準備万端である私の父は、震え上がっていた。父はメールを送ってきて（「件名」に「緊急」とあった）、高等教育資金についてカレッジ・ボード〔訳注：アメリカの大学の入試で採用されている大学進学適性試験を主催している非営利団体〕の試算によれば、私立の四年制大学の一年の授業料と生活費の、二〇〇九年（シルヴィーの生まれた年）の平均は三万四千ドルである（二〇一六年の平均は四万三千九百二十ドルで、潰瘍《かいよう》ができそうなほど高騰《こうとう》している）と、いきなり書かれていた。

自尊心のある、リタイアした父親たちがそうであるように、私の父もメールを送信して五分後に私に電話をかけてきて、メールに書かれた内容の有益な分析結果を伝える前に、まずは私がメールを受け取ったかどうか尋ねてきた。

「わしが送った統計資料、受け取ったか？　大学資金のための貯金ははじめたのか？」

「まだよ、パパ」と私は言った。「勘弁《かんべん》してよ、まだ生まれてもいないのよ」。

「なるほどな」と父はむっつりとした様子で言った。「すぐにはじめるんだ。そうしないと高校を出たところで、孫娘の下宿は橋の下の段ボール箱になるぞ」。

「どの橋の話よ、パパ？」私は彼を元気づけるためだけに質問したのだ。「ブルックリン・ブリッジかしら？　それともニュージャージーにある橋を考えてるの？」

「笑うがいい」と父は大声で言った。「授業料を退職金で払うことになった時には笑っていられんからな」。父は、駐車場を移動しながら車で寝泊まりするという気の滅入るようなトムと私の老後を予想しはじめた。結局のところ、私は降参して、その時まだ胎児だった娘のための529プラン〔訳注：高等教育向け資金の積み立て〕の開始を父に約束したのだった。私たちは百ドルを入金した。それはよくある心構え的なものの域を出ることではなかった。それ以上は、いずれ何とかなるだろうとお茶を濁した。

赤ちゃんが生まれるとすぐに、私たちはお金のことで言い争うようになった。

私たちのほとんどがお金について悩みを抱えているし、家族のために背負うべき大きな責任は自分たちを締め付けるものだ。特に男性はこの締め付けを感じるらしい。イギリスのシンクタンク、インスティテューションオブ・パブリック・ポリシーリサーチによると、父親になる男性は、もっともっと働けと自分にプレッシャーをかける傾向にあるため、稼ぎが一九パーセント多くなることがわかっている。特に配偶者が産休をとっているときはそうなのだ。そして赤ちゃんは、人生で最も稼いでいる時期に偶然にも生まれてくることが多い。人間の生まれついての楽観主義だろう、私たちは出世階段を上がれば給料も上がると信じて込んでいる。でも、給料分析データベースのPayScale.comでは別の事実を示している。男性の給料のピークは四八歳で、女性の場合は三九歳であるそうだ。

私もトムも計画を立て、その通りに貯蓄したので、赤ちゃんが生まれてから私が二年間は休むことができたけれど、彼女が生まれてから、突然発生するようになった予想外の費用にトムが狼狽《うろた》えるようになった（クレジットカードでの借金がじわじわと、現在の全国平均である一万五千ドルに近づいていた）。彼は慌《あわ》ててコンピュータの中に指令センターを作ると、雑誌編集者数十人に対して、自分の執筆記事の宣伝をせっせと送りつけたのだった。

子どもを育てるのには相当な費用がかかるという事実を避けることはできない。二〇一三年生まれの赤ちゃんを一八歳まで育てるのに必要な費用は、アメリカ農務省の調べでは、中間所得層のカップルで二四万五千ドルとなる。それは百万ドルのほぼ四分の一の金額であり、大学の授業料は含まれていない。私の父が送りつけてきた統計値によると、四年制の私立大学にかかる費用の総支出額は、なんと四二万ドルという、心臓が止まりそうな額なのである。使いすてオムツのコストだけとっても、親のためのウェブ情報サイト、ベビーセンターによると、年間で平均八六四ドルだというのだ。

そんなこんなで、私たちのお金の問題は、疑心暗鬼《ぎしんあんき》の大釜《おおがま》のなかでぐるぐると渦巻きはじめたのである。もし私たちのどちらか宛てに荷物が届くと、無駄な浪費だともう一人が責めるようになった。私が靴の入った荷物を受け取った時に、口論が勃発《ぼっぱつ》した。トムが、一体なぜ「きれいな靴を持っているのに」もう一足必要だったのかと聞いたのだ。「だって『インスタイル』誌〔訳注：女性向けファッション総合誌。ハリウッドスターの最新情報などが充実しており、高く評価されている〕の編集者に来週会うのよ」と、私は胸を張って答えた。「雑誌のタイトルから察してよね」。

彼宛てにもっと大きな荷物が届いた時には、今度は彼が激しく非難される番だった。中身は自転車だ。私は彼に、すでにあなたは完璧な自転車を三台持ってるじゃないの、と指摘した。「でもこれは砂利道でのレース用だ」と彼は言い訳した。「砂利道には、安定性とディスクブレーキのための、長いチェーンステーが必要なんだ。制動力がいるからね。この自転車は、タイヤクリアランスとスラッカーヘッドチューブも大きい」。私に専門用語を投げつけながら、私の表情が疑いから困惑に変わったのを彼は見ていた。勝利！って感じで。

でも、問題は私たちの買い物だけではなかった。私たちは延々と、シルヴィーのおもちゃや習いごとにいくら使うのか口論し続けた。私はおもちゃが少なければ想像力が育つと主張し続けたし、トムは娘にスポーツ用具やおもちゃをたっぷりと必要以上に買い与えた。私はお金のかからない公園でお友だちと遊ぶことが好きだったけれど、彼は娘を一風変わった習いごとやキャンプに参加させつづけた（ロカウェイビーチでのサーフィンキャンプにロボット組み立てクラスなど）。私たちは対立していた。

お金のことで揉《も》めるのは、「間違いなく」、最も深刻な離婚の前兆だとカンザス州立大学のパーソナル・ファイナンシャル・プランニング部のトップ、ソーニャ・ブリットは言う。初期の段階でお金について口論をするようになるカップルは、借金の額や年収のレベルにかかわらず、別れる傾向にあることが彼女の研究でわかっているのだ。「これが重要なところなんです。だってコミュニケーションにはしっかりとした土台が必要なんです。それがないと、いつかは問題が表面化してきてしまう。もしそこに子どもが生まれたら、問題は大きくなるだけなんですから」。

別れず一緒に暮らし続けるとしても、ある研究では、夫婦がお金に関して喧嘩をする場合、他のさまざまな問題よりも「さらに広がって、そして再発する」こと、また、他のどのタイプの言い合いよりも、より辛辣《しんらつ》な言葉が飛び交うことが明らかになった。これは疑う余地もなく私たち二人のケースに当てはまる。

トムと私にとって問題をより困難にしているのは、フリーランスである我々の年収が安定しないことにある。トムも私も、一人がその年にいくらぐらい、あるいは二人でいくらぐらい稼ぐことができるのか、正確に把握できないのだ。私たちがそれを知るのは納税時期である。これは私たちだけの問題ではない。ファイナンシャルサービスグループのフィデリティーの調査によると、四三パーセントもの回答者が、配偶者の年収を答えることができなかった。回答者の予想の一〇パーセントは、二万五千ドルかそれ以上外れていた。

このズレはなんだろう？　その原因の一つは、経済制度が月収ベースからプロジェクトをベースとした仕事に変わりつつあることだろう。より多くの、私たちのような人の収入が年によって大きく変動するようになったのだ。いわゆる、臨時雇用者と呼ばれる人たち――自営業、パートタイム、そして私たちのようなフリーランス――が、今となっては国家の総労働人口のおよそ四〇パーセントを占めるようになっている。

娘が成長するに従って、私たちの経済状態はより複雑になり、お金に関する衝突はより激しいものになった。すると、夫のギャンブル癖で苦しんでいる私の友人が、ファイナンシャル・セラピーをはじめたと教えてくれたのだ。ファイナンシャル・セラピーは、財政的なアドバイスと心理的なカウンセリングを合わせた、規模としては依然小さいけれど、成長中の分野である。それは、依然として多くの人びとが話題にするのにためらいを感じる文化的タブー、すなわちお金の背後の、感情や関係を掘り下げるものなのだ。

ファイナンシャル・アドバイザーとは違い、ファイナンシャル・セラピストは、人間の成長期に形成がはじまるとされる、クライアントの心の底にあるお金への恐れと、お金に関して核となる信念をつまびらかにする。クライアントに、お金はクライアントの成長期における、ステイタスの源だったのか？　それは恐れだったのか？　それは安心を与えてくれるものだったのか？　それとも羞恥心だったのかと聞くのだ。カップルの間で繰り広げられる会話は過去に遡《さかのぼ》ることはない。家賃をどうやって工面しようか、職を失ってどうしようかと目の前にある問題の心配をしている時に、なぜ過去に戻る必要があるのだろう？　でもファイナンシャル・セラピストは、お金の流れについて語ることのストレスを減らすには（あるいはそもそも流れていないお金について語るには）、「お金の物語」、つまり、お金について私たちが語るストーリーが大切だと言うのだ。

ブリットとその同僚は、個人の財務の健全性に悪影響を及ぼすお金の物語のうち代表的な四種類を解明した。お金の回避（お金を扱いたくない人、あるいは考えたくもない人）、お金の崇拝（お金さえあれば問題はすべて解決と思う人）、お金とステイタス（資産と自尊心は同じものだと考える人）、お金への警戒心（自己を見失うほど、資金について不安な人）だ。

さして深刻でなくても、お金の話となると、私もトムも不安な気持ちになった。ブリットの調査では、テレビで金融関連のニュースをたった四分間見るだけで、ストレスレベルが一気にあがることがわかっている。それだけではなく、私たちは、互いにこっそり小さな買い物をしてきたから、相手に対して以前より秘密主義になってしまった。これは離婚専門弁護士が「金銭的不貞行為」と呼ぶ状態だ。

トムをまた新たなセッションに引っ張り出す度胸はなかったけれど、そのアイデアには興味津々だった。ということで、私はファイナンシャル・セラピストのアマンダ・クレイマンのお宅にお邪魔したというわけ。彼女は偶然にも、ブルックリンの、わが家から道を隔てたところに住んでいたのだ。そして自分の話でよければ、なんでも聞いてくれて結構よ、と言ってくれた。笑顔で温かく、ブロンドのピクシー・カット〔訳注：少年のように短く切った髪型〕の彼女は、私を日差しの降り注ぐアパートの中庭に私を案内してくれた。裸足で花に水をやる彼女とおしゃべりを楽しんだ。

私が座れるように、白い花びらをイスから払いのけながら、クレイマンは、お金にしがみつくのは私たちにとって本能のようなものだと言った。「お金は合理的で、具体的な話題だと考える人がほとんどですけれど、実際のところはとても感情的な話題で、サバイバル感覚に強く結びついているものなのです」と彼女は話した。「だから、自分のお金に危機が迫っていると思うと、まさに死ぬまで戦うという気持ちになるわけです」（たしかに、ごく短時間、金融関連の話題に加わっただけで、神経系に影響を与える「攻撃・逃避反応」の引き金が引かれるとする研究もある）。

私は、私たち夫婦がお金に関して抱く感情については、一切話したことがないと伝えた。彼女は肩をすくめて、そんな話をする人なんてほとんどいないもの、と言う。でも、パートナーがお金をどうとらえ、どのように使うのかは、一人ひとりに大きな違いがある、同時にパートナーの内面を映し出す鏡のようなものだと彼女は説明してくれた。そうしたことをクレイマンに向かって吐き出せば、カップルはより協調的になり、相互の緊張も緩《ゆる》み、同じチームとして結束が固まる、ということらしい。

彼女はクライアントに、共通の心構えを軸としたシステムを作ってもらうのだという。ひとつは、パートナーはそれぞれ財政面では平等だということ。「二人のうちのいずれかがお金の管理権限をもつということはなく、いずれかが一方的に意思決定することもない、これをルールとして確立しておくのです」と彼女は言う。そして「相手が自分より稼ぎが多くてもね」と付け加えた。このルールは、しばしば夫にお金をもらわなければならない専業主婦の苛立ち・ストレスの緩和には重要だ。ルール不在のままでは、好ましくない不均衡が二人のあいだに生じるからだ。夫の承認が必要だというので、買い物の領収書を集めておき、週に一回夫に見せなければならないという主婦を知っている。それは良いアイデアとは言えず、二人の関係を蝕《むしば》む行為だ。

私はクレイマンに、夫と私はだいたい同じぐらいの収入があるので、請求書の支払いはすべて折半し、二人名義のクレジットカードで家族の買い物や経費は支払っていると伝えた。ただ、二人とも個人名義のクレジットカード型キャッシュカードを持っていて、それをつい使ってしまうので、私たちの（互いに隠された）浪費が膨《ふく》らみつつあるのだ。

彼女は、私たち二人が家計費と月々の支払額を割り出したら、その後で個人が自由裁量で使えるお金を確保すればいいんじゃない、と勧めてくれた。月に数百ドル程度の金額だ。そのお金は互いの預金に入っているから、相手に現金を頼ることはない。そして購入したものについて、トムも私も相手に弁明しなくて済む。「だって何を買うか、意見が合わない時ってありますよね」と彼女は指摘した。「私が美容室で支払うカットとカラーの金額を知ったら、彼は驚くと思いますよ。夫の場合、髪を切っても一五ドルくらいのものでしょうから」。

次に、財務管理は一切合切の料金を含んだものでなければならない。「大人はお金の問題から免除されるべきじゃありません」とクレイマンは手短に言った。「二人とも参加しなくちゃだめです」。彼女は、カップルのうち片方がお金を管理し、片方は数字が苦手というパターンをたくさん見てきたという。二人が対等に参加するのだから、これではどちらにも負担になる。共通の目標を持ってパートナーになり、互いの持つ強さを生かすのだ。「子どもには自由な意見のやりとりを見せるのはいいことですよ」と彼女は言い、「自分の両親が、それぞれお互いを、有能で対等な責任ある存在、とみなして接しているんですから」。

特に女性は蚊帳の外にいるべきではない。子どもにマミーは算数が苦手だと思われたり、お金は男性（夫）が扱うものだという考えを植え付けることは避けたい。一般に親は、娘には息子ほどお金の相談をしない傾向にあるとする調査もある。

最後に、カップル間のお金の問題には透明性がなくてはならない。これは自己裁量で使えるお金の範囲を決めるなど、すでにお互い了解済みの事項があっても、夫であれ妻であれ、すべての情報にアクセスできるようにしなければならない。

クレイマンは、お金の問題の透明性は子どもにとってもよいことだと言う。あなたの給料を知ることができるという意味ではなく、財政事情に合った、予測可能な対処法を学ぶことができるのだ。請求書は毎日開封し、支払いは毎週行い、毎月口座を見直す。「子どもはお金は毎日毎日、時間のなかを流れていることを知らなくてはなりませんし、時間に無頓着《むとんちゃく》だとあっという間に（金銭の問題に）混乱が生じることを知るのも大事です」と彼女は言う。「『くそっ！　支払ったはずだぞ？』なんて言い草が家の中を飛び交うのはよくないですよ」。

カップル間のお金の問題の透明性は、同時に信用等級（信用の格付け）も含むべきである。財政学の権威《グル》と呼ばれるスーズ・オーマンは、つきあい始めたばかりのカップルには、なるべく早い段階でＦＩＣＯ信用スコア〔訳注：信用偏差値。クレジットカードの利用履歴などで信用度を測る数値〕を教え合うべきだとアドバイスする（彼女はあっけらかんと、「まずはＦＩＣＯ、それからセックス」と言う）。シティバンクやアメリカン・エキスプレスなどのクレジットカード会社は、現在ＦＩＣＯ信用スコアを請求明細書に提示している。また、三つの信用報告機関が年に一度、無料の信用報告書を発行している。

＊

翌日、クレイマンのアドバイスに力づけられた私は、シルヴィーが学校に行くと、すべての収入・支出ほか、お金に関わるわが家の全情報をかき集めた。トムと私は、いつもランチをとる一一時三〇分になると、オムレツを作った（自宅で働いていると、「なんで一二時まで待つの？」といって（正午前のランチを）正当化する）。そして私たちはキッチンテーブルに座って、お金について率直に話してみた。トムは、まだお互い隠し事があると思ってか、憂鬱そうに見えたけれど、私は、ファイナンシャル・セラピストが抱く、わが家の財政への疑念に果敢《かかん》に立ち向かうトムの姿勢に触れて、改めて愛情を感じた。あなたのお金に対する恐怖心ってなに？　お金について両親は何を教えてくれた？　財政面の安定についてはどう思う？　あなたのお金にまつわる悪夢ってなに？

告白によると、思春期の彼にとって、お金は恐怖とパニックの源だった。両親が離婚し、母親と暮らしたが、母親はその時々の支払いに苦労していたらしい。現在でも、領収書というものを見るのに耐えられないのか、トムは領収書を目につかないところに仕舞ってしまう。やがて紙の山に埋もれ、しばしば行方不明となる。つまり、彼は典型的な「お金の回避」タイプである。

私のお金に対する考え方はトムと正反対だ（それは悪いことじゃない。例えば、二人とも節約家だったら、休暇にどこか出かけるなんてこともないわけだから）。私はお金に対して恐怖心がない。一つには、支払いを家族全体のセレモニーに仕立てたからだと思う。月に一回、父はかごに入れた請求書を出してきて、切手と、わが家への返信住所をすでにスタンプした封筒と一緒にコーヒーテーブルにそれを並べる。テレビではフットボールの中継が行われているなか、慎重に請求内容をすべて確認し、わが家の口座を確認するのだ。私が子どもの頃に抱いた家計・支払いにまつわるイメージは、現にここで行われている手続きであり、整然と淡々となされるものだった（私たち子どもは、ジャイアンツが負けている時以外、父が取り乱すのを見たことがないのだ）。

でも、お金は私にとって保証という以上の意味を持っていた。私は街のお金持ちの子どもたちの、銀行にたくさんあるはずのお金のおかげで得た、安心感と落ち着きに嫉妬しながら育った。トムと話しながら思い出の点と点をつないでいくうちに、私にとって富は常に自信の現れ、とわかってきた。私が身を置いていたファッション業界では、正しいバッグや靴を買うことは、単なる安心以上のものになった。少なくとも、表面的には世間が「合格点」を付けてくれるのだ。

あたかも業界に貢献するように、編集者のほとんどがお定まりの一流品を身に付けていた——黒い服、小さなジュエリー、そしてロゴなしの控えめなアクセサリーだ。JCペニーの元店長を父を持つニュージャージー出身の女の子だったから、エリート揃いの業界でアウトサイダーだという気持ちが拭《ぬぐ》えなかった。キラキラと光る新しい一組の靴は、私のそんな不安をかき消してくれた。私のお金の物語は「お金への崇拝」タイプだった。

そんな私でも、靴を注文するのは罪悪感なしにはできない。実際、自分自身の買い物をすることは滅多にない。カンザス州出身のブリットは、母親に共通する買い物行動のパターンを教えてくれた。「女性が臨時のお金を手に入れると、それを子どもの買い物にあてる傾向があって、自分のためには使わないっていう研究結果があるんです」。ブリットには二人の子どもがあるが、自分もそうしてしまうのだ、と言う。「そして男性が臨時のお金を手にすると、自分の楽しみに使いがちです。例えばアルコールとか、音楽です」。

私たちの文化は、現に、子ども第一、自分を犠牲にする母親たちを賞賛する。フィラデルフィア周辺の、年収の低いシングルマザーに関する社会学者の研究によると、子どもよりもいい服を着るシングルマザーが、厳しい眼差しを浴びるという。ある母親は「私がナイキやリーボックを履いている時に、息子にペイレス〔訳注：カンザス州に本拠地のある靴の激安店）のスニーカーを履かせることはできないわ」とコメントした（その気持ち、わかる。私の自己犠牲は、ちゃんとしたかたちのクラッカーは家族に、自分は箱に残る砕けたものを食べる、というところまできている）。

ということで、私とトムは、万が一のときのへそくりを、他の口座から影響を受けない別の口座に振り替えるシステムを作り出した。それに加えて、一五〇ドル以上の「金銭的不貞行為」は行わないと互いに誓い合った。

次は、シルヴィーの将来について。529プランをはじめる以外に、娘に今後必要になるお金の相談をしたことがなかったのだ。例えば、教育にかかるお金を彼女自身も負担してくれるよう希望するのか？　ある年齢に達したら、夏休みはアルバイトをしてもらう、これは私たちにとって重要なのか？（はい、もちろん）そして、ずっと喧嘩の種だが、娘の習いごとや体験活動にどれだけの費用を使うべきなのだろうか？

ファイナンシャル・セラピストが言うには、こんな夫婦喧嘩は、娘が小遣いをもらうべきか、友だちが履いているからといって、高価なスニーカーを息子に買い与えるべきかといったものとは種類が違うらしい。ここで争われているのは、価値観なのだ。節約とは無縁の素晴らしい子ども時代を過ごさせてあげたいと願う親もいるだろうし、お金はもっぱら衣類とか学校の備品など基本的なものに使うべきだと思う親もいるだろう。クレイマンは、こうした対立があるときは、親が自分にとって何が重要なのか、大事な価値あるものに出費をどう配分するか見極めるように、とアドバイスしている。お金を感覚に頼って使っているようなら、その弊害《へいがい》に早く気づくべきだ、とも。シルヴィーを甘やかしたくないと思うなら、その考えをさらに突き詰め、将来娘にどのように育ってほしいのか、じっくり考えるべきだ、と。

トムは、自分の子ども時代、教育費がかさむからという理由で断念した習い事に、娘を行かせてあげたいらしい。彼は「シルヴィーには最善の環境を与えたいんだよ」と言うのだった。学校の授業以外の活動に参加する機会が増えれば、娘は自分のやりたいことが見つかるはずだ、というわけだ。

子どもたちの隠れた「情熱」とか才能を見つけ出し、十分な鍛錬《たんれん》の場を与えるのが親の役目でしょう、と主張する善意の親たちに出会うことがある。そうしなければ、わが子が未来のモーツァルトであることをどうやって見抜くの、という人たちだ。私の意見は違う。彼女が部屋でひとり自由な時間を過ごすことも同じくらい大事だと思うし、公園を散歩したり、石を拾ったりするのもかけがえのない経験だと思う。私の両親も、私に習い事をさせる金銭的余裕はなかったのだが、それは私にはむしろ好都合だったのかもしれない。なぜなら、私は多くの時間を自分のベッドルームで過ごし、幼児教育の専門家が言うところの、「自分が決めた、自由な遊び」に没頭することができたからだ。夢見ること、歌を歌うこと、宙を見つめること、何をするでもなくぼんやりすること、そして書くこと。そうする中で、私は自分がライターになりたいのだと自覚したのだ。

私はトムに、エンタイトルド・チャイルド〔訳注：何でも欲しいものはもらえる権利があると思い込むわがままな子どものこと〕なんて決して求めていないと話した。これは新しく気づかされた自分の価値観だった。だから私はトムに、シルヴィーを甘やかしたくない、と伝えたのだ。クレイマンに、娘にどんな個性を持った女性に育ってほしいのかと聞かれたとき、私の頭に浮かんだのは、優しさ、共感能力、寛大さ、そして好きなものごとへの一途な心を持った女性、と答えた。

トムと話し合いを重ねるにつれて、私たちは落ち着きを取り戻した。やがてお互いの財政的信用度をプリントアウトして、見せ合う勇気を持つことができた（わからないままに疑念だけが膨らむのは、実際に数値を確認するより多くのストレスになっていた）。私たちはシルヴィーの習い事の予算を組み立てた（「妥協しなくちゃいけません。配偶者のボスになってはだめ」と、クレイマンは警告した）。私たちは月に一回、二人の口座を確認することにした。会計は大の苦手だが、他の問題と同じく、透明性と話し合いは、私たちにとっては、唯一の前進の方法なのだ。家計の危機は、現代のアメリカでは誰でも直面する問題になりつつあるが、それに詳しいセラピストは、一家の財政問題を緩和するには、お金の問題をはっきりと正面から、そしてお互いを思いやりながら話し合うことが重要だと言う。借金を帳消しにすることはできないだろうけれど、それでもじっくり話し合えば、相手がどのような窮状《きゅうじょう》に置かれているか理解できるようになる。ある調査で教わったのだが、キャッシュフローについて定期的な話し合いをもっていれば、納税時期直前、収支の合わない破綻《はたん》の不安を抱えながら話したり、借金に押しつぶされそうになってから話を始めるより、まともな関係が築ける。TD銀行の研究によると、最低でも一週間に一度お金について話をするカップルは、そんな自分たちの関係を「めちゃくちゃ幸せ」と評するそうだ。

ニュージャージーの実家に立ち寄り、日の当たるキッチンで母にファイナンシャル・セラピーの話をしてみた。私は母が笑い飛ばすとばかり思っていたのに、なるほど理解できるわ、と言うのだ。「子どもたちが小さいときは、お父さんがいつも請求書の管理をしてくれていたから、私はなにも考えなかったの」。母はペパーミントティーを注いだマグカップを、私たちの前に二つ置いた。「ジェイのお父さんが亡くなった時、彼の母親は一度も小切手を書いたことがなかったの。あの人はすっかり混乱して訳が分からなくなってしまったみたい」。

彼女はクマの形をしたコンテナから、ミントティーにハチミツを入れた。「それで私も気づいた。私も働き出したのね。最終的に私たちの家計や資産の管理をするようになって、今となっては私が見ているのよ。お金の問題って白黒はっきりしているのがいいところよ。お金にまつわる恐怖心って、よく見えない未知の部分に横たわっているのだから」。

私は外に父を探しに出た。玄関で私の車を洗っていた。訪問する度にそうしてくれるのだ。「フロントガラスに花粉がついてるな」と父は言い、「視界に影響が出るぞ」と付け加えた。彼は腰をかがめてフロントタイヤをチェックすると、口をきゅっと結んだ。「空気圧が低い」と、唐突に言い、刺すような視線を投げつけてきた。それは、こんな意味だ。空気圧の低いこのタイヤで、ブレーキング、コーナリング、安定性を損《そこ》ないたいのであれば、どうぞご自由に。そのタイヤが熱を持った時に外れるようなことが起きたら、それは葬式という意味だ。お前の本物の葬式だ。ひどい事故に遭うんだからな。それは保証できる。でも、お前の好きにしたらいいさ。

私が父にファイナンシャル・セラピーのことを話すと、彼はフンと鼻を鳴らした。「金の問題を話したって?」と、私の車のフロントガラスを磨き、目を細くしてじっと見つめながらこう言った。「稼ぎの一〇パーセントを貯めればいい。稼いでもない金を使うな。それだけ。問題解決」。

「パパ、もうそんなにシンプルな話じゃないのよ」。

彼はぶつぶつ言いながらガレージに行って、きれいな布を持ってきた。「わしの時代には、問題なんてなかったよ」と彼がつぶやくのが聞こえた。

9章 メチャクチャだ

ゴミも口論も控えめに

夏の土砂降りの雨の土曜日、妹のヘザーを訪ねた。私たちは二人でカウチにだらだらと座りつつ、焼きたてのダン家スペシャルチーズパンを食べていた（缶入りクロワッサンを二センチ大に四角く切って、それをラッフィングカウチーズで包み、贅沢したいときは白ごまを振りかけて、一九〇度のオーブンで一二分焼く）。

ヘザーは、リビングルームの荷物の山を、がっかりとした様子で見回した。夫のロブと二人の息子たちが放置したものだ。「息子たちのホッケーの道具って、まったくときめかないわ」と彼女は言い、チーズパンをもう一つ口に入れた。妹は教師をしているが、勤務時間は一〇時間を超えてしまうことが多く、その後に、練習や遊びの約束に子どもたちを順次送り出す、二つ目のシフトが待ちかまえている。だから、彼女はいつも掃除するなんて考えられないぐらいクタクタなのだ。

私は彼女に、わかるわと言った。二人の妹と私が共有する性分だと思うけど、生活の環境が違っても、散らかって汚れた部屋を見ては、決まって夫と口論するのだ（要約すると、男性は汚れなんて気にしないし、女性は……たぶんそんなに気にしない）。妹たちと私が結婚して間もない頃は、この問題、家族で集まって笑い飛ばせる程度のものだった（なんでパトリックって野球帽が百個も必要なわけ？　一人の人間が必要な野球帽っていくつぐらいなの？　カジュアルな野球帽対ドレッシーな野球帽とかあるの、それとも一日中かぶってるわけ？）でも、子どもが生まれはじめると、三家族内の口論は白熱する一方だった。

ロブはコーヒーテーブルから離れるとチーズパンに手を伸ばした。積ん読状態の本の山（図書館から借りてきたものだ）と積み上がったバックパックの方に身を乗り出すので、ぐらぐら揺れる。それを見たヘザーが、最近あった家庭内口論を思いだしたようだった。

彼が口にチーズパンを一つ放り込む前に、彼女は話しはじめた。

ヘザー　夫のことを愛しているけど、何年も前から、毎週毎週、ガレージを片付けてって頼んでるの。毎週よ！
ロブ　（明るく）もう最低だよ！　なんでかわかる？　だってさ、そんなに汚れてないんだもん。僕の「汚れている」の定義は、ガレージの中を歩いてドアまでたどり着けないってこと。
ヘザー　通路を塞《ふさ》いでいる荷物をどかしてゴミを出すことができたら、彼にとってはそれで満足。
私　とにかくゴミは出すんでしょ。

ロブ　ありがとう。
ヘザー　彼は「後でガレージの掃除はするよ」って言うのよ。そして「後で」が「いつか」になる。
ロブ　カンベンしてくれよ、かなりしんどい仕事だよ。
ヘザー　でも一回やってしまえば、そこから先は簡単な仕事になるじゃない。
ロブ　でも俺だって、休みにそんな仕事しちゃえばクタクタだよ。読書をしたいんだ。リラックスしたいんだよ。そうしないと、休みじゃないだろ？
ヘザー　（目を閉じて、うんざりした様子でチーズパフを噛みながら）女には休みなんてないんだよ。

ロブがどこかへ行ってしまうと、ヘザーが言った。「ねえ、私にいま必要なものってなんだかわかる？　整理整頓のプロで、人生を掃除してくれる人よ」。

物があふれているのは、間違いなく先進国特有の問題ではあるけれど、部屋の汚れは、そこから生じる悩みは後回しにできない。ハフィントン・ポストの調査によると、部屋の汚れは、アメリカ人のストレスの主たる原因である。不意の出費がかさむこと、愛する人に割く時間が不足していること、これらと並ぶストレスの原因なのだ。小売業者のイケアがイギリスのカップルを対象に行った調査によると、部屋が汚れ散らかっていると言っては、平均して週に二回は口論になることが明らかになった（この調査では、ゴミが（もとはと言えば）イケアの商品であるかどうか、追究していないけれど）。

人びとをレッドゾーンに追い込むのは、子どもたちのがらくた、すなわち、スポーツ用具、汚れた靴の山、宿題として出される課題に必要な道具だ。ビーニー・ベイビーズのぬいぐるみ〔訳注：様々な種類の動物のぬいぐるみで、手頃な値段で購入でき、人気がある〕だって忘れてはならない。社会学教授のジュリエット・ショールによると、アメリカの子どもは平均して一年で七〇個の新しいおもちゃを買い与えられるというのだ。多くの家庭が物であふれている。セルフストレージ協会は、あまりにも荷物が多いために、一〇家族に一家族は家に入りきらない荷物を倉庫に保管していると試算しているほどだ。前述のカリフォルニア大学ロサンゼルス校家族の生活センターの研究では、家中、すみからすみまで持ち物で埋まっている家庭をいくつも発見している。彼らが調査したガレージの四分の三はガラクタが詰め込まれていて、自家用車さえ駐車できない状態だった（少なくとも、ロブは彼のHONDAを隙間に押し込むことができている）。

そして、カリフォルニア大学ロサンゼルス校のチームが調べたところによると、ゴミはとにかく、訪問してきた調査員に、その家の母親はちらかった部屋について説明するというのだ（言い訳がましくもある「秩序があるとはとても思えない（とてもカオス的）」といった、弁解がましい口調になって）。その際、唾液《だえき》のサンプルで測ったストレスホルモンのコルチゾールの数値が、一気に上がったのだという。ところが、父親が調査員に対応したケースでは、部屋の散らかり具合などまったく気にかけていなかったそうだ。父親たちにとって、ほとんどの場合、余分なもの（あるいは、研究者の言葉を借りれば「考古学的価値のある遺物《いぶつ》」）は喜びの源泉であり、誇りでさえあった。

「部屋が汚れていると、やり残した仕事をいちいち目の前に突きつけられるようで、ものすごい負担になるのです」とカリフォルニア大学ロサンゼルス校のプロジェクトを行った研究者が語っている（この研究者も、自分は「不精者《ぶしょうもの》です」とあっけらかんと認めている）。「男性からでなく女性からこうした反応があったのは、「社会的な評価への恐れ」が原因だと見ています」。これは、すでに述べたように評価への恐れであり、とくに女性に見られる根強い不安なのだ。アメリカ商務省国勢調査局によると、一〇パーセント近い雇用者が、少なくとも週に一日は自宅で仕事をする。カオスを引き起こすのは、これである。私たちの場合、トムも私もフルタイムで自宅で働いているため、夕食の席につくために、しばしば、共同のデスクでもあるテーブルを片付ける必要がある。その上にはいろんな種類のラップトップやファイルがのっているのだ。「私たちは、仕事場のがらくたが家に持ち込まれまざってしまう、いわばハイブリッドな（雑多な）空間で暮らしているわけです」と心理学者のダービー・サクスビーは語ってくれた。「昔のような、八時間はオフィスで働いて、自宅は聖域（仕事と無縁）という時代は終わったのです」。

妹のヘザーの家から電車でブルックリンのアパートに戻った。彼女の悲しそうで、疲れ切った表情が頭から離れなかった。そこで突然ひらめいたのだ。そうよ、私ったら女性向けの雑誌に記事を書いているじゃない。なんと言っても、部屋の整理整頓は、読者がまったく飽きることのない、「常緑樹」のようなストーリーじゃない！　私はプロのオーガナイザーをたくさん知っているんだった。すぐに、グリーン・ティー・パワーで活力溢れるバーバラ・リーシに電話をかけた

リーシは『片付け上手なママの秘密』の著者で、ニューヨークの成功者上位一パーセントが持つ大邸宅をすっきり整え、マンハッタンの豪邸にあるバッグ専用のクローゼットを片付け（ええ、バッグ専用です）、アメリカの最富裕層が暮らすハンプトンズ地区のプールのメンテナンスも請け負っている。リーシはそのキャリアを経営コンサルタントからスタートさせた（彼女はニューヨーク大学で経営学修士を取得している）。双子が生まれて仕事を減らした頃、子ども同士を遊ばせるために、友だちの家に遊びに行くようになった。すると散らかっているおもちゃに我慢ならなくなって、片付けるようになったというのだ。はい、新しいキャリアの誕生です。彼女は今や、アメリカで最も知られる家事と整理整頓のプロの一人である。

私の電話から一ヶ月後、リーシはわが妹の家に秩序を回復しよう、と強固な意志を固めてくれた。途中、スピード違反のチケットを切られながら、目的意識に満ちて玄関に現れ

た。連れてきたのは、もののみごとに身なりの整った、十代の息子マシュー（「この子は私のインターンよ」）。リーシは腰に両手を当てて立っている。真っ白なパンツと、金色で縁取られたTシャツ、プラダの金色のサンダル。まるでシックな後見人という出で立ちだった。「よし」と彼女は言うと、きびきびとあたりを見渡した。母と息子は、ずんずんと車に戻り、積んできた道具類を下ろしはじめた。コンテナ、ラベルメーカー、そしてゴミ袋だった。「靴は脱いだ方がいいかしら？」と彼女はヘザーに聞いた。「バッグに靴下を入れてるのよ」。当然、バッグに靴下は入っている。

私の両親がこのイベントを見逃すはずもなく、朝早くからヘザーの家に来ていた。玄関先にぴったりと居座り、足りないのはポップコーンと折りたたみ式のイスだけといった感じだ。母は、せっかくの機会だもの、細大漏《さいだい》らさずリーシの教えを吸収したい、とすっかり夢中で記録係を買って出てくれた。父は男たちといっしょに市民プールに子どもたちを連れて行ってくれるそうだ。

「私、生まれ変わったら、夫になって私と結婚したいってジョークをよく言うのよね」とリーシは言う。「彼には家族用のパスポートを取りに行ってきてほしいってずっと言ってたわけ。三回目に言った時だったわ、いわゆる私の声の、トーンが嫌だっていうのよ。私、「最初の二回はやさしい声で言ったわよね」って言ったの」。彼女は両手を上げた。「結局、私が取ったのよ！　だって女は一度に五つのことができるけど、男はたった一・五！　もし夫に大事な締め切りなんてあったら、もうダメよ、彼は、「締め切りがあるんだ、ごめんね」って言うわけでしょ。でも女だったら、締め切りがあったって、夜中の二時までかかって子どもの宿題をチェックするのよ。私、間違ってる？」世界中の女性がハレルヤ〔訳注：ヘブライ語の感嘆詞。喜びの表現〕と叫ぶだろう。

彼女は、いつものように、家の中にある「ホットスポット」を教えるようヘザーに頼んだ。それは、最もイライラさせる場所のことだ。まずは立ち向かうのよ、そうしたら不安レベルは下がる、とリーシは宣言した。家の中に（片付けの）優先順位を付ければ、片付ける動機も見つかるし、継続してやっていけるのだ。

私と母を後ろに従え、ヘザーは、リーシを玄関正面の廊下に面した乱雑なコートクロゼット〔訳注：コートを入れておくクローゼット〕に連れて行った。リーシはシンプルな四つの段階を踏む。それは、処分（浄化）、デザイン（基礎構造の設計）、整理（すべてのものの置き場所を決めていく）、そして維持だ。「いったん処分をして、容器やファイルなどの基礎となる構造を設計したら、本当にたった三分で部屋の整理ができるのよ」とリーシは言った。「繰り返しの作業だから」。

彼女は処分（浄化）を開始した。リーシはヘザーの持ち物を三つの山に分けた。置いておく、捨てる、寄付する、だ。その基準はシンプル。役に立つ、そうでなければ美しい？私よりもだれか他の人の役に立つものなの？　これは私を幸せにしてくれるの？　私はこれを想像上の未来の人生のために取ってあるの、それとも今のこの生活のために使うの？

古い靴をゴミ袋に入れながら、彼女は忙しいママの負担を軽くしてくれる、家族ルール設計の簡単なヒントを教えてくれた。クローゼットのバーの下に、もう一本、バーを取り付ける。そうすれば、子どもが自分でジャケットをかけられる。クローゼットのドアの内側にフックをつけたバーを設置するのもいいらしい。「学校では自分のコートは自分でかけているでしょ」と彼女は言い、「でも、家にはフックがないのよね。だから、床に投げるってわけ」。

私の母も私も、そうね、ほんとそうよとつぶやき頷《うなず》いた。リーシは玄関を指さした。子どもには、家に戻ったら二つのことをするように指導してね、と彼女は言った。まずは、コートを脱いだら帽子は袖《そで》に入れて、手袋はポケットにしまい、それから、フック（これから取り付ける予定）にコートをかける。次に、靴を脱いだら、泥だらけの長靴は自分の部屋に持っていくように言う。そうすれば玄関が履き物で一杯になることもない（「必要だったら、ボードを下げるといいわよ」）。男の子のバックパックは玄関の近くに毎日置いて、誰もがその場所を確認できるようにすること、と彼女は続けた。「それから二人にはは言うのよ、宿題が終わったら、すぐにバッグの中に入れること。そうすることが習慣になるから」。

母がクローゼットの奥から大きな箱を引っ張り出して来た。「電飾みたいなもので一杯になってるわね」と彼女は言い、中をかき回した。「これって充電器?」リーシはすばやく中を確認した。「ああ、これってどこの家にもあるのよね」と彼女は指摘したのだった。「誰の家にもほこりをかぶった箱とかバッグがあって、その中には電気コードとか充電器が詰まってる。でも使い道を知ってる人なんていないの。それなのに、捨てるのが、とーっても怖いのよねえ」(特に、過去のテクノロジーにしがみつくタイプの男性は、と彼女は言った)。ヘザーは身をすくませていたが、リーシが捨てても抵抗はしなかった。「あり得ないこととは思いますが、もし万が一、コードが必要になったら電気店に行ってください」。

母は頷いた。「私の夫もビデオデッキのコードやらが入った箱を置いてますよ」。「明日、全部ゴミに出すわ。知ったこっちゃないわよ」。

リーシは、ホッケーのスティックを何本も手にしながら、ヘザーにこう言い渡した。「スポーツ用品はスポーツ・バッグの中に仕舞い、季節外れの道具はベッドの下に保管する、そう息子さんたちに言ってね」。「そうそう、大事なことなんだけど、子どもの年間の医療レポートは四通コピーを取っておくこと。そうしたら医療フォームが準備できてスポーツだってキャンプだってすぐに行けるわ」。

ヘザーは頷いた。「今年だけで医師のところに三回コピーをもらいに行ったわ」。

三秒の休みを挟んで、リーシはキッチンに急ぎ緑茶を手にすると、トムと私の父を追い出した。「わしらがゴミだな」と子どもを玄関から連れて出る時に父が言った。次はヘザーの寝室だ。リーシが、どんな家庭でも目にするという、破滅的に有害なものをどんどん駆逐《くちく》していったから、ゴミ袋は膨らんでいった。例えば、景品でもらったマグカップやTシャツ（「ほとんど全部が使いやすくもない上にかっこ悪い」）、カタログ（「環境に悪く、家をゴミの山にして、無駄な出費をさせる」）、そして古いシーツやタオルなどだ（「タオルは一人二枚で十分、一台のベッドにシーツは二枚。一枚は使うため、一枚は洗うから」）。ヘザーは四角い緑の布を持ち上げた。「これ、なんだかわからないわ」と彼女は言った。

「ということは、ゴミ行きね」とリーシはあっさりと言い、ゴミ袋にすかさず投げ入れた。とことん無慈悲なのに、彼女の物を見る眼差しには何ものにも囚《とら》われない自由さがあった。ヘザーが羽毛の布団カバーを見せた時だった。「それは置いておいてもいいと思うわ」とリーシは言った。「だってかわいいもの」。私たち全員が驚いて、少しだけ気が動転してしまった。とにかく片付けたくてたまらない状態だったのだ。もしこの世界に家の大きさぐらいのゴミ袋があったら、家まるごと放り込めるのに！

母が、今となっては半分空になったヘザーの化粧ダンスの引き出しを開けて、満足そうにつぶやいた。「あらあ、これはきれいよ」。

「でしょ？」と言ったのは、リーシ。「幸せな気分になるから引き出しを開けたくなっちゃうわよ」。

リーシが階下にコンテナを取りに行くと、ヘザーが私に耳打ちした。「下着のタンスは見てほしくないからね、いい？　ちゃんと言ってくれる？」

でも、すでにその時点でリーシは男の子たちの部屋に突進しており、そこでは「下着の入った引き出し」なんて概念は無縁だった。まるで地元の麻薬捜査班が家宅捜索《かたくそうさく》でタンスから引きずり出したようなサッカーのユニフォームを彼女は指さした。「ユニフォームは、ふた付きの箱か、専用のタンス、とにかく一箇所にまとめておくべきよ」とリーシは指示し、「そうすれば、半狂乱でサッカーソックスを探さなくてよくなるというわけ」。

彼女はヘザーの長男の引き出しを空にして、袖《そで》を内側に入れて素早くTシャツを三分の一に畳み、それを水平（寝かせて）ではなく垂直に（立てて）タンスにしまっていった。スペースも確保できるし、見やすく探しやすくなるし、まんべんなく着ることができる、ということらしい。「無理よ」とヘザーは小さな声で囁《ささや》いた。でも、後日、彼女は電話をかけてきて撤回した。新しい方法で服を整理したら、どこにあったのか、息子のワードローブ一杯に、見たこともない洋服が下がっているのだという（クローゼットの中の二〇パーセントしか私たちは着ない、という調査がある）。

次男の部屋では、リーシはイーゼルに目をつけた。「彼、これを使ってるのかしら？」ヘザーはいいえと答えた。イーゼルをもう一つ別のバッグに詰め込んだ。「これって場所を取るのよね。それに子どもはテーブルの上でもよろこんで絵を描くの」。「なんにせよ、大きくて扱いにくいものがあって、使われていないとわかったら処分ね」。トロフィーとメダルの棚を点検しながら、彼女は眉を寄せた。「この中でメンバー全員に授与されたものってあるのかしら？」ヘザーは頷いた。リーシは、ヘザーのクローゼットで忙しく靴を整理していた息子のマシューを呼ぶと、「ねえ、全員がトロフィーを持ち帰ってきたら、ママはなんて言うんだったっけ？」

くぐもった声で「残す必要なし」と答えが返ってきた。

半ダースの「参加賞」トロフィーを無慈悲に片付けながら、リーシは、親は年に二回はオモチャの片付けをするべきだと言った。親が影響力を持っている誕生日の前、一二月のホリデーシーズンの前がいいという。それに、古いおもちゃにしがみつくのは、たいていの場合親であるらしい。子どもが、そんなおもちゃで満足するような年齢をとうに過ぎていることを、親は認めたくないからだ。私はリーシに、シルヴィーの古いゲームやぬりえを、捨てることができずに置いてあると話した。彼女はあらあらといった表情をした。「クライアントには言うんです。「家が欲しいのですか、それともおもちゃの博物館？」ってね」。そして、がらくたみたいな誕生会の贈り物は、二四時間以内に捨てるのだという（「その時までに、どうせ子どもは飽きてるし」）。そして彼女は透明なプラスチックのコンテナを車から降ろしてきて（「必ず透明なものを使うの。中が見えて時間の節約になる」）、素早くおもちゃの車を選別していった。早すぎて手がぼやけて見えた。

＊

おもちゃが多すぎるというのは、何個以上のことをいうんだろう？　私の友人のリンジーには三人の男の子がいる。彼女はおもちゃの数を減らす必要があると気づいた、その瞬間を正確に記憶しているという。「息子のペットのカエルのサミーが籠から飛び出して、結局誰も見つけることができなかったの」と彼女は言った。「数ヶ月後に、息子のおもちゃ箱の底で干からびてたのを見つけたわ。息子たちが学校に行っている時間でよかった。だってサミー、革製の財布みたいになってたんだもん」。

整理整頓の専門家、ピーター・ウォルシュは親たちに、おもちゃを収納する箱の数を決めておけばいい（たとえば四個）、とアドバイスしている。箱からあふれたら、追加で一個おもちゃを買ってもいいけど、他の（前からある）一個は寄付する。これは子どもを出し惜しみしない子に育てることにもなる、とウォルシュは言い、『チャーリーとチョコレート工場』のベルーカ・ソルト〔訳注：ナッツ工場の社長令嬢で、とてもわがままな性格であり、何でも欲しがるというキャラクター〕とは違い、何から何まで自分で持っておくなんてできないと理解するのだと教えてくれた。おもちゃを交換すれば、ゴミの削減にもつながる。これからはシルヴィーが友だちと遊ぶときは、おもちゃを持ちよって、一週間交換しようと思う。娘は新しいおもちゃを手にするし、私はまったくお金を使わなくて済む。

物を持ちすぎるのに、子どもも大人もない、と『簡素な子育て』の著者、キム・ジョン・ペインは言う。おもちゃが多すぎると、子どもは不安を感じ、注意散漫になってしまうらしい。玩具製造会社フィッシャー・プライスの遊び研究所のシニア・ディレクターも、多過ぎるおもちゃに「圧倒される子どももいる」と認めていたのだ。

彼は著書のなかで、複雑過ぎるおもちゃ（精巧で、楽しくない「知育」おもちゃ）、あまりにも作り込まれているおもちゃ（想像力のかけらも必要でないもの、例えば大きなプラスチックのお城で、人形がたくさんついているようなもの）、過度に商業的なおもちゃについては処分するのが望ましいと書いている。おもちゃを通して、想像力を育むのが子どもにはいいのだと彼は言う。ありあわせの、他人が用意した想像力ではなく、自分で想像力を駆使するほうがいいのだ。バービー人形のライフガードはバービー人形のライフガードの仕事しかしないけれど、大きな段ボールの箱はバスや家、宇宙船にもなってくれる。退屈はむしろ大きな贈り物《ギフト》なのだとペインは力説する。そこから、なにかに没頭すること、クリエイティビティが生まれるのだ。

これは、私にも覚えがある。雪の降る日の午後、遊んでほしいという娘の頼みを断ると、彼女は寝室に入って行った。少しすると私の前にやって来て、アパートの管理人のダグに変身したと言ったのだ。古い靴の箱を使ってダグの道具箱を作り、「鍵」の束をペーパークリップで作っていた（でも彼女はゴミとリサイクル品の分別をしないご近所さんを叱《しか》りつけたりはしなかったけれど）。彼女はせっせと「へんな仕事」をして午後を過ごした。

今ではよく知られたドイツの実験がある。二人の保健師がミュンヘンの保育園に、おもちゃを三ヶ月間、外に預けるように勧めたそうだ。最初の数日は、子どもたちはテーブルとイスと数枚の毛布しか遊ぶものがなく、退屈し、うろうろしていた。しかし、しばらくすると子どもたちは活動的になった。毛布とテーブルで砦《とりで》を作り、「家族」、「吸血鬼」、「ブギーマン」〔訳注：子どもをさらう鬼〕などのゲームをし始めた。サーカスの一員であるという、ごっこ遊びもした。三ヶ月が終わりを迎える頃、実験に参加しなかった子どものグループに比べ、実験参加組の子どもたちは、互いに協力するようになり、集中力の高まりを見せるようになった。この事実をドイツの研究は教えてくれるのである。

妹の家に話を戻す。リーシはヘザーの次男の机をチェックしはじめた。彼女は彼が色を塗った恐竜の線画を手に取った。子どものアートワークですよねと彼女は言い、創造性と個性が見られるものだけ保管すればいいんじゃないかしら、と言うと、強く同意を求めるように、私たち全員と視線を合わせた。つまり、とくに創意工夫のあとが見られないものは、ワークブックであれ宿題であれ、捨てなさいということだ。より広いスペースを確保するために、子どものアートワークはスキャンするか写真に撮影して、コンピュータに保存するといい。リーシは子どもたちの格別意味のある創作や思い出の品々は、三〇センチ×三八センチサイズの箱に入れて保管し、箱は子ども別に色分けしているという。

わいわいと興奮しながら（窮屈《きゅうくつ》な思いをして）みんなでバスルームに入っていった。寄付用の袋はどんどん大きくなっていた。リーシはバスルームのキャビネットにあった電球を見つけ、持ってきた。「玄関のクローゼットにも電球があったわよ。収納のコツ、似たものは一緒に仕舞わなくちゃ。どこに何があるか把握しているだけで、ずいぶん時間が節約できるのよ」。そして緑茶を飲み干すと、ゲームの規則を覆《くつがえ》すような規則を宣言した。こんなことを言い出したのだ。染み抜きを子どもたちが服を脱ぐ場所、例えばバスルームに置いて、子どもたちには小さい頃から染みにスプレーしておくように教えること。私たちはびっくりして息が止まりそうになった。その通りよ！「幼いうちなら、遊びと変わらないでしょ」と彼女は言った。「とにかく習慣にしてしまうこと。そうすればお手伝いしているなんて意識せずにやることができる。ただの作業と一緒。一緒にテレビを見るときに私は、ランドリーバッグを彼らの目の前に置いちゃうの。全員で畳むのよ。それが普通になってるから」。

リーシの言う「なんでも習慣化すること」は、宿題にも及んでいる。同じ場所で、同じ時間に、毎日するのだという（リーシの家では、双子がちょっと休憩し、おやつを食べ、キッチンテーブルで宿題を、だそうだ）。「宿題に必要なものは二人の側に置いておくの。そうすれば、その場にじっとしてるから。一度立ち上がったら、もう捕まえることはできないものね」と彼女は言った。彼女はマシューに声をかけた。マシューは、透明のプラスチックの箱を、廊下を行ったり来たり、ふらふらしながら運んでいる。「そうでしょ、マシュー?」遠くで「うん」という声が聞こえた。「何でも習慣にしておくのが、論争を抑制する最良の方法だと思うわ。物事がクリアじゃないときに限って喧嘩が起きるんだから」(このルールは配偶者間でも適用できる)。

その後、リーシは取り巻き軍団を引き連れてキッチンにさっと移動した。彼女はシリアルの箱が収められた高いところにある棚を点検して、子どもに自分でおやつを取ってほしいのであれば、低い棚に入れなくてはダメだ、とヘザーに教えた。子どもが自主性を発揮すれば、母親が手を伸ばす必要がなくなるというのだ。彼女は小さなマグネット付きのノートを取り出すと、冷蔵庫にバシッと貼り付けた。「そして子どもに言うのよ、食べてしまった場合はこの買い物リストに書くこと。それをしなかったのならママに文句を言うことは禁止。全員に責任を持ってもらうことよ」。

彼女は壁に貼った大きな家族用カレンダーに目を留め、これはいいと褒めてくれた。家族みんなが使う一ヶ月ごとのカレンダーは、紙でもデジタルでもいいけれど、とても重要。家族のメンバー全員が予定を知らずにびっくりしたり、どうしようと困るような場面を避けるために、互いに責任を持つべきなのだ。健康診断は家族全員の誕生日の前後に予約する。そうすれば忘れることがない。「そして私は日曜の夜にスケジュール確認の家族ミーティングが大事だと思うの」と言ったのだが、その時、表情が曇った。「私もそうしようと努力したのだけれど、夫が子どもの前で私をバカにしたの。それでやる気をなくしてしまったんだけど、たぶん子どもが小さな時にはじめるのがいいと思うわ」。

私たちは短時間のピザ休憩を取った。リーシは食べている間も私たちに話しかけるのを止めなかった。「頭の中をぐるぐる回る用事は少なければ少ないほどいいの。そして、可能な限り多くのことを自動的にやってしまいたいというわけ。例えば食事の計画とか」と彼女は言い、ピザを優雅に食べた。私は自分がガツガツ食べていたのではと、突然心配になったので、ゆっくり食べるようにした。私はいつも、子どものパーティーで出される油まみれの生ぬるいピザを喜んで食べるタイプの親なのだ。他の親たちはそのピザを見て気の毒そうに傍観してるというのに。

リーシはその間もずっと、整理整頓の秘訣を披露し続けた。というのも、彼女は自分のクライアントに経営指南《しなん》もしているので、スケジュールをさっぱり片付ける方法を追加で教えてくれているのだ。毎日を落ち着いて過ごすには、単純にノーと断るのがいい。「母親にとって大事なことは、そのイベントに参加したいのかどうか自問すること、家族も賛成してくれているかどうか、そして、参加したら家族が寂しい思いをするかどうか、よく考えることでしょう」と彼女は言う。「一日に三回も誕生日パーティーに行く必要はないでしょ！　あなたが本当に好きなことができるように、時間を作るのよ！」

私たちが黙っていると、私たちには言葉が足りなかったんだな、と正しく見て取り、

「わかったわ、こうやってノーと言うのよ」と話しはじめた。「最初のルール。反射的に答える前に考える。そして二番目のルール。理由は述べずにノーと言う」。私の母はこれを紙に書いて、二重線を引っ張っていた。「こうやって言うのよ。「招待してくれてありがとう。ごめんなさい、参加はできません。楽しそうな集まりですね」。ボランティアを頼まれたら、「ごめんなさい、行けません」。「ごめんなさい、これだけ。理由を言う必要はないの!」

私はこれに挑戦してみた。「ごめんなさい、行けないけれども、どうぞがんばってください ね。だってとても素晴らしい主旨ですもの」。

彼女は拍手してくれた。「素晴らしい。言い訳を言わず、嘘も言わない。もし水泳教室があるからパーティーに行けないなんて言い訳したら、お友だちは水泳教室の方が大事なのかと腹を立てるでしょう」。

(私は突然、ブレネー・ブラウンが教えてくれたのは、彼女の「限界のマントラ(呪文)」だったのではないか、と思い当たった。怒りよりは不快をよしとするというものだった。彼女曰く、「自分に尋ねてみるの。私がノーと言わずイエスと言うのは、その方が心地いいからなの? 最後には腹を立ててしまうことがわかっているのに?」)

リーシはしばらく考えた。「それから、何人も子どもがいる場合は、全員が同じスポーツをやっていると楽なのよね。だって全員が同じ場所にいるし、道具はお下がりを使うことができるし」。ヘザーの友人の一人は、一二歳以下の男児五人の母で(その中には前述の三つ子が含まれる)、今シーズンは五人全員がホッケーをしたという。「今は全員が成長したから、同時にリンクに連れて行って、そして午後四時になるまで戻らなくていいのよ」と彼女は言っていた。

リーシは時計を見た。私たちの魔法にかけられたような一日は終わりに近づいてきた。ヘザーは晴れやかな顔をしていた。「気が清々した」と彼女は大喜びして、私に抱きついてきた。無理もない。部屋の汚れは精神的に落ち込むし、肉体的にもダメージが大きいのだ。今、妹のヘザーは、仕事量は減ったし、やるべき残り仕事もすぐ見つかるし、片付けも早く終わる、と言っている。疲れきった母親には、秩序・平安・貴重な余暇(ホッケーの脛当《すね》てを探さなくてすむような時間)、これほどすてきなプレゼントはない。

リーシは疲れた素振りも見せず、しっかりした足どりでドアに向かっていった。「みなさんのゴールは完璧を求めることじゃない、私みたいにやり過ぎちゃうことでもないのよ。忘れないで」と、金色の靴を履きながら彼女はヘザーに言った。「朝、学校に間に合うように家を出るのがもっと楽になる。そしてそれが人生の質を高めるものでないとすれば、他にそんなものがあるのか、私にはわからないの」。

これは確実に結婚生活にはプラスになるだろう。ある研究によると、部屋に散らかったゴミを片付けると、四〇パーセント、家事を減らすことができる(そしてゴミ捨てに続く家事の混乱も減る)。私の友だちのジェイソンは、家族のお片付け祭りを二ヶ月に一度ぐらい開催することに決めているらしい。家族のメンバー一人一人が、廃棄用・寄付用の大きなゴミ袋を一杯にしたら、大好きなアイスクリーム屋さんにサンデーを食べに行くそうだ。「家の中がきちんと片付いていて、どこに何があるかすぐにわかるようになると、「ぞうきんをどこに置いたんだよ？」なんて、だいたい口論なんてそんなことからエスカレートしていくものだけど、その多くを防止できるね」と彼は言った。そしていったん部屋の汚れをとってしまえば、きれいな状態を維持するのは簡単だ。ドイツで行われた調査で、片付いた部屋と比べて、散らかっている部屋では、余計多くのゴミが出る、とわかっている。

リーシが帰ると、男たちが緊張しながら家の中に入ってきた。「ジェイ、帰りにコンテナを買いに行きましょうよ！」と、母が陽気に父に声をかけた。

「ああ、いいよ」と父は、ああ、もうたくさん、といった風情で鍵を手に取った。

＊

アパートに戻ると私は、部屋の一角の清掃に着手した。そこは私が長い間放置してきたエリアだ。玄関のクローゼット。トムは、長年ため込んできた空箱を私が捨てるのではないかと警戒しながら見守っていた。何かを返品する時に必要だというのだ。母が小ぎれいに片付けた地下室の写真をグループメールに送ってきた時、私は妹のヘザーに、夫のロブも刺激されてガレージを片付けたかどうか聞いてみた。そこは、リーシが唯一、果敢に取り組めなかった場所。取りかかれば数日がかりになるし、彼女のサービスはなるほど効果的だが、安いわけではないのだ。

週末が終わったけれど、ガレージは過去最悪の状態だとヘザーはメールに書いて来た。哀れなトーンで、まるで絶望しきった北極探検隊員の書いた日記を思わせた。そこで私は、ゲイリー・チャップマン博士との会話を思い出した。『愛を伝える5つの方法』の中で彼は、診察に訪れたある女性のことを書いている。九ヶ月もずっと頼んでいるのに夫が寝室の壁を塗り替えてくれないと落ち込んでいたそうだ。チャップマンは、もう二度と寝室のことは夫に話さないようにとアドバイスしたらしい(「彼はもう理解している」)。彼女の夫が何かいいことをしてくれたら、例えばゴミを出してくれたり、市場から何か買って来てくれたりしたら、その都度、言葉に出して彼を褒めてみたら、と促したのだ。

女性は、それが夫に寝室の壁を塗り替えてもらうこととどう繋《つな》がるのかわからなかった。チャップマンは「君は僕のアドバイスを求めた。アドバイスはしましたよ。お金がかかりませんからやってみればいいのです」。

三週間褒め続けると、男性はベッドルームの壁をペンキで塗ったそうだ。

私はチャップマンに、正直言ってこのアドバイスにはイライラしたと伝えた。「ゴールデン・レトリバーでもあるまいし、なぜそこまでして私が夫を褒めなくちゃならないんでしょう？　そもそも彼がやっておくべきことですよね？」

彼は笑って、それは理解できると言ってくれた。彼は男性の自我を（自己満足で）膨らませるために褒めてください、と女性に勧めているのではない、と言う。それよりも、正当に評価されたい、という感覚は、全世界・万国共通の欲求なのだ、と彼は言った。「賞賛と親切を好まぬ人間なんているでしょうか？　これは人心の操作ではありません。いいですか、生まれつき、必要に駆られ、管理されたいと思う人間などいません。彼はすでに一五回も妻から「やってね」と言われている。何度も褒められた後ですから今や彼は、自分が愛されていると感じている、だからやるべきこと（課題）が念頭に浮かび、それに応えたいと思うようになったのです。こうすると、ほんとうにうまくいくのです」。

しかし、採点してはいけないとの警告もあった。惜しみなく与える気持ちで、褒めるようにしなければ。

私がヘザーにチャップマンのやり方を伝えると、ヘザーはあっけにとられていた。「冗談でしょ」と彼女は言った。「私の方こそ褒められていいはずでしょ？」

「いいからやるのよ」と私は言って、姉の権威を笠に着て、そう言い聞かせた。

ということで、何週間かにわたって、嫌悪感を表に出さないよう努力しながら、夫のロブがわずかでも手伝ってくれたら、無理矢理にでもロブに褒め言葉を浴びせたそうだ。私の夫と違って、ロブは生まれつき疑い深いタイプではない。だから、自分自身が実験の一部になっているとは気がつきもせず、気分をよくしてくれる新たなイベントを愉快に受け入れてくれたのだ（もしこの状況が逆であれば、ヘザーは即座に彼の財布をチェックして、実際にニュージャージーに存在する（ニュージャージー以外、どこにこんな店があるんだろう）「火山大噴火ジェントルマンズクラブ」の領収書を探しただろう）。

土曜の朝早くに、ヘザーが電話してきた。「彼、片付けてるわ」と、興奮しながらささやいた。「彼、ガレージを空にしてんのよ」。週末をたっぷり使い、ゴミをすっかり片付けたのだそうだ。

そこで私はトムを相手にこれを試してみた。数ヶ月もずっと言い続けてきた、彼のクローゼットの点検と整理をしてほしい、と思ったからだ。ロブ同様、私から突然絶賛されるようになったことに、彼は気づかなかったみたいだけど、私が「なんだか機嫌がいい」ことだけは理解していた。夫のモチベーションを上げなければならない、という立場にあることが嫌でたまらなかったけれど、それでも私が、キッチンの整理棚のちょっとした不具合を直してくれた彼を「天才」と呼ぶと、ウズラみたいに胸を膨らませるのを見るのはおもしろかった。

実際、絶大な効果があった。ある朝、トムはクローゼットについて「再考する」必要があると宣言し、せっせとゴミ袋を引っ張り出してきた。

私が公園で出会うママたちに賞賛実験の話をすると、私が熱中しているというのに、無反応だった。ついに「私にはできないわ」、と言う母親がいた。

わかる。わかるよ。このささやかなハッピーエンディングは、私が今まで女性誌に山ほど書いてきた記事にそっくりよね。新しいダイエット法だったり、睡眠法だったり、間違いなくポジティブな結果をもたらすような、何かをやり遂げました、というタイプの記事だ（ベテラン編集者が私に感謝の気持ちを行動で示す方法を書かせようとした時、「やり方は知ってるよね」と言った。「最初は少しシニカルに、でも最後には自分がどれだけ幸福かわかる、とかなんとかいうやつよ」）。

でも、これは本当のことなのだ。だってトムは自分が評価されたと感じ、多少コミカルな方法によってではあれ、成長したのだから。彼は私にも褒め言葉を返してきたくらいなのだ。

うんざりしてるってことを表に出さないようにするのが、あれほど退屈でなければね。ヘザーが私にこう言った。「チャップマン博士は正しかったわ。効き目あり。もう二度とやらないけど」。

10章

いつかは二人に戻る……
もう一度、派手にやり合わなければ

結婚したばかりの頃は、自分にとってその関係はとても大切で、この関係を二人で一緒に守っていこうと思う。でも、子どもが生まれる。子どもを見て「なんてこった、これは俺の子どもじゃないか。俺のDNAだ。俺の苗字を受け継いでいる。この子のためなら死ねる」。そして配偶者を見て、「お前誰だよ？　知らないやつだな」――コメディアン　ルイス・C・K

今まで社会に広く深く浸透してきたジェンダーの役割が、ようやく変わりつつあるようだ。ある調査によると、ミレニアル・マンは——一八歳から三十代はじめの男性たちは——、家事育児を配偶者と平等に分担する参加型の父となるべく、心の準備が完全にできているという。ミレニアル・ウーマンの八〇パーセントがピュー研究所に対して、良き夫とは「なによりも家族を優先する男性」であると語り、男性のこの変化を裏付けた形だ。注目に値するのは、男性が一家の主な稼ぎ手となることは、必ずしも不可欠だとは思われていなかったことだ。ミレニアル・ウーマンの三分の一のみ、よき夫とは「収入の高い人」だと答えた。

ただし、これはすべて、回答者に子どもが生まれる前に語られたことである。このような人たちが実際に親になった時、このそびえ立つような立派な理想が、バーンという大きな音と共に地面に叩きつけられる。新米の父親たちが、家族にとって難しい仕事の現実に直面したとき、あっという間に、ひどく保守的なジェンダーの役割へと後戻りすることが同じ調査でわかっている。

それであっても、文化は移り変わりはじめている。社会学者のマイケル・キンメルは、若い男性はワーク・ファミリー・バランス（フレキシブルな就業時間、勤務先での保育、父親の育児休暇）を達成する手段は、女性だけに委ねられているのではなく、両親に委ねられていることに気付きはじめていると証言する。

「実際のところ、これは父親の育児休暇の問題じゃないんです。これは家族の育児休暇なんですよね。サンドイッチ世代〔訳注：自分の親と子どもの両方の面倒をみる必要がある世代〕にとっては、金曜の午後に仕事を早く終わらせて娘のサッカーのコーチを務め、それから、八六歳の母を病院につれて行くということになるのです。これは人口学の問題で、婚期が遅れてきている関係で、子どもを持つ年齢が上がり、両親が長生きになっているということなのです」。

女性が伝統的に高齢者と子どもの面倒をみるという骨の折れる仕事に耐えている一方で、「男性がこのような仕事をするよう求められる機会も増えてきています。ですから、改革が必要なんです」とキンメルは言う。「私たちがあっという間に、高福祉国家であるノルウェーのようになれるとは思えませんので、男性も女性も改革の必要性を主張するようになるでしょう」。

すでに若い労働者の声に応えた企業もある。当然、ハイテク企業は進歩的なワーク・ライフ・ポリシーで他の企業をリードしている。フェイスブック社はフルタイムの雇用者に四ヶ月間の有給育児休暇を与え、ツイッター社は二〇週、そしてネットフリックス社は給与を全額支払った上での、最長一年の育児休暇を認めている。

しかし親たちの大多数にとって、有給育児休暇取得は夢のまた夢だ。育児介護休業法は雇用者に一二週間の育児休暇を保証しているが、中規模から大規模の会社に勤める雇用者に限定されており、そして、無給である。「これは国の恥と言ってもいいですね。給料無しの育児休暇を与えている国なんて、世界で四ヶ国しかないのですから」とキンメルは言う。「レソト〔訳注：アフリカ南部の立憲君主国〕、スイス、パプアニューギニア、そしてアメリカです」。

ほとんどの男性が、育児休暇に、通常の休暇と有給休暇をまとめて宛てざるを得ない状況を強いられている。しかしこれも、育児休暇を取ることができた場合の話だ。

ボストン大学の就労と家族センターは、大企業に勤める父親千人ほどを対象に調査を行った。赤ちゃんが生まれた時に、彼らの四分の三が一週間またはそれ以下の休暇しか取得しなかったことがわかったのだ。全体の一六パーセントは、一切休暇を取らなかった。

数回の調査でわかったのは、男性がもっと子どもと一緒に過ごしたいと望んでいるということだった。しかし、育児休暇を取ることができる男性のなかにも、キャリアにダメージがあること、社会的に烙印を押されることを恐れて取得を躊躇《ちゅうちょ》している人が多いというのだ。しかし、社会的に注目されている男性が育児休暇を取得し、やはり大事なことなんだ、と示すことができれば、男性の育児休暇取得が社会的に受け入れられるようになる。フェイスブックのCEO（そしてミレニアル世代のロールモデル）のマーク・ザッカーバーグは、生まれたばかりの娘のために二ヶ月間の育児休暇を取得し、五千六百万人のフォロワーに向けて、娘のおむつを交換する姿を撮影した写真を公開した。

キンメルはザッカーバーグの行動は大きな印象を残したと言う。「企業内では、推進力はトップから与えられるものなのです。だから、CEOが「これは私にとって重要だから、僕がやり終えたら従業員にも同じことをしてほしい。だって素晴らしいことだから」と言うのは、本当に意味があることなんです」。企業が育児休暇のような利益を従業員に与えると、それは双方にとって有利になると彼は付け加えた。「実際のところ、生産性が上がりますし、仕事への満足度も高まります。転職率も下がるのです。だから費用効率が高いのです」。

業界の有名人たちと同じく、プロスポーツ選手も大きな影響を発揮できる人たちだ。プロゴルファーのハンター・マハンは、PGAトーナメントの試合から離脱した。妊娠中の妻が一ヶ月の早産のために運び込まれ、ダラス病院に急いだのだ。ある意味、普通の選択をしたと言えるマハンは、娘の誕生に立ち会うために、百万ドルの賞金を獲得するチャンスを棒に振った。シカゴ・ホワイトソックスの野球選手アダム・ラローシュは、息子を試合前の練習に連れてきてはならないとマネージャーに言われ、千三百万ドルの契約を破棄することを決めた。直後に引退したラローシュは、「ひとつだけ確実なことがあります。子どもと一緒の時間を過ごさずにいれば、後悔するでしょう。その逆はありません」。ラローシュは、仲間のプロのスポーツ選手たちから、ハッシュタグ #FamilyFirst（家族が一番）を使ったツイートで賞賛を浴びた。

男性たちは広告のなかでも、徐々に、まったくなにも知らないとか、よそよそしい父親といったステレオタイプとは異なる姿で表現されるようにもなってきた。資産管理会社UBSの印刷広告では、ハンサムな経営者が超高層ビルのオフィスで考え込む姿が表現されている。コピーは「俺はよき父親だろうか？」働き過ぎているだろうか？　何もかも手に入れることはできるのか？　私の父の時代だったら、広告の中の男性は、ゴルフコースで過ごす機会を逸したといって、くよくよ思い悩んでいたことだろう（しかし、UBSは女性社員に有給で六ヶ月の育児休暇を与えている一方で、男性には二週間しか与えていない）。ESPNU〔訳注：アメリカのスポーツ専用チャンネル〕を運営するコーラー・ジェネレーター社が大学フットボールのゲーム開催中に流す広告では、停電直前まで家族がリビングで踊る姿をフィーチャーしていて、お父さんが意味ありげに掃除機をかけている。『マッドメン』〔訳注：アメリカのテレビドラマ。一九六〇年代の広告業界を描いている〕のダン・ドレイパーがかつて言ったように、「言われたことが嫌だったら、話題を変えろ」。それが二〇一五年に起きたケースで、お尻拭きなどの育児グッズを売るアマゾン・ママ・プログラムという名称を、父親のグループがフェアじゃないとして、アマゾン・ファミリーに変えるよう訴えたのだ。抗議を続けて九ヶ月後、アマゾン・ファミリーはひっそりと名称を変更した。

洗濯機用洗剤を売る企業は、急増し、とみに重要性を増しつつある男性の消費者についての研究を行っている。最近になって、P&G社は、はじめて、自社製品であるタイドの消費者を、社内で「彼女」と呼ぶのをやめた。一方で、ワールプール社〔訳注：アメリカの家電製品メーカー〕は、衣類の染料が流れ出ることを防ぐ仕組みを洗濯機に追加した。というのも、今日では、男性が以前よりも洗濯をする回数が増えていることがわかったからだ（しかし、色分けにはあまり興味がない）。

より勇気づけられるのは、P&G社の洗剤ブランド、インドのアリエールの広告だ。二〇一六年に放送された時、フェイスブックのCOO〔訳注：最高執行責任者〕で、『LEAN IN』の著者シェリル・サンドバーグが、最もパワフルなビデオの一つだと評したものだ。年老いた父親が成長した娘を、心配そうに見ているシーンからはじまる。彼女は仕事から戻るとすぐに、夕食を作り、洗濯機に服を押し込み、そして夫の世話をする。ここで男性のナレーションが流れる。

私のかわいい娘よ。立派に成長してくれた。昔はお人形の家で遊んでいた君も、今となっては自分の家を切り盛りするまでになった。それに仕事もきちんとしている。誇りに思っているよ。そして、こころから気の毒に思うんだ。この仕事を一人きりでしなければならないなんて。人形のおうちで遊んでいる時に、お前を止めなくてごめんよ。お前一人の仕事ではない、夫も一緒にすべきと言わなかったことを許してくれ（カメラはテレビの前でくつろぐ夫を映す）。でも、私自身がお母さんを一切手伝わなかったというのに、何を言えるというんだ？　お前は見たままを学んでしまったのだ……。でも、何ごとも遅すぎることはない。私は今からお母さんを助けて家事をやってみようと思う。キッチンの王様にはなれないとは思うけれど、少なくとも洗濯は手伝うことができる（スーツケースから服を取りだし洗濯機まで運ぶ男性、驚いた顔で妻が見つめる）。今までずっと、私が間違っていた。正すなら今だ。

このシーンから先の、最後のキャッチフレーズを見ることができなかった（「なぜ洗濯はママだけの仕事なんだろう？」Why is laundry only a mother's job?）。号泣していたからだ。

こうした事例を知ると少し心があたたかくなるが、でも、私たちの道のりは遠い。ビル＆メリンダ・ゲイツ財団〔訳注：マイクロソフト会長ビル・ゲイツと妻メリンダによって二〇〇〇年に創設された慈善基金団体〕が発行した、ある年度の年次書簡には、ティーンエイジャー向けの慈善事業の優先度が示されており、メリンダは自分が管轄《かんかつ》する部門の予算を、無給で重労働をしている世界中の女性たちのために充てている。

彼女は、世界中で女性は平均して四・五時間の無償労働をしていると書いた。それは、料理、掃除、子どもの世話と老人の世話などだ。男性はその半分以下であるという。「公平かどうかだけの問題ではありません」と彼女は指摘する。「無償労働を女性に割り当てることで、すべての人に悪影響を及ぼすのです。男性、女性、男の子、そして女の子です。理由ですか？　経済学者はこれを機会費用と呼びます。女性が日常的な仕事に長時間費やさなければ成し遂げることができた、他のものごとのことです」。

無償労働のギャップを埋めるために、「世界は、経済学者の言う、削減する（Reduce）、再配分する（Redistribute）、そして、気づく（Recognize）を推進し、進歩を遂げています。無償労働は、それでも仕事なのです。無償労働にかかる時間とエネルギーを削減しなければなりません。そして、男性と女性の間で、より平等に無償労働を分配し直すのです」。

より日常的なレベルでも、私たちがあたりまえだと考えていることを変えていこうと彼女は呼びかけた。「男性がエプロンを着たから、子どもを学校まで迎えに行ったから、かわいらしいメッセージを息子のランチボックスに入れたから、おかしいとか、ヘンだと思わないことです」。ゲイツは『ニューヨークタイムズ』紙に、彼女自身も自宅で無償労働の再配分を行った、と語っている。長い時間がかかる、娘のジェニファーの幼稚園までの送迎に彼女が不満を持っていたとき、当時マイクロソフトの最高経営責任者だった彼女の夫が、週に二度は僕がジェニファーを送り届けるよ、と言ってくれた。「家に戻ったお母さんたちは夫に、『ビル・ゲイツだって娘を送りに来ているんだから、あなただって娘か息子を送り届けてくれるわよね』と言いますよね」（それとも、つべこべ言わずに送ってよ、と言うかもしれない）。彼女は、もし行動を変えようと思うのならば、モデルをみんなに示さないといけない、と語っている。

フェミニスト作家、ケイトリン・モランが私に言ったように、「文化ってのは、自分たちの可能性を、自分に語りかける物語みたいなものなの。実現可能な未来っていうことよ。そしてテレビや映画のどこを見ても、女性にとって理想の未来を見つけられない時、一体どうしたらなりたい自分になれるのか？　それは今の時代であっても、一人一人の女性が「私たちの関係で、平等になれる方法を見つけちゃったんだけど！」とパートナーに語り、売り込むことに委ねられている。その決定を支援せず、やり方も教えず、そして正しいことだとも教えない文化に囲まれているというのに。だから、文化ってのは信じられないぐらい大切なのよ」。

もし女性がハリウッドを牛耳《ぎゅうじ》っていたら、「女性の人生だとかリアリティー、未来がどうなってほしいかという女性の夢を見せることが可能だったら、こんな問題、あっという間に片付けられるのにね。もし映画やテレビで、ものすごくセクシーな、誰もが夢見るような素晴らしい男性が男親を演じたら、それだってあっという間に物事を変えちゃうでしょうね」と彼女はつけ加えた。

これは、私がシルヴィーのクラスの遠足にトムを付き添わせた理由でもあった。その後、私はもう一度ボランティアでトムに参加してもらった。多くのお母さんたちのなかで彼が唯一の男性である場合、彼は、自分でもやればできるとわかるし、彼の娘や他の子どもたちに、そして母親たちにもそう示すことができる。彼女たちが家に戻ったときに、夫に対して、次はあなたも参加したらと勧めるかもしれないのだ。この方法で、トムはほんの少しだけ物事を先に進めることができるのだ。

子どもを持つ親や家族を支える、多少ともまっとうな政策が生まれるまでは、社会変革は家庭内からはじめ、そして外の世界に広げていかなければいけない。よく言われるように、変化はワシントンから来るのではなく、ワシントンに向かうのだ。

＊

夫婦関係を見直しはじめてから一年と少し経過して、もちろん私たちはいまでも口げんかをする。でも、努力と自己管理を続けることで、大人として振る舞えるようになっている。そうね、たいがいの場合は。私が大好きな、ちょっとした皮肉はやめることができないけれど、でも、私の考えでは、それは私たち二人のやりとりにちょっとしたスパイスを加えていると思う(彼がすてきな行いをしてくれたら、歴史上の紳士にトムをなぞらえるのも私は気に入っているしね)。しかし、ほとんどの場合、私たち二人は、言い争いを比較的穏やかな方法で解決することにすっかり慣れた。だから、怒鳴り声を上げれば、まるで図書館で突然大きな音がしたように、とても耳にさわるし奇妙に感じられるようになったのだ。

かつては不承不承、しょうがない、やるしかないか、といった雰囲気だったトムも、今となっては、計画すること、交渉すること、そして透明性の価値が理解できるようになった。「ものごとには積極的に向き合って、前倒しで取り組むほうがいい」。退屈でも欠かすことのできない土曜のミーティング(私のイチオシのバルタザール・ベーカリーから買って来たチョコレートブレッドを用意したから、豪華な感じになった)の前に、ある日、彼は私にそう言ってくれたのだ。「予防医学的側面があるよな。一週間ベッドで倒れているよりも、五分の予防接種の方が断然楽だ」と、彼はパンを大きくスライスしながら言った。「言葉にしないことがあるって、夫婦の関係を蝕《むしば》むんじゃないかな。つまらないことで喧嘩をしていると、長いこと、お互いがすり減っていくからね。ほかのものごとにも影響しはじめて、気づいた時には夫婦関係そのものに不満を持ってしまう。むしろ問題は、言葉にしないなんていう、表面的なこと(互いの関係性)だっていうのに」。

平和と調和を取り戻すには、私たち二人が自ら現実に目を向け、難しいことに取り組み、そして根気よく努力する必要があった（習慣が根付くには六六日必要だとする調査結果があるけれど、わが家のバランスを正常に戻すには、一四ヶ月ほどが必要だった）。幸せで、しっかり機能している家族が自然に出来上がるわけがない。それでも、家族全員で協力して、お互いとの距離を縮めるという難しい仕事をしなければならないのだ。結婚とは、日々慌ただしく取引が交わされる機関のようなものだ。上手に運営されれば、よく機能するようになる。

気は進まないものの、私は今でも自宅管理者をしているし、きっとこれからもそうだろう。それでも、私はこれだけは、静かに、でもはっきりと言い続ける。トムにも、家事を分担してもらわなければならない。私がこれを言う時に必要になる精神的な労力は、私があくせく働いてきたエネルギーと比べたらまったくたいしたものではない。交渉は終わりがなく、とても疲れるし、楽しいものでもないけれど、必要なプロセスなのだ。きっと私たちが老いぼれになっても続いていくものなのだろう。でも、ずっとプレッシャーを感じて、怒りを抱えるよりはずっといい。私たちの新しいハーモニーは、堅苦しい家族ミーティングを開いたり、セラピストが用意したシナリオに倣《なら》ったやり取りをすることも厭《いと》わないほど、素晴らしいものだ。私は以下のことを学んだ。

彼に私の心を読むことはできない。彼はまったくそんなことができない

トムが直感的に私を助けてくれるのを期待して、私は一体どれだけ時間を無駄にしただろう。後になって考えると、いつ何時でも助けてくれるママ友の周りに常にいたことで期待値を上げてしまっていたのかもしれない。先日公園で、シルヴィーが膝を怪我して、私に向かって泣きながら走ってきた時、私の友だちがティッシュの塊《かたまり》を手渡してくれ、別のママが絆創膏を渡してくれ、もう一人のママがシルヴィーにキャンディーを渡してくれた。この一連の動きは、すべて一瞬も途切れることのない会話の間に行われたのだ。

それなのにトムは、助けを必要としていることに一切気づかないようだ。だから私の強い怒りが見えないところで爆発するまで膨らんでしまうのだ。私の、本当の変化への最初の有意義な一歩は、被害者を演じるのをやめることだった。テリー・リアルの簡潔な言葉、「嫌いだったら変える、諦める、あるいはそれを抱きしめる。変えるとしても、諦めるとしても、それを自分のものにしろ」。

文句を言うのをやめて、やってほしいことは明確に伝えよう

叫ぶことに効果はなかった。ぼそぼそつぶやいてもダメだった。私の得意な情感たっぷりのドラマじみたスピーチもダメだった。しかし、どういうわけか、トムや誰かに不満を言うのではなく、トムにただ「こうしてほしい」と要求すると、トムは応えてくれたのだ。リアルはこう言っていた。「女性が自力で状況を変革している時代なのに、いまだに多くの人が、パートナーに要望を聞き入れてもらう効果的戦略は、事後的に文句を言うことだと思い込んでいるのには驚かされます。そんなことをしていたら、夫を箱のなかに閉じ込め、どこにも行けなくしてしまう」。トムの態度が変わったのは、私が彼に、冷静に明確に、自分の望んでいることを伝えた時だった。

とてつもない努力を重ね、今、私は自分の要求を一文にまとめることにやっきになっている。私がやっていることに彼を参加させたいのだ。もし私が食洗機を空にしているのなら、彼にボウルを手渡す（彼は何をするかしら、床に放り投げるかな?）。もし私が洗濯物を畳んでいるのなら、ひと山を彼の方に押し出す。もし夕食を作っているのなら、彼にナイフと野菜を手渡す。この戦法は、行き場もなく心中に渦巻く、「私がなんでもかんでもやっているじゃない!」という思いが内攻し、気に病んだり怒り狂ったりするよりもずっとましである。

あなたが常に割れたクラッカーを食べなくてもいい

私にとって最も難しかったのは、自分の権利をもっと確保すること。具体的には、自分には家事の手助けが必要なんだ、休息と休暇が必要なのだ、ということを深く納得することだった。そう考えれば考えたで、ついて回る罪悪感を振り落とすのはものすごく難しかった。なぜか私がすべてを取り仕切るべきだと思い込んでいたのだ。そんな時、アン・ダンウォルドが与えてくれた言葉を復唱するのはとても効果的だった。「自分のための時間を確保すれば、元気を取り戻すことができ、こうありたいと思ってきた以上の母親になれる」。自分を大事にすることで、私はより優秀な家庭の管理人になることができたのだ。

喧嘩が勃発《ぼっぱつ》したら、「私」のメッセージを使う

私はゴットマンの、衝突の際は「ソフトにスタートする」という方法が大好きだ。「あなた」ではなく、「私」を使って会話をスタートさせるというものだ（「あなたは私のことを聞いていない」ではなく、「私には、あなたが話を聞いてくれないって感じるの」）。そうすれば剝き出しの敵意を取り除いてくれるし、いったん我に返って、自分の感じていることを再検討することができるのだ。すぐに批判を繰り広げるのではなく、まずは血圧を

下げて、より自分をコントロールするのだ。

自分の怒りの影に感じやすさが原因としてあるんだ、とわかったら、深呼吸を何度かするのもいい。私の場合たいていは、裏切られたという気持ちだ。私が結婚し、変化を遂げてきたはずの男に何が起きたの、という感情だ。親になったことで、まるで彼の中のもう一人の彼が、灰色の服を着て登場したかのように思えた〔訳注：一九五六年の映画『灰色の服を着た男』からの引用。この映画以降、灰色の服がエリートの男性の代名詞となった〕。私の自尊心《プライド》もしばしば傷ついた。彼は、子宮を持つものたちが召使いのような仕事に適していると心の底から信じているの？　もっと深く考えてみると、トムが罪悪感もなしにゆったり時間を過ごしているのを見て、私は明らかに嫉妬しているのだ。

正々堂々と喧嘩すれば子どもはわかってくれる

繰り返しになるけれど、衝突は、子どもにとって悪いことではない。悪いのはそれがだらだら続くことだ。緊張感が続くと本格的な喧嘩に発展しかねないし、そうなれば子どもは打ちひしがれ、諍《いさか》いが解消されることもない。正々堂々とした言い争いは、子どもが目撃するのにいいだけではなく、子どもが反抗期になった時、家族にとってその経験が役に立つようになるのだ。とことん話し合ってこそ、恨《うら》みなしに問題は解決される、その説得力あるケースの一つは、ウェストバージニア大学の研究から明らかになっている。彼らは一五七人の一三歳の子どもたちに、親の意見と君の意見の違いで最も大きなものはなんだろう、と尋ね、子どもたちが回答する姿を録画した。この映像は、父母いずれかの親同席のもとで（事後的に）子どもに再生された。十代の子が描写する家庭内の喧嘩――典型的には家事、成績、友人、兄弟喧嘩、あるいはお金をめぐる意見の相違から生じる喧嘩――の様子、それをその子と親が二人録画で見る、さらに、録画を見ている親の様子を心理学者が観察しているのである。目を白黒させる親もいた。笑い飛ばした親もいた。しかし、それ以外の親たちは、話に割って入り、健全な方法で子どもと議論し、怒鳴り散らさず、子どもも親も互いの意見に耳を傾けた。その結果、親と意見の相違があっても、落ち着いて対処できた子どもは、友だちに対しても同様の態度がとれるようになった。子どもたちが一五歳と一六歳になって行われたその後の調査で、彼らは、アルコールやドラッグを勧められた時の仲間のプレッシャーに屈しない傾向が四〇パーセント高かったのだ。親との衝突を避けてきた子どもは、仲間からのプレッシャーの影響を受けやすいことがわかった。

十代の子どもは誰だって親と口論をする。でもそれは議論の仕方いかんで、批判的・建設的な違いが生まれるかどうかの分かれ道になるのだ。子どもが落ち着いて、しかし説得力を持って自説を説く時こそ、彼らが、手に負えない同僚や友人、そして配偶者に対応するための、生涯役に立つスキルを組み立てる時なのだ、とさまざまな研究が示唆している。

彼の抵抗を押し返せ

私がトムに「もうパーティーはおしまい」と告げた時、彼は、家庭の中の独身男のライフスタイルを断念するのか、それは気乗りしないな、という風情だった。長時間の気楽な自転車乗りと一日三回のごはんをあきらめる理由なんてある？　私は事実上、彼の自由時間を私に明け渡せ、と命じていたのだ。

それでは、何がきっかけで、彼は変わろうと思ったのだろう？　まず、彼には、自分が家事をせず逃げているという痛烈な自覚があった。そう告白してくれたし、いつも心が痛かったとも教えてくれた。彼は私が限界に達したことも知っていて、私が疲れ切って、フラストレーションを抱えていたこともわかっていたのだ。

彼が手伝うようになってからというもの、平穏に暮らすために、ずいぶん生真面目に取り組んでくれた。トムが手伝ってくれれば手伝ってくれるほど、私は幸せだった。それがトムに実感できる報酬だったかもしれない。幸せの「上向きスパイラル」はやろうと思えばできる。私たちのケースでは、それは本当だった。トムが協力するようになって私はほっとしたし、感謝した。セックスライフも向上した。私たちは以前よりお互いに丁寧に接するようになったと思う。疲れ果てて午後九時に寝てしまうこともなくなった。一緒に夜を過ごし、気が滅入るようなルーマニア映画の数々（彼のものだ）を見ることができた。

頼まれてもいないのに、彼が好きなジンジャークッキーを焼いた。もともと陽気な娘のシルヴィーは、親が喧嘩しなければ、いっそう明るく振る舞った。わが家には新たな平穏と活気がやってきた。

オレゴン大学の社会学者スコット・コルトレーンは彼の研究で、男性は家事に関してさらに多くの責任を引き受けるのを億劫《おっくう》に感じることが多いが、「初めのフラストレーションは長続きしない」ことを明らかにしている。

よく考えて配偶者を扱うことは、「屈服している」という意味ではない

連邦捜査局（FBI）の人質解放交渉人ゲイリー・ノーズナーは、すべての人間は敬意を持って扱われたいと思っていると語っている。テリー・リアルは私たちに、たとえ言い争っても、お互い誠実さと敬意を失わないよう誓いを立てましょう、と指示してくれた。その時は不可能に思えたけれど、今なら言える。それはできることだ。リアルのアドバイスだが、もし何か無礼なことを言ってしまいそうになったら、「(こんなこと言っては失礼だけれど）とにかく黙るのがいちばん」なのだ。

「ありがとう」と言う。何度も言う

互いにありがとうと言い合うことは、『習慣の力』の著者、チャールズ・デュヒッグ曰く、「かなめ石となる習慣」なのだそうだ。それは、他の良い習慣を連鎖反応のように呼び込み定着させる、影響力の大きな習慣、ということだ。「かなめ石となる習慣」の最も素晴らしい例は、エクササイズだという。何より食欲を増進させる。きちんと時間通りに家族で夕食がとれるようになるし、子どもたちが宿題をこなし、よい成績を修め、感情をよく制御できるようになることと関係があるらしい。

言葉に出して感謝するのに努力は要らない。私の意見では、お礼を言い過ぎるなんてことがありうるとは思えない。トムに対しても、女性は透明人間の気分になるのが嫌いなんだよ、としつこく（何ヶ月も、この言葉が彼の頭にしっかり棲みつくまで）言い続けた。「ありがとう」というシンプルな言葉は、あなたを他の人の目に見える存在にしてくれる。自分は、みんながいい思いをしているあいだ、ひっそりと小道具を作っている裏方なのかも、という疑いをすっかり取り去ってくれるのだ。

「でっち上げた物語」を手放す

『立て直す力』の著者ブレネー・ブラウンは、でっち上げた物語を手放すことが、ずっと長続きする「生涯最高のライフハック〔訳注：人生のクオリティを高めるための工夫やテクニック〕」だと呼んでいる。そして私が学んだものごとのなかで、最も助けになったことのひとつだ。すでに述べたように、ブラウンは、私たちは、頻繁に、じつに念入りに、他人の動機（その人にその行動を促した理由）を捏造《ねつぞう》してしまう。まったく現実とは関係がないものを作り上げるのだ、と言っている（例えば、同僚があなたの笑顔に応えなかったとしよう。するとあなたは、自分が彼女の気分を害したに違いない、彼女は我慢ならないと感じたはず、と思ってしまうわけだ）。

私も、トムの頭上にぽっかり浮かぶ吹き出しの中に、勝手に私の考え〔トムがあんなことこんなことをした理由・動機〕を書き込んでしまうことがある（まあ、たいてい、ほくそ笑んだ感じだったり、嫌みったらしいトーンの発言なんだけど）。そんな時は、ブラウンの勧めに従って、トムに直接話すことにしている。こうすれば二人のあいだの緊張も緩《ゆる》み、互いの観点（ものの見方・感じ方）を理解するのに役に立つ。トムが、自分が本当に考えていたのは電気コードをどう管理するかだと言う時、彼はそう悪魔のようにも見えない。私を騙《だま》して家事の手伝いから逃げる方法を考えていたのではないのだ。

生物人類学者のヘレン・フィッシャーのような専門家の、心理学的観察調査と洞察から学ぶことは、私にはおおいに啓発的だった。視覚（眼）が二人の関係に影響を及ぼすなんてこともそうだった。男性がすぐ手の届くところにあるものをさも当然のように口に入れるのは、彼らが救いようのないバカだからじゃなくて、ただ単にそれを見ていないのだ。その反面、女性が家の中の問題に集中しすぎると、遠くの地平線にある、より緊急を要する問題を見逃すこともあるのだ。

力を使おう

夏のあいだ、トムが雑誌の締め切りに追われるような時は、娘を連れて数日実家に戻り、彼に仕事ができる時間をつくってもらったこともある。でも、私と娘がいないとなると、あからさまに彼の生活パターンが変わるのだった。最初の二晩、トムは、食事は出来合いのものを買って家ですませ、バイオレンス映画鑑賞会を敢行《かんこう》、そして早朝まで続くコンピューターのチェス競技会の実施という、自由を謳歌《おうか》したようだった。しかし三日目ともなると、がっくり落ち込んだようで、気分が暗くなり、私たちがいつ帰ってくるのかと悲痛な声で尋ねてくるのだった。

友人のマレアは専業主婦。毎年夏、娘と父親を訪ねてペンシルバニアに帰省すると同じようなことが起きるわね、と教えてくれた。彼女の夫は夏は広告会社の仕事が忙しいので同行しない。「父は毎晩私たちに料理を作ってくれるのよ」。「父は料理が上手なんだ。見た目もよくて、美味しくて、ヘルシーな食事を目の前においてもらえるって素晴らしい贈り物よ。だから、いつも考えるのよね、『わあ、これってショーンが毎日感じている気持ちなんだ』って。かたやショーンはブルックリンでボロボロの状態、会社から空っぽの家に戻るでしょ。帰ってもやることがない。電話ばかりかけてくるのよ。去年の夏、この電話攻撃の最中に夕食に何を食べたかって話し出した。ホットドッグに冷たいチーズをすり下ろして食べたんだって。『温めることもできなかったの?』って思わず聞いたわよ。気の毒には思わなかったよね。『おじいちゃんがアップルパイを焼いてくれたから、もう切るわね』って言っておいたわ」。

女性は、自分たちが考えるよりずっと、行動力があるらしい。四〇歳以上のアメリカ人の離婚の三分の二は、男性ではなく、女性から切り出しているのだ。「私たちの行った最近の調査で、結婚も親であることも、男性の合意だけでやり取りされる時代は終わったことがわかりました」と社会学者のスコット・コルトレーンが『アトランティック』誌に書いている。「近年の大きな変化の一つは、家の中で非協力的な夫に、およそ我慢というものをしなくなったことです」。

妻が思うよりも、夫は妻に精神的に依存しているのかもしれない。心理学者のテリ・オーバックは、結婚生活において、自分がどれほど重要かを認識する、その練習が女性には必要です、と言っている。夫か妻に、的《まと》のように大きさの違う五つの同心円を描いてもらう。中心部に自分の名前を書き込み、次いで、自分が感情的に近いと考える五人の名前を記入してもらう。中心（自分）に近ければ近いほど親密で、外側に向かうほど親密度は減る。

男性と女性の反応は大きく異なっていた。女性は中心に五人の名前を詰め込む傾向にあり、オーバックに七人や八人を記入していいかと尋ねることが多かったそうだ。一方で夫たちは、中心の円に自分と妻の名前を書いた。子どもと親戚の名前は、外側の残りの円に追いやられることが多かった。

トムと私も試してみた。彼は私と娘を中心円に書き込んだ。私は五人の名前を書き、オーバックに七人か八人に増やしてもいいかと尋ねた。「女性にとって、夫の安心感と親密感の主な源泉が自分であると知ることは、大きな力になります。女性のほとんどは、夫の長期的な幸福と短期的な行動に影響を及ぼしていることを自覚していません」。

自分たちにどう言い聞かせても、子どもは言い争いによって影響を受ける。以上。

かつての私みたいに、子どもに影響なんて与えているはずがないと思っているのなら、子どもに聞いてみよう。子どもの気持ちを知った上で、それでも生きていけるだろうか。

象徴的なジェスチャー、少しの努力で、最大の効果を！

トムは最近、週に一回は夕食を料理してくれる。私が残りの六回を料理するとしても、それでも彼には感謝している。それが平等でないなんてことはどうでもいい。私は彼に支えられていると感じるし、そう意識していることは重要なのだ。スコット・コルトレーンは、男性が料理・掃除・洗濯といった、毎日の決まり切った家事を手伝ってくれれば、女性は自分が対等に扱われていると感じ、落ち込むことが少なくなり、カップルが衝突をしなくなるのだと書いている。

その大部分は象徴的なジェスチャーに過ぎないけれど、トムのジャスチャーが、私の中にどれだけ長いあいだ共感を残すものかを知って、驚くことがある（時には狼狽《うろた》えるほど）。彼は私の真横で働く必要なんてないのだ。もし彼が四五分間、娘を連れて公園に行き、私が上機嫌で家のなかで過ごすことができたら、それで私は一日中いい気分なのだ。

彼の象徴的なジェスチャーは私の娘にも共感を呼んでいる。クラスの遠足に参加したことを別にすると、トムは初めて、教師と保護者の懇談会と誕生日会にひとりで参加し、シルヴィーが結膜炎になれば、医者に連れて行ったのだ。こうしてくれたからといって（そしてそれらはほとんどジェスチャーに過ぎないとはわかっているし、いずれもほんの数時間のことだけど、娘はものすごく喜んだし、娘との関わりを深めてくれた。だからこそ、私の感謝の念が何週間も続いたのだ。

配偶者にとって、無視されたら耐えることができない仕事を探そう。そしてそれを彼に押しつけてみよう。それは楽しい戦略ゲームだ

カップル・セラピストのジョシュア・コールマンの助言は独創性がある。いったん自分で気づくようになれば、トムがそのままにされたら我慢できない仕事を多く見つけることができた。例えば、彼は朝一番にコーヒーを飲まないと、話のつじつまが合わない。それであれば、なぜ私がコーヒーを淹れるのだろう？　彼は時間に正確である。それは最初のデートで、私が好きになった特長だ。それまでつきあってきた男性は（場合によっては）何時間でも私を待たせた。だから、娘をサッカーに時間通りに連れて行くことができないのは、彼にとっては苦痛なのだ。だったら彼が連れて行けばいいじゃない！

あなたの夫は日用品が足りなくなってきたり、犬にシャンプーが必要な時にイライラするだろうか？　それはいいわね、じゃあ、あなたの番よ！

カップル・カウンセリングは、私の父が言うところの「ウソっぱち」というワケではない

これに加えて、なにより夫に「偉そうな態度はやめて、さっさと手伝え！」と怒鳴ることができるカウンセラーは最高だ、と付け足しておきたい。それにカップル・カウンセラーはテリー・リアルほどお金がかかるわけじゃない。多くのセラピストは、特に大学の精神医学センターでスライド制が採用されていれば、そう費用がかからない。費用削減のために研修中のセラピストを勧めてくれる医療機関もある。パートナーに時間がないなら、スカイプでのセッションをしてくれるセラピストもいる。

トムが変わろうとした動機は私とは関係なく、それはテリー・リアルのところにまた舞い戻るのはごめんだ、という強烈な恐怖心が主たる原因だろう。私はそれでも結構です。

子どもは経験から学ぶ

児童心理学者はこう繰り返している。子どもは親の言葉ではなく、行動を心に刻むものだ。女の子は、そして女性は、何でもできるのよと、何度声を大にして娘に話をしてきたかわからない。女の子はえらいんだから！　でもそれだったらなぜ彼女が「ママは退屈な

ことをして、パパは楽しいことをするの?」というような観察をするようになったのだろう。なぜなら、来る日も来る日も、ママが退屈な仕事をする係だったからだ。それが、彼女の目撃したことであり、彼女が知っていることだったのだ。もう一度書く。見ていないものには、なることができないのよ。

前もって親子関係という大きな疑問に立ち向かわないことで、将来的な衝突を避ける(「クライムモバイル〔訳注:赤ちゃん用のおもちゃ。ベビーベッドにつけるモビール〕にはアヒルとうさぎが入っているのか?」なんて楽しい話題は別)

赤ちゃんを迎える人たちの多くは、何週間も何ヶ月もインターネットで最高のベビーベッドとか、いちばん安全なカーシートなどを調べまくる。でも、結婚生活に赤ちゃんがどれだけ大きな衝撃を与えるかを話すことなどほとんどない。カップル・セラピストのジョシュとジュリー・ゴットマンは「赤ちゃんを家に連れて帰ろう」という全国的なプログラムを行っている。これは、子どもを迎える予定の親たちが、どのようにして口げんかを解決するか、家事を分担するか、休暇の時間やセックスなど、面倒な話題をどのようにして乗り越えるか、一二時間かけて学ぶというものだ。

多くの心理学者と病院が同じようなクラスを用意している。もちろん、どれだけ準備しても、事前に解決できない問題も多くある。でも時間がゆっくりと流れ、あなたの人生がかろうじてまだコントロール可能な状態である妊娠中ほど、ライフハックに磨きをかけるのに適した時期はない。トムと私も、ゴットマンがワークショップで見つけ、解決法を練り上げた課題に、事前に取り組む時間を設けていたら、赤ちゃんが生まれる前後の口げんかをずいぶん防ぐことができただろう。

例えば、一緒にごはんは食べるべき？　病気になったら誰が面倒をみるの？　赤ちゃんの人生に親戚を巻き込むべき？　どれぐらいテレビを見せるべき？　子どもが私たちと同じベッドに寝ることについてはどう思う？　子どもの人生における宗教の役割は？　あなたが親に育てられてうれしかったことで、これからの育児に取り入れる予定のことを三つから五つ書き出し、親に育てられてうれしくなかったことで、これからの育児において避けたいなと思っていることを三つから五つ書き出してみる。

ゴットマンが提供する質問事項は、従来、まともに検討したことがなかったような（たしかに私たちはそんなに深く考えてこなかった）、深いところにある、自分たちの価値観まで問うものなので、もっと年齢が上の子どもを持つ親にも参考になることばかりだ。ゴットマン夫妻によれば、両親（子どもを持つカップル）は、ただこんな質問（必ずしも答えのない、オープンな質問）を投げかけるだけで、すばやく簡単に、互いに親しくなれると言うのだ。どんな方法で子どもが私たちの関係を変えたの？　どうやったらもっと人生を謳歌《おうか》できると思う？　子どもが生まれてから、あなたのゴールはどんなふうに変わった？　何か人生で失われたものってある？　あなたの親としてのロールモデルは誰？　私たちの未来に関するあなたの最も大きな心配事は？

　多くの親が選択型の質問をする傾向にあり、それは短いつぶやきが答えになってしまう。子どものランチ用のヨーグルトはどこ？　なんでスーパーに行ったばかりなのに買わなかったのよ？　買い物リストを作っていたら、スーパーに戻らなくてもいいってわかるよね？　ちょっと聞いてんの？　わかった、じゃあ私、今なんて言った？　そんなこと言ってないわよ！

育児休暇を取ることができるのなら、結婚生活と赤ちゃんにとって大きな利益になる

　研究によると、父親が早い段階で育児に参加することが、子どもの成長に合わせ、両親がより対等の役割分担を担うためには不可欠であることがわかっている。このメリットは、分娩室に父親が入るところからはじまっている。アメリカ人男性の九一パーセントが行っているることだ。研究によると、そうすることで、後に生じてくる、母親と父親の対立を軽

減するようだ。イギリス、デンマーク、オーストラリア、そしてアメリカの四ヶ国で行われた調査からこんなことがわかっている。短くても育休を取得した男性は、子どもが生まれてから、その子をお風呂に入れ、服を着せ、ごはんを食べさせ、一緒に遊ぶことがわかった（産休明けもずっと長く）。かつて育休を取ったことのある男性は、そうでない父親より、子どもに本を読み聞かせることもわかっている。

何十年にもわたり、男性の家事や育児の役割を研究してきたスコット・コルトレーンは、家族のために休暇を取得する男性は、長期間、収入としてはダメージをこうむる傾向にあることを突き止めた。しかし、男性が育休をとることのメリットは、長期間にわたる収入減を上回る可能性もあるとしている。妻が幸せで（ある研究では、産後うつを患《わずら》う可能性も低くなる）、父母二人から世話をされて子どもはより壮健に育ち、男性の育児は技術的に向上するのだ。

父親が新生児を抱きしめ、スキンシップの頻度を高めると、父親との触れ合い不足の赤ちゃんに比べ、寝入りがよく、泣かず、落ち着いているとされる。そしてスウェーデンの調査では、育休を取得する男性の方が、寿命が長いということがわかっている。最も長く・頻繁に休暇をとり、その時間を育児にあてる者が、最も大いなる報酬（寿命）を得ているのだ。研究者たちは、父親が子育てに深く関与すると、「伝統的に男性のものとされてきた有害な振る舞い」が抑制される結果になるのではないか、と推測している。それは、過度の飲酒、危険を冒すこと、そして暴力である。長期的な利益、これがいちばん。

デートナイトは、古くさいけど必要です

友だちの中でもやり繰りの上手な何人かは、毎週デートナイトを確保しているみたいだけど、私とトムがデートできるのはせいぜい月に一回だ。それでも、これが私たちの絆を強める最も大切な方法。子どもに何十回となく邪魔されずに話ができることは、とてつもなく自由なことなのだ！　マインクラフト〔訳注：スウェーデンのゲームクリエイターのNotch（マルクス・ペルソン）が開発した、世界中の子どもが熱中するものづくりゲーム〕がややこしいと、いつまでも話し続ける子どもに対して優しい表情を作り上げる必要がないなんて、なんて自由なんだろう！　不適切な話題を持ち出すことも、イチャイチャすることも、思い出に浸ることも、レストランのどのスタッフ同士がつきあっているか、予想して遊ぶことだってできるのだ！

毎日の暮らしのなかで、話題はなんでもいいのだから、本当になんでもいいから、一〇分から一五分話すことは、ものごとを変えてくれる。スケジュールのこと、子どものこと、ペーパータオルが足りなくなっているなんて話題は御法度《ごはっと》です。

夫をのけ者にしない、彼に自分は無能だと思わせていないか、常に気をつける

母親が勝手に情報管理してしまう、そんな機会はさまざまな形で忍び寄ってくる。私がママ友たちのグループと、学校で起きた事件についてメールでやり取りしている時だった。トムが何かあったの、と聞いてきたのだ。「ああ、全然おもしろくないし」と私は言い、そして黙り込んだ。なぜ彼をのけ者にしたのだろう。

私は今、ほとんど自動的に無意識にやってしまうぶっきらぼうな拒絶を、どうしても止めたい、と努力している。娘が生まれてからは特にそう思うようになった。まだ性教育が始まってない娘が、なんと「私とママは関係がある。だってママが私をお腹のなかで育ててくれたから。でもダディーは私たちと暮らす男の人なのよ」という所見を述べたからだ。

子どもの行事に参加するとき、しばしば反射的に、男性は退屈だろうと蚊帳の外に置くことが多かった。ある日、トムと私で、両親をニュージャージーにある、彼らが大好きな、派手で巨大な塔《パゴダ》（赤と金）の立つ、中華料理店に昼食に連れて行った時のことだ。途中で母とシルヴィーと私が、ブランド名でしりとりをしていた（例えばレゴ（Legos）の次は「スペルガ（Superga）」のように）。これは子どもにとってはとてもいい遊びで、国名をひとつも覚えていない幼児だって、たどたどしく百ぐらいのブランド名を言えるようになる。

そこで私は気づいたのだ。シルヴィーがMではじまるブランド名で悩んだ時、私の父が「ミシュラン・タイヤ（Michelin tires）」と口を動かしたのだ。私の母がTで迷った時は、トムが静かに「サーモス（Thermos）」と言った。彼らも遊びたかったのよ！

今は、積極的に男性に声をかけ、子どもと一緒に遊んでもらうようにしている。

そんなに大変かしら？

プロの整理整頓アドバイザー、ジュリー・モルゲンスターンからもらったとても的確なアドバイスが、その後多くの場面で役だってくれた。配偶者が昼寝をしたがったり、ランニングに行きたがったり、夜、友だちと出かけたいと言ったとして、それって、本当にあなたに負担《コスト》がかかることなのだろうか、と考えてみるのだ。それはあなたの仕事を増やし、あなたと子どもとの大切な時間を減らすのだろうか？　それともただ、それは腹が立つことなのだろうか？　だってあなたは昼寝をしようなんて考えもしないから？

ある土曜日の朝、トムは寝坊した（新しい規則によれば！）。シルヴィーと私はその日の朝をぬりえと、ぬいぐるみのためのティーパーティーを開催して過ごしていた。彼女にとってはこっそりと隠れてクッキーを食べるチャンスなのだ（「ほら、イチジクのニュートン〔訳注：ドライフルーツを包んで焼き上げたクッキーの名称〕が五つもあるわ！　お腹が空いていたのね！」）。

一一時頃になって、ベッドルームにセーターを取りに戻ると、トムが急いでスマホを枕の下に隠し、目を閉じた。いつもだったら「コソコソしないでよ。もう起きてね」と言うところだが、私はとても楽しい朝を娘と過ごしていた。彼がベッドでぐずぐずしていることは、私に何も悪さをしない。私はただ個人的な気分から苛立っただけ。ということで、私は彼の企《たくら》みに気づいていないフリをして、ドアを閉めた。

贈り物におしっこをひっかけない

テリー・リアルの格言《マクシム》は正しい。もし私がトムに、土曜日に長時間サッカーをしてもいいと言って送り出したのなら、戻ってきたときに、彼を無視すべきでない（そしてチェ・ゲバラがかつて言ったように、「沈黙は別の手段による論争だ」を忘れずに）

小さな子どものことで悩まないで

子どものイベントが自分にとって楽しいかそうでないかを確かめるのは百パーセント正しい。楽しくなさそうなら行かないこともまったく正当（大人が疲れた状態でいることが子どもにとってどれだけつらく、ストレスを溜めるかを明らかにした研究を覚えてる?)。プロの整理整頓アドバイザーのバーバラ・リーシが指摘したのは、一日に誕生会に三つも参加しなくていいということ(ただ、私は誕生会にマジシャンが来ていたら三つとも喜んで参加する。マジシャンがぶっきらぼうで酔っ払っていたらベター)。

子どもへの大サービスにかまけて一日が終わるのではなく、自分の好きなことのために、わずかでも時間を確保するようになってから、私の週末はすっかり変わった。親だって少しぐらい気楽なことをしたっていいでしょ? 例えば、イースターの前に家族の大人がイースターエッグを見つけるゲームを計画してみた。まず私たちは子どもを両親の家の書斎に押し込んで、彼らが見たがっていた映画を見せて、おやつを与えた。

子どもが映画に十分のめりこんだ時点で、私は、大人のためのエッグハントをはじめ、裏庭でできる別のゲームも仕込んだ。勝者は二階の商品部屋に行き、スコッチのボトル、ワイン、複数の大規模小売店のギフトカード、美しいチョコレート、そしてファーミング保湿剤の中から商品を自由に選べるようにした。母が無理矢理妹のダイナのボディチェックをして、金の卵を奪い取ろうとしたときに、何年も前に戻ったように感じられた(「あのスコッチがどうしても欲しかったのよ」と、母はあわてる風もなく洋服を払って、そう言った)。

感謝祭《サンクスギビング》では、今度も子どもたちに映画を見せ、大人にコインと、魅惑的なスクラッチカード宝くじ（例えばトリプル・トライプラーとか、インスタント・フレンジーといった有名なもの）を配った。すっかり虜《とりこ》になった大人たちの口からは、言葉一つ出なかった。五〇ドルを引き当てた父は、コストコで箱入りゴミ袋を百箱買うと宣言。それは父の考える無鉄砲な散財なのである。

彼のやり方を尊重しよう

父親と娘のお出かけには大きなミルクシェイクがつきものでしょ？　だったら、何か問題でもあるの？　もし彼が格子柄とストライプの服を娘に着せたとしても、だったらどうなのよ？

例えば子どもに食べさせるだとか、寝かしつけるなど、私が、これは女性の仕事と思い込んできた育児の多くは、別のジェンダー〈男性であるトム〉にとっても、まったく同じように簡単に、そしてきちんとこなせる仕事だ。子どもは金魚のかたちのクラッカーを誰が手渡してくれるかなんて、全然気にしてない。

連邦捜査局の言い換えと感情のラベル付けはびっくりするほど効果的

連邦捜査局のゲイリー・ノーズナーは（そして心理学者ほとんど全員が）私に、人間はみな理解されることを願っているのだと言った。誰だって認められたい。私がトムに激怒した理由の一つに、彼が私の言うことを聞いていないと私が感じていたことがあった。だから私たちは生涯にわたる要求／退却のループに囚《とら》われていたのだ。彼が彼なりに、私が感じていることを言葉にするとき（言い換えるとき）、私の感情を無視せず、私の感情にあえて名前をつけるとき（感情のラベル付け）、その仕草はどうしてもぎこちないものになる。でも、私は彼の気持ちに感謝しているし、実際、たいていの場合、私を落ち着かせることに成功しているのだ。時には彼の予想が完全に的外れで、私が笑ってしまうこともあるからだろう（「君はしょんぼりしてる。違うかい？　それじゃあ、不安になってる。そうだろ？　え、違う？」）。

小さなことを、こつこつと

ゴットマンのこの厳命《げんめい》〈小さなことを、こつこつと〉のおかげで、私たちは関係改善に際してだいぶ腕を上げた。些細で決まり切った毎日の愛情表現は、ほとんどエネルギーを必要としないのだ。肩をきゅっと抱きしめたり、配偶者が好きなサルサソースを買ってあげたり、おもしろいメールを送ったり……。そんな行為がやがて大きな変化をもたらすのだ。ゴットマンは毎日継続することは、たまに思い出してやることよりずっと大きな意味を持つと言うのだ。午後になればトムに紅茶を淹れて、クッキーを皿にのせて彼のところに持っていってあげる。私がまだ実家にいた若い頃、ダン一家のちょっと気の利いた習慣は、ナプキンを斜めに折ると「高級な」で、長方形に折ると「普段の」というものだった。だから私は「高級な」に折ったナプキンを皿の横に置くことで、少しだけ贅沢な気持ちを味わったのだ。

ちょっとした言葉をちりばめることも、とても効果的だ。配偶者にこんなテストをしてみて。彼の目を見て、眉を上げて、そして「ねえ、最近のあなたってハンサムね」と言ってみるのだ。そして彼の顔に現れてくる、とびきり愉快な表情を観察するのだ。驚き、次いで目を細めてあなたが自分をからかっているのではと疑い、あなたが真剣だとわかると慎重に喜びを示して、そして最後に心にぐっと来るような喜びにあふれる、彼の顔を。

子どもが十代になったら同盟を築くこと

年上の子どもをもつ友人が言うには、「子どもが幼い時には夫婦二人の関係をしっかりさせないと。だって、子どもが十代になったら互いの感情的サポートが本当に必要になるんだから。ジェイソンも私もずっとぼそぼそと話し続けてるのよ。「いまのあれ、なんだったの？」ってね。こんな感じのチームスピリットが必要になるの」。

もう一人の友人はティーンエイジャーの息子と就寝時間のことで言い合いになった時のことを話してくれた。「彼の部屋だったの。いや、私が彼の部屋の外に立っていたんだけどね。汚い皿が散乱してるから部屋には行きたくないの。スニーカーも山ほどあるし、とにかく部屋が動物園の爬虫類《はちゅうるい》の家みたいににおうわけよ」と彼女は言った。あっという間に怒鳴りあいになったという。それはまったく無駄だった。彼は音楽のボリュームを下げることを拒否したのだ。彼女は憤慨《ふんがい》しながら階下に降りた。

夫はキッチンにいて、ガス台の上のトマトソースをかきまぜていた。シャツのそでをさっぱりと巻き上げて、ナショナル・パブリック・ラジオが静かに流れていた。グラスに入ったピノ・グリージョ（白ワイン）を彼女に手渡した。彼女が激怒しながらドタドタと階段を降りてきた時にすでに自分には一杯注いでいた。キッチンは、いたって整然とした大人の雰囲気に包まれていた。そうなるように、夫が準備していてくれたのだ。まるで混沌《こんとん》とした開発途上国の空港を離れ、静かなファーストクラスに身を沈めたような気分だったそうだ。

あなたの子どもだって、あなたを助けることができるし、そうすべきだ

子どもがどれだけ親の仕事を肩代わりできるか考えると、少し面食らってしまう。子どもは本当にお手伝いが好きだからだ（ブラウン大学の精神医学教授リチャード・レンデのアドバイスによれば、子どもに助けを求めるよりも、子どもを「ヘルパー（助けてくれる人）」ととらえれば結果はよりよくなると言う。なぜなら、子どもたちは良い子と思われたい。涙ぐましいほどに）。なぜ私は娘ができるというのに、彼女の散らかしたものを片付け続けたのだろう？　床に散らかったおもちゃをかがんで拾い上げながら、私は屁理屈をつけていた。少なくともこれは私の腹筋には効果的、だってこれって腹筋運動のようなものでしょ、なんて。娘にほんのわずかな雑用を任せたから、私は一五分の自由時間を手にしたのだ。

繰り返しになるけれど、十代前半の反抗期前までに、身に付けさせないといけません。

よいところを見つける

セラピストのガイ・ウィンチに促されてやったことがある。トムのやさしいよいところを紙に書き出してみたのである。その結果、自分でも初めてそれに気づくことができたし、私の目は啓《ひら》かれた。とにかく怒りを爆発させるばかりで、自分の快適な立ち位置はそのまま放置、彼がしてくれていた、私と子どもに対する気遣いや振る舞いの多くが眼に入らないままだったのである。私は（被害者面した）殉教者みたいにしていたから、トムの悪いところだけが眼について、認知科学で言う「確証バイアス」に陥ってしまっていたのだ。このバイアス（心理的傾向・偏見）は、すでに抱いている信念を補強する情報にだけ関心を持ち、他方、この信念を揺るがす恐れのあるものはすべて無視してしまう、心理的な傾向のことである。

私は自分がどう感じるか決めることができる、唯一の人間だ。だから、トムの娘への配慮を見逃さないように努力している。その配慮は、通常、私のレーダーで感知できるものもある。たとえば、シルヴィーのおもちゃに必要な、さまざまな大きさのバッテリー七種類を、キャビネットにきちんと配置して充電が切れないように監視することなど、である。交通量の多い道路を渡る時などは、私とシルヴィーを先導しながら、トムは、信号待ちしている車の運転手の眼をまっすぐ、居心地悪くなるくらい凝視《ぎょうし》するようになった。こうすれば歩行者が車に轢《ひ》かれる可能性を減らすことができるという調査記事を読んだからだ。

トムは「私と住んでいる男性」なんかよりもずっと大きな存在だ。コメディアンのクリス・ロックが、感謝されることの少ない父親たちについて、こう言っていた。「本物のダディがやってくれることを考えてみようぜ。お金を払う、食べものを買う、君の世界をいまより安全でよい場所にしてくれる。そしてダディはこの仕事で何を得ることができるんだろう？　大きめのフライドチキンのピースさ。それがダディがもらえるものなのさ」。

＊

あなたが子どもに与えることができる素晴らしい贈りものは、あなたの配偶者との愛にあふれた関係だ。それがあれば、安全で、平和で、これから先長く続く幸せを感じることができる。子どもが小さいうち、または生まれる前に、あなたの結婚生活に時間も労力もかけておくことは、子どもの未来にとって、とても重要になる。両親が幸せな夫婦関係を保てていれば、やがて子どもは自らも安定した関係を配偶者と結ぶことができると調査が示している。

トムは私の不幸をなんとかしたいと気にかけ、進んで寄り添う姿勢を示してくれた。そのことが私の感動につながっている。このプロジェクトをスタートさせたのは、私たちの口論が娘に悪影響を与えるのではと心配したからだけど、他方、私と夫の関係が悪化していることについては、ほとんど念頭になかった。それを認めるのは決まりが悪い。それなのに、トムは私の盟友となってくれた。私が気づかなかっただけで、ずっと私の協力者だったのである。

私とトムは二人で、このおてんばさんで、はつらつとして、天真爛漫な娘が世界に向かって羽ばたいていく姿を一緒に見守っている。私たちは、深く、そして永遠に結ばれている。だって、子どもができたのだから（同時に、子どもができたにも関わらず結ばれている、とも言える）。私たちの結婚は完璧からは程遠いものだけれど、計り知れない進歩を遂げた、とは言えると思う。今となっては、私たちが娘に苦痛を与える機会は、食洗機を空にするために彼が立ち上がり、私がトムにキスするときに訪れる。

「おえっ」とシルヴィーは言い、目を覆《おお》うのだった。

訳者あとがき

こんなはずではなかった――赤ちゃんを家族に迎え入れたカップルの多くがこう感じることだろう。私自身もそう強く感じてきたし、私の夫も、家庭を、家族を、ひとつにまとめることがこんなにも大変だとは、予想すらしていなかったに違いない。でも、私と夫が抱く、「こんなはずではなかった」という思いは、果たして同じ種類のものだろうか。私は、母として、妻として、それは「違う」と断言することができる。男性と女性の抱く思いの間には、目に見えない壁のようなものが存在している。特にその思いが、家事・育児に関するものであれば、なおさらだ。

はたから見れば、理想的ともいえる美男美女カップルの、著者ジャンシー・ダンと夫のトム。二人はニューヨークの、狭いながらも居心地のよいアパートで、仲むつまじく暮らしていた。しかし、一人娘のシルヴィーが生まれてからというもの、二人の間に諍《いさか》いが絶えないようになる。家事も育児も、ほとんどすべて担《にな》うことになったジャンシーは、協力もしなければ耳を傾けもせず、まるで独身生活を謳歌《おうか》するように気ままに暮らす夫のトムに怒りを爆発させる。互いにフリーランスのライターで、労働時間も変わらないというのに、なぜ女性だけが家事も育児も負担しなければならないの？　女性というだけで、なぜ育児に向いていると思われるの？　なぜ私が山のような家事をしている間、夫はカウチに座ってスマホで遊ぶことが許されるの？　次々とわき上がる疑問に怒りを募《つの》らせるジャンシーは、いつしかトムを激しく罵《ののし》るようになる。そしてトムは、そんなジャンシーを避けるように自分の殻に閉じこもり、彼女を無視するようになる。とうとう結婚生活は破綻《はたん》に近づき、ジャンシーはトムに告げる。このまま何も変わらないのであれば、別々の道を歩むしかないと。

著者のジャンシーはここで、ある疑問を抱く。夫婦にとってこの世で最も愛すべき存在である一人娘のシルヴィーの誕生が、なぜあんなにも順調だった夫婦関係を破綻に導いてしまうのだろう、と。愛する娘のためにも、夫婦のためにも、ジャンシーはなんとかして結婚生活を元の状態に戻そうと決意する。リサーチが生業である彼女は、さまざまな分野のエキスパートたちに教えを請《こ》うことで、打開策を得ようと思いつく。セックス・セラピスト、カップル・セラピスト、ファイナンシャル・セラピスト、そして連邦捜査局（ＦＢＩ）の元人質解放交渉人など、その範囲は多岐《たき》にわたった。個性的なエキスパートたちから得た数多くのヒントと、厖大《ぼうだい》な調査結果から導き出された夫婦間の認識の差に基づいて、ジャンシーとトムが取り組んだ一年半にもわたるさまざまな夫婦再生プロジェクトは、徐々に家族をひとつに導いていく。ジャンシーの軽快な筆致で、ともすれば重くなりがちな夫婦間の深刻な問題が、悩める夫婦へのエールへと変化していく様は痛快だ。

「言ってくれればよかったのに」、「言わなくてもわかってくれると思っていた」という、男女間で繰り広げられる永遠のループ。これは世界共通の悩みなのだと気づかされる。この認識の差は、家事・育児の現場でも多く存在し、そしてそれは軽視されがちだ。たかが家事と思うなかれ、それが積み重なれば重労働であり、それを担い続ける多くの女性にとっては人生を左右されるほどの悩みになることさえある。「家にいるのになぜそんなに疲れるの?」「一日中、一体何をやっていたの?」という、夫からの何気ないひとことが、妻たちの心を引き裂いていることは、もっと広く認知されてもいいはずだ。心を強くして立ち上がる度に、理解されない悲しみに押しつぶされる。蓄積した疲労が原因で、何も考えることができなくなる。そんなつらい状況にある母親は、この日本に多く存在している。子育てを経験している身として、これだけは、はっきりとわかる。

思わず涙したのは、ジャンシーとトムが互いへの思いを吐露《とろ》するシーンだ。かつては深く愛し合っていた二人の心の奥底にある、素直な気持ち。愛しているのに、ぶつかりあうもどかしさ、すれ違う心。すべてが胸に迫り、夫婦とは、家族とはと、自らの人生を顧《かえり》みずにはいられなかった。抱く思いが違うからこそ、感情をぶつけ合うのではなく、歩み寄る。これが、ジャンシーが導き出した答えであった。

家庭内に存在する、家事・育児に関する男女間の不平等を、子どもの世代、そしてその先まで引き継ぐことがないように、今、親として子育てをしている私たちが認識を変えていく必要があると本書は説く。これは本書が著されたアメリカに限った話ではなく、少子高齢化社会を迎えつつある日本だからこそ、改めて主張していく必要があることだと感じる。自分の娘が将来、家事や育児に翻弄《ほんろう》され、疲れ切って涙することを望む親がいるだろうか。仕事さえしていれば家事をおろそかにしていいと思い込み、妻が苦労している姿を見て見ぬふりをする男性に息子を育てたい親がいるだろうか。それを望まないのであれば、状況を変えるのならば、今しかない。そして、変わる必要があるのは、私たち自身もそうなのだ。

本書を訳しながら、母親が求めるしあわせとはどんなものだろうと考えずにはいられなかった。

母親である私たちが求めているのはきっと、はたから見ればほんの些細《ささい》なことなのではないだろうか。「ありがとう」というシンプルな言葉であり、子どもが描いた一枚の絵であり、その小さな手で摘んでくれた道端に咲く花のようにささやかなものだ。父親のしあわせとはどんなものだろう。私も夫に向き合い、彼にとってのしあわせとは何か、いつか聞いてみようと思う。

子どもの健《すこ》やかな成長を、明るい未来を、そして家族としてのしあわせを願わない人などいない。もし、これを読んで下さっているあなたが今、つらい時期を過ごしているのなら、本書がささやかなしあわせをあなたにもたらすきっかけになってくれれば幸いだ。

二〇一七年八月

村井理子

ジャンシー・ダン（Jancee Dunn）

1966年ニュージャージー州生まれ。代表作は、歌手シンディー・ローパーの生涯を綴った『トゥルー・カラーズ――シンディ・ローパー自伝 Cyndi Lauper: A Memoir』。エッセイ集『なぜ母はタトゥーをするのか？ Why Does My Mother Have A Tattoo?』で、サーバー賞ユーモア部門のファイナリストに選出された。『ニューヨーク・タイムズ』紙、『ヴォーグ』誌、『オー・ザ・オプラ・マガジン』誌、『ペアレンツ』誌、などに寄稿多数。夫で作家のトム・ヴァンダービルト、娘のシルヴィーとともにニューヨークで暮らしている。

村井理子（むらい・りこ）

1970年静岡県生まれ。翻訳家。訳書に『ヘンテコピープル USA』、『ローラ・ブッシュ自伝――脚光の舞台裏』、『ゼロからトースターを作ってみた結果』、『ダメ女たちの人生を変えた奇跡の料理教室』、『7日間で完結！赤ちゃんとママのための「朝までぐっすり睡眠プラン」』、『兵士を救え！マル珍軍事研究』など。連載に『村井さんちの生活』（Webでも考える人）、『犬（きみ）がいるから』（Webマガジンあき地）、『村井さんちの田舎ごはん』（COSMOPOLITAN Web）。

子どもが生まれても夫を憎まずにすむ方法

2017年10月7日　初版第1刷発行

著　者――――ジャンシー・ダン（Jancee Dunn）
訳　者――――村井理子
ブックデザイン――奥定泰之
発行人――――赤井茂樹
発行所――――株式会社太田出版
〒160-8571 東京都新宿区愛住町22 第三山田ビル4階
電話 03-3359-6262／FAX 03-3359-0040／振替 00120-6-162166
http: //www.ohtabooks.com
印刷・製本――中央精版印刷株式会社

ISBN978-4-7783-1596-2 C0095